21世纪普通高等院校大学生素养丛书

人生启航书系

大学生 综合院校版

就业与创业指导教程

DAXUESHENG JIUYE YU CHUANGYE ZHIDAO JIAOCHENG

清华大学就业指导中心
人生启航创作工作室 ┃ 联合策划

主　审	祁金利	韩　威		
主　编	肖克奇	石连军	关　健	王兴权
副主编	严　平	罗邻球	陈丽军	王鹏宇　赛　青

编　委　（按姓氏笔画排序）

王　震	王瑞敏	曲北北	纪淑波	吴东红
张　宇	张春雨	李　慧	杨大鹏	罗晓燕
胡　英	夏　欣	崔　雷	黄　胜	谢　珊
潘景文				

丛书总主编　祁金利　李家华
就业与创业课题研究组　供稿

北京出版社出版集团
北京出版社

图书在版编目(CIP)数据

大学生就业与创业指导教程(综合院校版)/就业与创业指导课题研究组 编.
—北京:北京出版社,2008.8

ISBN 978-7-200-07480-2

Ⅰ.大… Ⅱ.就… Ⅲ.大学生—职业选择—高等学校—
教材 Ⅳ.G647.38

中国版本图书馆 CIP 数字核字(2008)第 129671 号

大学生就业与创业指导教程(综合院校版)

DAXUESHENGJIUYEYUCHUANGYEZHIDAOJIAOCHENG(ZONGHEYUANXIAOBAN)

就业与创业课题研究组 编

*

北京出版社出版集团
北 京 出 版 社 出版

(北京北三环中路6号)

邮政编码:100011

网址:www.bph.com.cn

北京出版社出版集团总发行

三河市燕山印刷有限公司印刷

*

787×1092 16 开本 13.75 印张 252 千字
2009 年 8 月第 2 版 2009 年 8 月第 1 次印刷

ISBN 978-7-200-07480-2

G·3746 定价:25.00 元

质量监督电话:010-58572340 010-88555056

人生启航 《大学生职业生涯与发展规划教程》
　　　　《大学生就业与创业指导教程》 丛书

丛书总主编

祁金利　清华大学就业指导中心主任

李家华　中国青年政治学院副院长
　　　　北京高校毕业生就业促进会专家委员会主席

丛书专家委员会主席

方　伟　教育部全国高等学校学生信息咨询与就业指导中心就业服务开发处、
　　　　就业网络处处长　中国高等教育学会毕业生就业指导分会秘书长

专家委员会成员

韩　威　清华大学就业指导中心副主任　职业生涯发展教学与研究室主任

蔡荣生　中国人民大学招生就业处处长　学生就业指导中心主任

王兴权　中华英才网特聘职业指导师　时代光华特聘高级职业规划师

王维民　北京大学医学部教育处处长

李　红　北京大学医学部毕业生就业指导中心主任

陈德明　深圳大学就业指导中心主任

解廷民　中国政法大学就业指导中心主任

李　洋　中国农业大学就业处处长

丁　汀　中央民族大学就业处处长

张　闽　北京林业大学就业处处长

林永和　北京工商大学教授

郁　泉　中央财经大学学生工作部副部长　招生就业处处长

李红英　中国协和医科大学就业办主任

刘　帆　中国青年政治学院、团中央 KAB 项目研究所副所长

张文双　首都师范大学就业指导中心主任

赵刚敏　吉林大学毕业生就业指导中心主任

潘景文　黑龙江大学就业指导中心主任

蒋建荣　南开大学周恩来公共管理学院

赵北平　武汉理工大学就业指导中心主任

雷五明　武汉理工大学就业指导中心

张　威　郑州大学教育学副教授

林嘉仪　甲骨文原大中华区人力资源总监、的卢在线总裁

郭　策　宏威管理咨询公司总经理兼首席职业顾问

洪向阳　向阳生涯首席职业规划师

陈　畅　知遇网 CEO，职业规划专家

丛书工作指导委员会

任占忠　北京高校毕业生就业促进会会长

谢荣岱　全国高校素质教育编审委员会副会长

关长海　北京高校毕业生就业促进会秘书长

张俊喜　内蒙古自治区毕业生就业指导中心主任

孙祥林　山西省高校毕业生就业指导中心主任

周禄群　天津市毕业生就业指导中心主任

郑志宏　吉林省高等学校毕业生就业指导中心主任

朱　军　吉林省高等学校毕业生就业指导中心书记

姬振旗　河北省毕业生就业指导中心主任

张立波　黑龙江省毕业生就业指导中心主任

张祝秀　山东省人事厅就业处处长

许世辉　国家电网公司人力资源部主任

丛书编写委员会（排名不分先后）

祁金利　清华大学就业指导中心主任

欧阳沁　清华大学就业指导中心常务副主任

韩　威　清华大学就业指导中心副主任　职业生涯发展教学与研究室主任

蔡荣生　中国人民大学招生就业处处长　学生就业指导中心主任

肖克奇　中国人民大学高级访问学者　江西九江学院教授

周　荣　中国人民大学招生就业处副处长　学生就业指导中心副主任

郁　泉　中央财经大学学生工作部副部长　招生就业处处长

岳德军　山东财政学院就业处就业指导中心主任　学生工作处副处长

解廷民　中国政法大学就业指导中心主任

张文双　首都师范大学就业指导中心主任

李　洋　中国农业大学就业处处长

丁　汀　中央民族大学就业处处长

张　闯　北京林业大学就业处处长

程　武　北京林业大学就业指导中心副主任

邹云龙　东北师范大学就业指导中心副主任

李义庭　首都医科大学党委副书记

王威威　首都医科大学招生就业指导中心

李红英　中国协和医科大学就业办主任

程学军　南昌大学就业指导中心主任

王艳梅　吉林农业大学发展学院副院长

刘　帆　中国青年政治学院、团中央 KAB 项目研究所副所长

刘永印　北京高校毕业生就业指导中心信息网络部主任

张志祥　江苏无锡商业职业技术学院党委副书记

周　春　北京建筑工程学院学生工作办公室主任

徐明江　北京政法职业学院副院长

王兴权　中华英才网特聘职业指导师　时代光华特聘高级职业规划师

徐志国　北京吉利大学校长助理　招生就业办主任

吴国平　江西护理职业技术学院院长

陈健尔　宁波天一职业技术学院院长

夏金星　教育部职业教育专家组成员　湖南农业大学科技学院副院长

范端阳　南昌理工大学就业处处长

赵　渊　首都铁路卫生学校书记

周　岚　浙江温州华侨职业中专

丛书总策划

清华大学就业指导中心

人生启航创作工作室

随着我国高等教育大众化、用人机制市场化、经济体制转轨、产业结构调整等进程的深入以及社会整体就业压力的加大，高校毕业生就业问题日益成为社会关注的热点。金融危机使得大学生们的就业环境和就业形势更加严峻。

造成大学生就业难的原因是多方面的，与国家经济产业结构的调整、高等教育体制、专业设置、劳动力市场供求关系、大学生自身原因等方面的因素都有一定的关系；而目前高校大学生职业生涯教育的缺失和就业指导工作的专业化程度不高，也对解决大学生就业问题产生了一定的影响。

当前国内多数高校就业指导中心主要从事派遣、签约、组织招聘会、提供企业招聘信息等行政性工作，很多高校虽然开设了就业指导课程，但课程内容和实用性还有待提高；而职业生涯教育还比较薄弱，从事职业生涯与就业指导的师资严重匮乏，缺乏一支专业性的职业生涯或就业指导的从教队伍。

2007 年底，教育部印发了《大学生职业发展与就业指导课程教学要求》的通知，提出将职业规划课程纳入选修、必修课。近两年内，很多高校和机构出版了很多相关教材，很多有识之士也在职业生涯规划方面进行了有益的探索，由于职业生涯规划理论多来源于西方，目前很多教材主要是参照国外译著，教材过于"西化"，而既能吸收西方职业生涯规划理论精髓，又能结合我国高校和大学生实际特点，适合我国国情的"本土化"大学生职业生涯规划与就业指导教材还十分鲜见。

可喜的是，由"人生启航"创作团队携手北京出版社、人民军医出版社、中国传媒大学出版社共同策划、开发的"人生启航"书系正好在这个方面做出了有益的探索。"人生启航"创作团队集合了全国职业生涯领域的资深专家、高校就业指导教学的一线老师、企业界的人力资源专家，结合我国高校和大学生的实际情况，编写了一套《职业生涯》与《就业指导》丛书。该丛书在体系、内容和形式上都有一定程度的创新，是一套"专业性"、"实用性"、"操作性强"的本土化创新性丛书。其特点十分明显：

1. 专业化的丛书体系

"人生启航"书系是一套分层次（本科、高职、中职）、分专业（公共、师范、医学、财经、农林、建筑、民族电力、理工、政法类等）、分年级（低年级为职业生涯规划、高年级为就业与创业指导）的专业性图书，由《大学生职业生涯发展与规划》系列教材、《大学生就业指导》系列教材、《大学生创业指导》系列教材、《大学生就业创业案例集锦》系列教材、《大学生职业生涯与就业指导师资培训》系列教材等构成。

2. 复合型的创作团队

"人生启航"创作团队汇聚了有多年从事就业指导一线的高校老师、企业界的人力资源人士、从事大学生就业问题研究的媒体和机构、大学生就业指导部门的政府领导、社会上专门从事职业生涯与教育咨询的专家，如此强大的作者队伍保证了教材的专业性、实用性和权威性。

3. 理论的探索性与实用性

本套丛书本土化特色十分明显，如在职业生涯规划教材中，将大学生职业生涯规划简化为实操性很强的四步，使教师的教学过程和学生学习十分简便，教、学目的非常明确。同时还提供了相应的操作表格，使职业生涯规划课程落地为学生的职业生涯规划书。

在增加体现本土化的同时，丛书还大大增加了互动性、实用性的资料，如提供的非标准化测评工具，互动性的"制作我的人生世界发展版图"和"制作我的人生中国发展版图"活动，提供了最新的国家政策和最新流行的能岗匹配报告等。

在由衷祝贺本套丛书面市的同时，也殷切希望可以为高校就业指导提供切实的帮助，我们也期待有更多更好的本土化教材问世，促进我国高校职业生涯规划与就业指导水平更上新台阶。

是为序。

中国青年政治学院副院长

北京高校毕业生就业促进会专家委员会主席　李家华

2009 年 5 月

修订说明

大中专学生就业指导作为一项专门的教学活动,其功能的发展与内容的变化是和时代与社会的发展变化同步的。随着2008年末金融危机导致的经济危机的爆发,大学生面临的就业环境和形势发生了较大变化,国家也出台了很多的相应措施;同时,在2008年多所院校使用教材后提供的反馈来看,教材的实用性仍然需要进一步的完善,由此,2009年我们对教材进行了修订。

《职业生涯规划》教材做了如下调整:

第一,理论更精简。第一章中过于理论且与学生无关的章节得到了删减,如第一节中的职业选择和职业发展的理论,第七节高校开展职业生涯与发展规划的意义等均被删除。

第二,体系步骤更明确。职业生涯规划仍分为四大步,但对其具体步骤进行了完善,如第二步调整为"了解环境,了解职业",从逻辑和实操上更合理;第三步调整为"确定目标,制定规划",更加突出了规划的意义和方法,也避免了和下一步的交叉;第四步调整为"实施方案,评估修正",着重加强了行动计划的指导,并且有效澄清了规划和方案、目标和计划的区别,这在同类教材中是具有原创意义的本土化完善。同时,删除、合并了与职业生涯规划步骤不是很紧密的章节,如第一步中的第三节"大学生活对职业生涯发展的影响";第二步中的第四节"形成职业期望";第三步中的第五节"获取与职业相关的证书"等章节。删除了与职业生涯规划关系不大的第六章"大学生职业生涯发展技能"。

第三,内容更实用。在精简理论的同时,我们大大地增加了互动性资料。如在第一步"认识自我"中我们增加了大量的非标准化的测评工具,并增加了最新流行的能岗匹配测评,更有利于学生发现自己的不足,并在教练指导下提高自己的职业能力,并进而与企业的岗位匹配;在第二步"认识环境"中增加了互动性的"制作我的人生世界发展版图"和"制作我的人生中国发展版图"活动;在"认识职业"一节中增加了"热门行业"和"热门职业"的资料,并且增加了相应的职业测试;在第三步"制定规划"中清晰地勾勒出大学生毕业后的几条出路,学生结合相应的规划表格就可以将大学四年生活与毕业出路链接起来,并且提供了相应的规划案例;在第四步中,明确地将规划转换为具体的行动计划,并提供了实操的表格。

《就业指导》教材做了如下调整:

第一,体系更明确,求职流程更清晰。将原来的三篇整合为两篇:就业篇和创业篇。就业形势作为求职流程的第一章,重点介绍了目前的就业形势以及党和国家为解决大学生就业难而采取的措施。求职流程分为八步,着重补充了求职信息准备、求职材料准备、求职心理准备、笔试与面试等四章;添加了用人单位的招聘程序和要求、求职礼仪等两节。

第二,紧跟当前形势,补充最新政策。在第一章中增加了金融危机对大学生就业的影响,补充了2009年国家为应对大学生就业难所采取的各种措施,对国家大学生就业政策则以问答形式附录在书后。

第三,内容更实用,风格更轻松。结合学生求职中遇到的实际问题,提供了相应的解决方案。如在求职材料准备中特别强调了最新流行的能岗匹配报告,在求职礼仪中增加了面试礼仪,在笔试中补充了大量的笔试题;整个求职流程兼顾了学生和企业立场,在轻松的类比中更加深刻地理解了内容。

当然,由于时间和编者水平有限,教材在实际应用中可能还会暴露出一些问题,我们真诚欢迎广大学生和教师对此提出宝贵的建议和意见(具体见书后的教材反馈调查表),以便下次更好地修订和完善。

编者

2009 年 5 月

出版者的话

金融危机、大学生、找工作，当这三个词在 2009 年碰撞在一起时显得尤为沉重。随着大学毕业生人数的逐渐增加和金融危机的爆发，加大了高校毕业生的求职难度。

2009 年 1 月 7 日，为了解决大学生就业难的问题，国务院总理温家宝亲自主持召开国务院常务会议，部署做好高校毕业生就业工作。同月，国务院办公厅就加强普通高等学校毕业生就业工作专门下发了通知。3 月，教育部下发《国家促进普通高校毕业生就业政策公告》，20 条新举措促进高校毕业生就业。政府的支持，极大地鼓舞了大中专毕业生的就业斗志，一定程度上缓解了大学生们就业心理压力，有利于大学生们应对暂时的就业难问题。

就业，尤其是大学生就业成为举国上下关注的热点话题，从中央到地方，从政府到民间，各方机构和人士都在为促进大学生就业竭尽全力。我们紧紧依托各高校就业指导中心相关专家，成立专门的"人生启航——大中专学生职业生涯与发展规划研究组"和"人生启航——大中专毕业生就业与创业指导研究组"，以实践为指导、以老师为依托、以教材建设为手段、以师资培训为着眼点，帮助大学生们制订在校期间的生涯规划、转变就业观念，强化校企间的结合，开拓了一条帮助大学生就业的新思路。

2008 年，我们携手北京出版社、人民军医出版社、中国传媒大学出版社共同策划和出版了"人生启航"两个系列丛书：《大学生职业生涯发展与规划》、《大学生就业与创业指导》，7 个版次：公共本科版、公共高职版、公共中职版、师范版、医学本科版、医学高职版、医学中职版，14 本教材，50 余所学校采用，30 万学生直接受益……

2009年，我们在继续开发《大学生职业生涯发展与规划教程》系列丛书、《大学生就业指导教程》系列丛书的基础上，又新增《大学生创业指导教程》系列丛书；共有10个版次：财经本科版、财经高职版、政法本科版、政法高职版、农林本科版、农林高职版、民族院校版、建筑院校版、电力院校版等，20本教材将于7月出版，受益学校将达到200余所，直接服务于100万学生……

未来三年，我们将继续推出《大学生职业生涯发展与规划系列》系列教材、《大学生就业指导》系列教材、《大学生创业指导》系列教材、《大学生就业创业案例集锦》系列教材、《大学生职业生涯与就业指导师资培训》系列教材……

集名师专家，采众家之长，出精品教材，做师资培训，助学生就业，为国家分忧；搭建大学生就业工程的高地，形成大学生职业生涯规划和就业、创业指导教材或出版物的核心磁场，吸引全国职业生涯与就业创业指导优秀专家及热心人士，打造大学生职业生涯规划与就业指导的品牌，这是我们——"人生启航"创作团队的使命和追求。在阅读中成长，在实践中成才，助大学生就业，承担社会责任，这是激励我们不断努力和前行的动力。

大学生职业生涯规划、就业、创业，不只是大学生一个人，有你、有我、有学校、有政府、有"人生启航"创作团队……

CONTENTS 目 录

第四章 求职心理准备

第五章　求职途径与求职礼仪

第六章　笔试与面试

第七章　签约、离校、报到

第八章　新角色、新环境

第二篇　创业篇

第九章　大学生创业概述

第一篇

就业篇

第一章

北京篇

第一章 高校毕业生就业形势分析

★ ★ ★

1. 了解我国就业的基本现状;
2. 了解金融危机对大学生就业的影响;
3. 了解大学生就业政策。

第一节 就业形势分析

2008 年,国际金融危机对我国经济造成的困难日趋显现,2009 年毕业的 611 万大学生就业形势面临严峻挑战。国务院总理温家宝 2009 年 1 月 7 日主持召开国务院常务会议强调,高校毕业生是我国宝贵的人力资源。面对当前国际金融危机蔓延、我国就业形势十分严峻的情况,必须把高校毕业生就业摆在就业工作的首位,并确定了加强高校毕业就业工作的七项措施。高校毕业生能否顺利就业,取决于劳动力市场的供需平衡。如何做好高校毕业生就业工作,值得深入分析。

一、劳动力市场高校毕业生供需分析

2008 年,全国普通高校毕业生为 559 万人。2003～2007 年,教育部直属和中央部委所属高校毕业生人数从 30.08 万人增长到 39 万人,地方高校毕业生人数从 152.46 万人增长到 352.1 万人,民办高校毕业生人数从 5.21 万人增长到 56.69 万人。可以看出,地方高校毕业生是大学生就业的主力军。高校毕业生能否顺利就业,取决于劳动力市场的供需平衡。为此,笔者根据中国劳动力市场信息网全国部分城市劳动力市场职业供求信息统计数据,对 2003 年第三季度、2008 年第三季度高校毕业生供需情况进行比较分析得出:

(1)劳动力市场对大专以上文化程度求职者的需求比例方面,2003 年为 17.7%,2008 年为 22.7%,上升了 5 个百分点。第三季度需求人数从 47 万人上升到 100 多万人,说明劳动力市场对高校毕业生具有较大的吸纳能力。

(2)大专以上文化程度求职者占整个劳动力市场求职人数的比例方面,2003 年为 23.7%,2008 年为 28.4%,上升了近 5 个百分点。第三季度求职人数从近 70 万人上升到近 140 万人,说明进入劳动力市场求职的高校毕业生有了较大幅度的增加,与劳动力市场对大专以上文化程度求职者的需求同步增长。

(3)不同层次高校毕业生求职情况比较。2003 年,劳动力市场对大专文化程度求职者的需求人数与进入劳动力市场的大专文化程度求职者人数之比为 0.65,本科生则为 0.71,研究生为 1.19;2008 年三者分别为 0.77、0.77 和 0.96,说明劳动力市场对专科、本科毕业生的容纳能力在增强,高职院校学生(主要是专科)就业形势稍好。对研究生而言,虽然劳动力市场求人倍率有所下降,但整体上就业形势相对较好。

可以看出,我国普通高校毕业生规模在整体上是与劳动力市场对高校毕业生的需求规模相适应的。但随着我国经济社会的区域化发展,劳动力市场对高校毕业生的需求也呈现出区域化特征。区域经济社会发展水平越高,对高校毕业生的质量、层次、能力要求也越高;区域经济发展速度越快,对高校毕业生的数量需求越大。2000~2004 年,我国东、中、西部区域普通高等教育毕业生分别累计为 366.81 万人、234.81 万人和 159.32 万人,同期东、中、西部区域就业人口规模增加值分别为 1814 万人、500 万人和 816 万人。社会各部门及企业因职工退休而带来的大学生就业规模没有统计。相比较而言,东部区域劳动力市场容纳高校毕业生的能力最强,西部区域次之,中部区域较弱。

■■■二、影响普通高校毕业生就业因素分析

■(一)高校毕业生层次

2003~2007 年,普通高校本科毕业生规模从 92.96 万人增长到 199.59 万人,专科毕业生规模(主要是高职院校毕业生)从 94.79 万人增长到 248.2 万人。根据中国劳动力市场信息网统计,同期全国部分城市劳动力市场对本科层次人才的需求规模从 34.55 万人增长到 116.55 万人,对专科层次人才的需求规模从 112.86 万人增长到 258.08 万人。通过比较可以看出,相对于劳动力市场的需求,本科毕业生规模偏大。劳动力市场对不同层次人才的需求,反映了产业经济的技术发展水平和要求。近年来,在各方面的努力下,在劳动力市场对专科层次人才需求的带动下,高职高专毕业生就业率连续数年保持增长。

■(二)高校毕业生专业需求程度

根据对教育部直属高校和中央其他部委所属高校毕业生就业统计,2007 年 11 个一级学科的毕业生就业率分别为:哲学 82.27%;经济学 84.71%;法学 79.45%;教育学 80.28%;文学 84.58%;历史学 84.18%;理学 87.30%;工学 90.57%;农学 89.78%;医学 77.28%;管理学 85.19%。近年来,受第二产业就业增长的拉动,特别是制造业的需求,劳动力市场对工学类专业毕业生需求旺盛,使工学类专业毕业生就业率在所有 11 个一级学科中最高。2004~2007 年,工学类专业普通本专科毕业生规模分别为 81.21 万人、109.1 万人、134.17 万人、159.41 万人,相应的就业率分别达到 91.55%、90%、92.39%、90.57%。根据对接受教育部直属高校和中央其他部委所属高校本科毕业生最多的 10 个省市统计,计算机科学与技术、机

械设计制造及其自动化、电子信息工程、电气工程及其自动化、土木工程、自动化、通信工程、法学、会计学、英语、工商管理、国际经济与贸易、金融学、软件工程等专业毕业生就业率近年来一直保持较高水平。

■ (三)高校毕业生就业地区

地方高校毕业生是大学生就业的主体,他们主要在本省范围内就业。因此,各省(自治区、直辖市)经济社会发展水平、发展规模和发展速度是促进地方高校毕业生就业的基础。2007 年,教育部直属高校和中央其他部委所属高校本科毕业生中到东部 11 个省市就业的比例为 58.5%,到中部地区就业的比例为 20.2%,到西部 12 个省区就业的比例为 21.2%,说明东部发达地区仍然是高校毕业生就业的热点地区,国家引导和鼓励高校毕业生到西部就业的政策效应进一步显现。2007 年,接收教育部直属高校和中央其他部委所属高校本科毕业生数量最多的 10 个省市是广东、江苏、湖北、上海、北京、山东、四川、陕西、辽宁、浙江。

■ (四)高校毕业生就业目标

大学生就业目标主要通过就业待遇、就业岗位、个人发展等方面体现,并影响到职业开发和职业决策。根据对教育部直属高校和中央其他部委所属高校毕业生流向分析,2007 年毕业生就业流向主要为:考取研究生占 23.26%;国有企业占 13.23%;三资企业占 8.48%;其他企业占 18.75%;出国升学占 3.32%;机关占 2.03%;中初级教学单位占 1.91%;科研设计单位占 1.14%;还有一部分毕业生到高校、医疗卫生单位就业。其中,到机关、高校以及医疗卫生等事业单位的比例在逐年下降。近年来,一部分大学毕业生选择了自主创业。根据对教育部直属高校和中央其他部委所属高校毕业生统计,2004～2007 年自主创业毕业生的比例分别为 0.31%、0.28%、0.75%、0.33%。

第二节　金融危机对大学生就业的影响

始于 2007 年 4 月美国的次贷危机在仅仅一年的时间里,完成了次贷危机到金融危机并最终到实体经济危机的蜕变。不仅如此,次贷危机从美国传染到全球,引发全球发达国家的经济衰退,并导致全球就业萎缩。国际金融危机在影响我国经济发展的同时,也对大学生就业带来了前所未有的冲击。

大学毕业生就业人数与岗位数量之间的供需比降低,社会对大学毕业生的需求总量在减少。国有大中型企业受金融危机的冲击较小,用人需求减少相对较少;而小型非国有企业、高新企业、私企、外企以及制造业、IT 行业、房地产行业等受金融危机冲击较大,相关用人需求明显降低,这将导致相关专业毕业生 2009 年就业异常困难。毕业生的求职热点也向工作较稳定的国企和科研部门转移。

相关调查显示,60% 以上的毕业生认为金融危机对自己的就业产生了不同程度的影响,近40%的同学感到思想压力较大,认为面对的就业前景不容乐观,表示比较焦虑。34.67%的毕业生认为金融危机给家庭经济造成明显影响,因此产生了较大的就业思想压力,希望尽快就业以解决家庭经济困难。

中国社会调查所2009年2月的电话调查显示,应届生整体就业率为35.6%,已就业者总体满意度为37.6%,有27.4%的人表示对工作满意,仅4.7%选择毕业后自主创业。

总之,金融危机对大学毕业生造成了较大的思想压力,对他们的学习、生活、就业产生了不同程度的影响。这无疑给毕业生就业工作带来了更大的挑战。

第三节 国家应对大学毕业生就业所采取的措施

一、国务院办公厅就加强普通高等学校毕业生就业工作专门下发通知

2009年1月7日,为了解决大学毕业生就业问题,国务院总理温家宝亲自主持召开国务院常务会议,部署做好高校毕业生就业工作。会议指出,高校毕业生是我国宝贵的人力资源。面对当前国际金融危机蔓延、我国就业形势十分严峻的情况,必须把高校毕业生就业摆在就业工作的首位。

为落实国务院会议精神,国务院办公厅就加强普通高等学校毕业生就业工作专门下发了通知。该《通知》指出:各地区、各有关部门要把高校毕业生就业摆在当前就业工作的首位,采取切实有效措施,拓宽就业门路,鼓励高校毕业生到城乡基层、中西部地区和中小企业就业,鼓励自主创业,鼓励骨干企业和科研项目单位吸纳和稳定高校毕业生就业。具体采取如下措施:

(一)鼓励和引导高校毕业生到城乡基层就业

鼓励高校毕业生积极参加社会主义新农村建设、城市社区建设和应征入伍。围绕基层面向群众的社会管理、公共服务、生产服务、生活服务、救助服务等领域,大力开发适合高校毕业生就业的基层社会管理和公共服务岗位,引导高校毕业生到基层就业。对到农村基层和城市社区从事社会管理和公共服务工作的高校毕业生,符合公益性岗位就业条件并在公益性岗位就业的,按照国家现行促进就业政策的规定,给予社会保险补贴和公益性岗位补贴,所需资金从就业专项资金列支;对到农村基层和城市社区其他社会管理和公共服务岗位就业的,给予薪酬或生活补贴,所需资金按现行渠道解决,同时按规定参加有关社会保险。对到中西部地区和艰苦边远地区县以下农村基层单位就业、并履行一定服务期限的高校毕业生,以及应征入伍服义务兵役的高校毕业生,按规定实施相应的学费和助学贷款代偿。对具有基层工作经历的高校毕业生,在研究生招录和事业单位选聘时实行优先,在地

市级以上党政机关考录公务员时也要进一步扩大招考录用的比例。

继续实施和完善面向基层就业的专门项目,扩大项目范围。相关项目由各有关部门继续加强组织领导,省级人民政府负责做好各类基层就业项目之间的政策衔接。2009年,中央有关部门继续组织实施"选聘高校毕业生到村任职"、"三支一扶"(支教、支农、支医和扶贫)、"大学生志愿服务西部计划"、"农村义务教育阶段学校教师特设岗位计划"等项目,各地也要因地制宜开展地方项目,鼓励和引导更多的高校毕业生报名参加。鼓励高校毕业生在项目结束后留在当地就业,今后相对应的自然减员空岗全部聘用服务期满的高校毕业生。对参加项目的高校毕业生给予生活补贴,所需资金按现行资金渠道解决,同时按规定参加有关社会保险。各专门项目相关待遇政策的衔接办法,由人力资源社会保障部、财政部、教育部、中央组织部、共青团中央等有关部门另行研究制定。

(二)鼓励高校毕业生到中小企业和非公有制企业就业

各类中小企业和非公有制企业是高校毕业生就业的主要渠道。要进一步清理影响高校毕业生就业的制度性障碍和限制,为他们提供档案管理、人事代理、社会保险办理和接续、职称评定以及权益保障等方面的服务,形成有利于高校毕业生到企业就业的社会环境。对企业招用非本地户籍的普通高校专科以上毕业生,各地城市应取消落户限制(直辖市按有关规定执行)。企业招用符合条件的高校毕业生,可按规定享受相关就业扶持政策。劳动密集型小企业招用登记失业高校毕业生等城镇登记失业人员达到规定比例的,可按规定享受最高为200万元的小额担保贷款扶持。

(三)鼓励骨干企业和科研项目单位积极吸纳和稳定高校毕业生就业

鼓励国有大中型企业特别是创新型企业创造条件,更多地吸纳有技术专长的高校毕业生就业。充分发挥高新技术开发区、经济技术开发区和高科技企业集中吸纳高校毕业生就业的作用,加强人才培养使用和储备。各地在实施支持困难企业稳定员工队伍的工作中,要引导企业不裁员或少裁员,更多地保留高校毕业生技术骨干,对符合条件的困难企业可按规定在2009年内给予6个月以内的社会保险补贴或岗位补贴,由失业保险基金支付;困难企业开展在岗培训的,按规定给予资金补助。承担国家和地方重大科研项目的单位要积极聘用优秀高校毕业生参与研究,其劳务性费用和有关社会保险费补助按规定从项目经费中列支,具体办法由科技、教育、财政等部门研究制定。高校毕业生参与项目研究期间,其户口、档案可存放在项目单位所在地或入学前家庭所在地人才交流中心。聘用期满,根据工作需要可以续聘或到其他岗位就业,就业后工龄与参与项目研究期间的工作时间合并计算,社会保险缴费年限连续计算。

(四)鼓励和支持高校毕业生自主创业

鼓励高校积极开展创业教育和实践活动。对高校毕业生从事个体经营符合条件的,免收行政事业性收费,落实鼓励残疾人就业、下岗失业人员再就业以及中小企业、高新技术企业发展等现行税收优惠政策和创业经营场所安排等扶持政策。在当地公共就业服务机构登记失业的自主创业高校毕业生,自筹资金不足的,可申请不超过5万元的小额担保贷款;对合伙经营和组织起来就业的,可按规定适当扩大贷款规模;从事当地政府规定微利项目的,可按规定享受贴息扶持。有创业意愿的高校毕业生参加创业培训的,按规定给予职业培训补贴。强化高校毕业生创业指导服务,提供政策咨询、项目开发、创业培训、创业孵化、小额贷款、开业指导、跟踪辅导的"一条龙"服务。各地要建设完善一批投资小、见效快的大学生创业园和创业孵化基地,并给予相关政策扶持。鼓励支持高校毕业生通过多种形式灵活就业,并保障其合法权益,符合规定的,可享受社会保险补贴政策。

■ (五)强化高校毕业生就业服务和就业指导

充分发挥人力资源市场配置资源的作用,强化公共就业服务的功能。人力资源社会保障、教育等部门及高校要加强协作,采取网络招聘、专场招聘、供求洽谈会和用人单位进校园等多种方式,大力开展面向高校毕业生的就业服务系列活动,为应届高校毕业生提供更多、更快、更好的免费就业信息和各类就业服务。高校要强化对大学生的就业指导,开设就业指导课并作为必修课程,重点帮助毕业生了解就业政策,提高求职技巧,调整就业预期。加强高校就业指导服务机构建设,落实人员、场地和经费。加强人力资源市场管理,严厉打击违法违规行为,加强招聘活动安全保障,维护高校毕业生就业权益。

■ (六)提升高校毕业生就业能力

大力组织以促进就业为目的的实习实践,确保高校毕业生在离校前都能参加实习实践活动。完善离校未就业高校毕业生见习制度,鼓励见习单位优先录用见习高校毕业生。见习期间由见习单位和地方政府提供基本生活补助。拓展一批社会责任感强、管理规范的用人单位作为高校毕业生实习见习基地。从2009年起,用3年时间组织100万未就业的高校毕业生参加见习。加强高等职业院校学生的技能培训,实施毕业证书和职业资格证书"双证书"制度,努力使相关专业符合条件的应届毕业生通过职业技能鉴定获得相应职业资格证书。人力资源社会保障部门根据高校毕业生需要,提供专场或其他形式的职业技能鉴定服务,教育部门及高校要给予积极配合。对符合就业困难人员条件的高校毕业生,按规定给予鉴定补贴。

■ (七)强化对困难高校毕业生的就业援助

对困难家庭的高校毕业生,高校可根据实际情况给予适当的求职补贴。各级机关考录公务员、事业单位招聘工作人员时,免收困难家庭高校毕业生的报名费和体检费。对离校后未就业回到原籍的高校毕业生,各地公共就业服务机构要摸清底数,免费提供政策咨询、职业指导、职业介绍和人事档案托管等服务,并组织他们参加就业见习、职业技能培训等促进就业的活动。对登记失业的高校毕业生,各地要将他们纳入当地失业人员扶持政策体系。对就业困难的高校毕业生和零就业家庭的高校毕业生,实施一对一职业指导、向用人单位重点推荐、公益性岗位安置等帮扶措施,按规定落实社会保险补贴、公益性岗位补贴等就业援助政策。

■(八)加强领导,明确责任

各地要加强对高校毕业生就业工作的组织领导,将高校毕业生就业纳入当地就业总体规划,统筹安排,确定目标任务,实行目标责任制,加强工作考核和督查。各有关部门要切实发挥职能,落实工作责任。各级人力资源社会保障部门要牵头制定和实施高校毕业生就业政策,并做好高校毕业生离校后的就业指导和就业服务工作。教育部门要指导高校大力加强在校生的就业指导和服务工作,并继续深化高等教育改革。财政部门要根据高校毕业生就业形势和实际需要,统筹安排资金用于促进高校毕业生就业。其他有关部门要认真履行职责,加强协调配合,共同推动工作。要大力开展高校毕业生就业工作的宣传,引导高校毕业生树立正确的就业观和成才观,形成全社会共同促进高校毕业生多渠道就业的良好舆论环境。各地要按照本通知要求,结合本地实际,制定切实有效的政策措施,创造性地开展工作,千方百计促进高校毕业生就业。

■■■二、教育部下发《国家促进普通高校毕业生就业政策公告》

2009 年 3 月,教育部下发《国家促进普通高校毕业生就业政策公告》,20 条新举措促进高校毕业生就业。

■(一)鼓励高校毕业生到基层到中西部地区就业

1. 对到农村基层和城市社区公益性岗位就业的,给予社会保险补贴和公益性岗位补贴;对到农村基层和城市社区其他社会管理和公共服务岗位就业的,给予薪酬或生活补贴;

2. 对到中西部地区和艰苦边远地区县以下农村基层单位就业并履行一定服务期限的,由政府补偿学费,代偿助学贷款;

3. 对有基层工作经历的,在研究生招录和事业单位选聘时优先录取;

4. 对参加"选聘高校毕业生到村任职"、"三支一扶"(支教、支农、支医和扶贫)、"大学生志愿服务西部计划"、"农村义务教育阶段学校教师特设岗位计划"等项目的,给予生活补贴,按规定参加社会保险;项目服务期满并考核合格的,报考硕士研究生初试总分加 10 分,高职(高专)学生可免试入读成人本科;今后相应的自然减员空岗全部聘用参加项目服务期满的高校毕业生。

■(二)鼓励高校毕业生应征入伍服义务兵役

5. 由政府补偿学费,代偿助学贷款;

6. 在选取士官、考军校、安排到技术岗位等方面优先;

7. 退役后参加政法院校为基层公检法定向岗位招生考试时,优先录取;

8. 具有高职(高专)学历的,退役后免试入读成人本科;或经过一定考核,入读普通本科;

9. 退役后报考硕士研究生初试总分加 10 分;荣立二等功及以上的,退役后免试推荐入读硕士研究生。

■■■（三）积极聘用优秀高校毕业生参与重大科研项目

10.高校毕业生在参与项目研究期间，享受劳务性费用和有关社会保险补助，户口、档案可存放在项目单位所在地或入学前家庭所在地人才交流中心。聘用期满，根据需要可以续聘或到其他岗位就业，就业后工龄与参与项目研究期间的工作时间合并计算，社会保险缴费年限连续计算。

■■■（四）鼓励和支持高校毕业生到中小企业就业和自主创业

11.对企业招用非本地户籍的普通高校专科以上毕业生，各地城市应取消落户限制（直辖市按有关规定执行）；

12.为到中小企业就业的高校毕业生提供档案管理、人事代理、社会保险办理和接续等方面的服务；

13.从事个体经营符合条件的，免收行政事业性收费并享受国家相关扶持政策；

14.登记失业并自主创业的，如自筹资金不足，可申请5万元小额担保贷款；对合伙经营和组织起来就业的，可按规定适当提高贷款额度；

15.参加创业培训的，按规定给予职业培训补贴；

16.灵活就业并符合规定的，可享受社会保险补贴政策。

■■■（五）强化对困难家庭高校毕业生的就业援助

17.就业困难和零就业家庭的高校毕业生，享受公益性岗位安置、社会保险补贴、公益性岗位补贴等就业援助政策；

18.机关、事业单位免收招聘报名费和体检费；

19.高校可根据实际情况给予适当的求职补贴；

20.对离校后未就业回到原籍的高校毕业生，由各地公共就业服务机构免费提供就业服务并组织就业见习和职业技能培训。

■■■三、多部委联合出台举措促进大学生就业

鉴于大中专院校毕业生就业难的情况，人力资源和社会保障部等20多部委2009年联合出台促进就业组合举措，帮助还没有找到工作的高校毕业生尽快实现就业。

具体措施为：

2009年5～6月，人力资源和社会保障部、民政部、教育部在全国城乡基层开发20万就业岗位提供给高校毕业生；选派万名左右的普通高等学校应届毕业生到基层乡镇一级从事为期1～3年的志愿服务工作；

5～6月份，高校所在地县级兵役机关会同教育、公安、卫生等部门，到高校组织进行身体初检和政治初审，针对高校毕业生应征入伍服义务兵役推出优先选拔、考学升学优惠、补偿学费和代偿国家助学贷款等一系列优惠政策；

　　5月中旬,人力资源与社会保障部、全国总工会等将组织民营企业招聘周,提供80万个岗位信息,促进30万名毕业生与企业达成就业意向;

　　6月20~26日,组织就业网络联盟联合招聘周,计划组织5万个用人单位提供50万个就业岗位;

　　另外,教育部、商务部力争在5年内培养和培训120万服务外包人才,新增100万高校毕业生就业,实现2013年承接国际服务外包业务300亿美元。

　　针对困难家庭的高校毕业生,除做好日常就业援助外,5~7月份,还将开展"困难职工家庭高校毕业生阳光就业行动",优先向他们提供职业培训和就业岗位。

　　人力资源和社会保障部、教育部、财政部和中国残联等4部门还联合发布《关于进一步做好高等学校残疾人毕业生就业工作的通知》,明确要求各地将高校残疾人毕业生纳入国家促进高校毕业生就业政策扶持范围,在制定相关政策和实施办法时,要给予适当倾斜;在提供就业服务、开发就业岗位时,要给予优先扶持,实施重点援助。

　　截至2009年5月,北京、天津、上海等23个省(区、市)陆续出台了促进大学毕业生就业的政府文件。

　　政府的支持,极大地鼓舞了大中专毕业生的就业斗志,一定程度上缓解了大学生们的心理压力,有利于大学生们应对暂时的就业难问题,帮助大学生们更好地迈出校门、走向职场。

思考与讨论

　　1.访谈就业指导中心或院系老师,了解本校或本院的就业情况。
　　2.访谈在校学长或校友,了解本专业近几年的就业状况。

第二章　求职信息准备

★　★　★

学习目标

1. 熟悉专业培养方案和就业方向,确定自己的目标职业;
2. 搜集相关信息,为就业准备相关材料;
3. 了解目标职业的需求情况、相关要求以及自身的差距;
4. 了解不同类型企业的招聘程序和要求。

第一节　搜集就业信息

▌▌▌一、搜集相关就业信息

完成任何一项工作,信息的搜集都是必不可少的。对大学生就业活动而言,信息的搜集是迈向成功的第一步。择业决策的过程包括信息搜集、处理和转换,在择业过程中,无论是职业目标的确定、求职计划的设计还是决策方案的选择,就业信息的搜集和处理都是基础。就业信息的内容十分广泛,作为初次择业的大学毕业生应主要了解以下几个方面的信息:

▌(一)用人单位的信息

一些毕业生在选择单位时对用人单位情况不甚了解,在择业时带有很大的随意性和盲目性,如只挑选大城市而不问用人单位的性质、业务范围;有的只图单位名称好听就盲目拍板等等,要避免这些现象,做到对用人单位有个比较客观的评价,关键在于掌握用人单位的信息。

▌(二)职业情况

了解产业的分类与结构,以及随着社会的发展,产业结构的调整和变化趋势;了解职业的分类与结构,以及该职业发展的趋势,使自己总揽全局,以便更好地把握自己,在国家建设的大背景下找到自己的正确位置。

▌(三)相近及相关行业现状和发展趋势

了解与自己所学专业直接对口或相关的行业、部门和单位的现状和发展趋势等相关信息有利于大学生更好地选择自己喜欢的职业,更好地走向社会,开始自己的职业生涯。

■■■ 二、就业信息搜集的渠道

毕业生除需了解以上就业方面的相关信息外,还应掌握信息的来源和渠道。现在获得就业信息的途径很多,尤其是网络上的资源十分丰富,但是每个人的时间和精力有限,不可能关注到所有的就业信息,获得就业信息应把握两个原则,一是便捷,二是权威。根据目前毕业生就业市场的现状和上述两个原则,推荐以下几种途径:

■ (一)学校毕业生就业主管部门

学校毕业生就业主管部门的就业信息具有准确、可靠、多样、具体的特点,是毕业生获取就业信息的最直接、最有效、最主要的来源。学校的就业信息的主要来源是:各用人单位、各地方人事部门发来的就业信息;各类供需见面会的就业信息;直接到学校招聘毕业生的用人单位的就业信息。就业办一般会在学校就业网站上和宣传栏中对这些信息进行发布。

■ (二)各种类型的"双向选择、供需见面"会

每年一些地区的人才服务中心或就业指导中心都会举办规模不等的毕业生供需见面会,这些供需见面可能是分行业举办,也可能是分地区举办,在供需见面会上毕业生可以掌握较多的信息。参加供需见面会要特别注意主办单位是什么单位,以往主办的类似的供需见面会效果如何,通常由政府主管部门所属的人才交流机构主办的供需见面会效果相对较好。

■ (三)各类媒体

如网络、报刊、杂志、广播、电视等,在使用这些媒体时同样要注意权威性和专业性,例如中央电视台经济部《绝对挑战》节目、《中国大学生就业》(全国高校毕业生就业指导中心主办)、中华英才网、《中国贸易报前程周刊》等资源都能为毕业生提供专业性和权威性的信息。

(四)实习、社会实践、社交等活动

毕业生在实习、社会实践中可以直接与用人单位接触,可以更清楚地了解有关需求情况,让用人单位更多地了解自己。

(五)亲朋好友

通过家长、亲戚、朋友、老师、同学等渠道来获取就业信息,有时会起到事半功倍的效果。

■■■ 三、把握就业信息的三原则

毕业生通过上述渠道所搜集到的原始就业信息可能比较杂乱,毕业生应根据自己的实际情况和需求,对信息进行去粗取精,去伪存真,有目的、有针对性地加以筛选处理,使获得的信息具有准确性、全面性和有效性的特点,使之更好地为自己的求职服务。在处理这些信息时应把握以下原则:

■ ■ (一)掌握重点

将搜集到的所有就业信息进行比较、初步筛选之后,把重点信息选出,标明并注意保存,一般信息则仅做参考。

■ ■ (二)适合自己

每个人的情况不一样,毕业生应选择适合自己的信息,例如,如果想在福州就业,就应经常关注海峡人才报、中国海峡人才网等媒体,如果想去广州就业,就应经常关注南方人才网、中山大学就业指导网等。

■ ■ (三)注意信息的时效性

人才市场瞬息万变,用人单位发布需求信息后,随时都会收到毕业生的求职信息,及时与用人单位联系能体现出你积极的态度,为求职成功增加砝码。因此,搜集到就业信息后,应及时使用,以免过期。

第二节　了解用人单位的招聘程序

■ ■ ■ 一、不同类型企业的人才观

■ ■ (一)外资企业重能力重素质

● 就业优势:国际型管理、信息丰富、薪资待遇高。

● 就业要求:综合能力强、技术能力强、熟练的计算机操作技能与流利的英语表达能力。

外企对应届生的普遍要求集中在:综合能力强、专业学习好的人。具体而言,就是"不重学历重能力,强调素质与技能",应聘者必须精通专业知识,具有极强的敬业精神、较强的团队协作精神和沟通能力。此外,熟练的计算机操作技能与流利的英语表达能力也是非常重要的。

外企对人才需求量比较大的行业主要集中在:IT、国贸、机电,而纯外语类、初级财务、一般销售和进出口贸易专业则呈供大于求之势。

> *温馨提示:部分外企的用人标准*
>
> **壳牌:3 个 CAR 潜质**
>
> 壳牌招聘大学毕业生主要是着眼于未来的需要,所以十分看重你的发展潜质。壳牌把发展潜质定义为"CAR",即:分析力(Capacity)、成就力(Achievement)、关系力(Relation)。
>
> 分析力(Capacity):能够迅速分析数据和学习。在信息不完整和不清晰的情况下能确定主要议题。分析外部环境的约束。分析潜在影响和联系。在复杂的环境中和局势不明的情况下能提出创造性的解决方案。

成就力(Achievement):对自己和他人有挑战性的目标。为出成果,百折不挠。能够权衡轻重缓急和不断变化的要求。有勇气处理不熟悉的问题。

关系力(Relation):尊重不同背景人提出的意见并主动寻求这种意见。表现诚实和正直。有能力感染和激励他人。坦率、直接和清晰地沟通。建立富有成效的工作关系。

IBM:3个"高绩效"

IBM需要"高绩效"的人才。在IBM的"高绩效"文化中,主要包括以下三个方面:第一个叫Win,就是"必胜的决心";第二个是Execution,就是"又快又好的执行能力";第三个是Team,就是"团队精神"。

诺基亚:2个"以人为本"

诺基亚的企业文化的核心是"以人为本"。体现在人才的判断价值上,公司是通过两个方面去实践"以人为本"的。

一是硬件系统,包括专业水平、业务水平和技术背景,一般由部门的执行经理来考察;

二是软件系统,包括沟通能力、创新能力以及灵活性等,一般由人力资源部门来考察。

西门子:对企业家的7个要求

百年老店西门子被誉为"企业家的摇篮"。事实上,西门子寻找的正是"企业家类型的人物",他们对未来的"企业家们"的七个基本要求是:良好的考试成绩,丰富的语言知识,广泛的兴趣,强烈的好奇心,有改进工作的愿望,以及在紧急情况下的冷静沉着和坚毅顽强。

松下电器:70分的人才

松下创始人松下幸之助先生被誉为"经营之神",但松下却并不需要顶尖级的"100分"人才,他们只要"70分"就够了。

松下的管理理念是"适当",即"适当的公司,适当的人才"。"100分"的人才对公司并不一定"适当",他们往往过分自负,不太愿意与人平等沟通、默契合作,还爱抱怨环境,计较企业给予的职位和待遇,以这样的心态来工作,对企业绝非有利。而"70分"的人才,则珍惜公司给予的工作机会,看重企业交付的信任和委托,积极上进、肯学习、富有竞争的激情,"70分"的人才如果使用得当,同样会发挥出巨大的能量。所以,松下的管理公式是:能力×热忱=劳动成果。

(二)国有大中型企业强调创新和忠诚度

●**就业优势**:企业管理规范、企业文化稳定、企业发展稳定。

●**就业要求**:知识面宽、有一技之长、创新能力强、忠诚度高。

很多国有企业需要知识面宽,有一技之长,学历高的人才。现在,越来越多的企业在渴求复合型人才的加入,也就是说,知识相比能力而言不那么重要。在能力方面,"团队精神、创新能力、忠诚度和良好的沟通表达能力"是四项基本条件。

国有大公司都很重视员工的创造力,因为要使自己的技术、产品、服务领先,就要做到与众不同。国有公司招聘特别注意考察员工的创新能力,那些只会死读书的人很容易被淘汰,喜欢按惯性思维的人也不受欢迎。

但创新和规范化要求并不矛盾。比如,他们会问:"你现在用的电话有什么缺点? 怎么改进它?"或者"龟兔赛跑时,如果兔子没有睡觉,乌龟怎么赢得比赛?"这些问题和专业毫无关系,但考察你是否善于观察和解决问题,创新能力是否强等。

另外,国有企业的企业文化和企业精神相对于中小型民营企业更稳定,所以对于员工的忠诚度要求比较高。

(四)中小民营企业重视一专多能

● 就业优势:需求大、磨炼机会多、发展空间大
● 就业要求:一专多能、沟通能力强、敬业、有团队精神。

据专业人士分析,从我国目前的产业结构来看,第二产业发展迅猛,第三产业则正在升级阶段,劳动力市场上企业的需求量最大,而需求中又以中小企业比例最多。

大学生只要真正有才华、有能力,一定可以在中小企业中把握机会,脱颖而出。如果大学生放弃了众多中小企业的发展机会,实际上就限制了自己的长远发展。

中小企业人数不多,往往要求进来的大学生先从企业的基层做起,要当多面手,技术、管理、营销都要涉足,这能为大学生提高综合素质提供更多的磨炼机会。

中小企业规模不大,管理架构简单,大学生有更多的机会面对老板,为决策者所认识、了解,也有更多机会进入决策层,一旦企业发展壮大了,"位子"多了,大学生晋升的机会将很多。

二、企业排斥的毕业生

供需双方不对接,使得日益严峻的就业问题更加严重。绝大多数企业在招聘和用人过程中遇到了类似困扰,使得它们对以下五类大学毕业生避之不及:

(一)缺乏工作经验、动手能力差

绝大部分企业提到,现代企业更注重应聘者的实际动手操作能力。现在市场竞争激烈,企业急需一批可以很快派上用场的人才,可以节约培训时间,还可以节省培训费用。然而刚刚毕业的大学生普遍缺乏工作经验,上手慢。

(二)学习能力不强,跟不上时代步伐

大学毕业生的学习态度和主动学习的意识,企业普遍表示不满。按理说,大学毕业生经过大学的自主学习,学习能力比较强,但事实上并非如此,相对老员工,大学毕业生再学习的危机感和动力严重不足。

(三)基本知识和专业知识缺乏

企业普遍反映,近些年招进的毕业生,基础知识不够扎实,专业知识结构不合理,不符合企业的要求。一些对专业知识要求较高的企业在招聘时,往往看重大学的成绩单、英语四六级、专业相关资格证书等。在一些企业的二轮面试时,还常常会具体考察毕业生专业知识的基本功以及专长等。业内人士表示,这可能和部分毕业生在大学期间过分注重学生活动,忽视了专业学习有关。

(四)工作态度不端正

许多企业反映,应届毕业生的工作心态不稳定。很多刚被录用的应届生并不十分珍惜来之不易的工作机会,不愿意从工作底层做起,不满现有工作待遇,不能吃苦,不专心工作,很多时候想着跳槽。事实上,在很多企业,老板把工作态度看得比专业知识更重要。他们认为,一个人的知识技能可以通过培训提高,但是,工作态度很大部分是受个人的生活习惯、性格影响,一旦养成很难改变。很多企业对刚录用的应届毕业生会有不同程度的培训,但往往新手刚上手时,也是他们跳槽离去的时候,这对于企业来说是大损失。

(五)不善于沟通,缺乏团队合作精神

企业普遍认为,相对有工作经验的员工,应届大学毕业生明显缺乏与人沟通合作的能力,甚至表现出我行我素的个性和风格。在企业里,团队合作精神显得尤其重要。事实上,不少毕业生眼高手低,看不起同事,缺乏合作精神,难以融入整个团队中。

三、不同类型企业的招聘流程分析

(一)国企的一般招聘流程

在国企,中层和基层人事工作基本上仍按照传统人事操作,以事务性工作为主。国企的中、基层员工招聘程序大体如下:

(1)公司人力资源部根据生产运营和员工变动的需要编制用人计划;

(2)人力资源部组织召开多次全公司人事干部会议,反复讨论协商后产生需求计划表;

(3)人力资源部根据岗位任职条件等资料编写招聘说明书,设点组织参加各级各类招聘会,比如中专、大专、本科与研究生专场招聘会,社会性招聘会和海外服务招聘会等。

国内校园招聘主要看综合排名、专业成绩、个性特征和专长能力,一般招收专业前几名的学生;所聘人员大致分为工人类、技术员类、行政事务类,基本全部按计划分到各单位从事一线工作,经过 5~10 年后进入人才战略储备库;基层管理者全部从内部有经验的员工中选拔产生。

国企的人力资源招聘基本全部按计划进行,极少进行临时招聘;重视招聘后的职业发展规划;建立人力资源信息库,使人力资源管理与开发有据可依。

■■■(二)外企的一般招聘流程

一般情况下,外企的招聘程序大致由以下步骤构成:

(1)为了确保在适当的时候,为适当的职位配备适当数量和类型的人员,外企的管理部门通常都要制定年度(或周期更长的)人力资源规划。通过这个规划,外企将其组织发展目标转化为需要通过哪些人来实现这个目标。在做规划前,通常由人力资源管理部门牵头组织,其他职能部门参与,对其现有的人力资源情况进行科学评价。

(2)根据评价结果,可以决定要招人员的数量和类型。通常,中层以下的职位由人力资源管理部门和需招聘人员的部门主管商榷后决定。招聘中层管理人员以上的职位则由公司高层批准,有些公司还要报请总部或董事会批准。

(3)人力资源管理部门开始寻找潜在的职位候选人。至于用哪种方式寻找,要根据当地的劳动力市场情况、工作职位的类型和层级以及组织的性质、行业、规模等来决定。比如要寻找入门职位的候选人,通常可以在学校或公共就业机构寻找,要寻找中高级的企业管理人员,通常需要猎头公司的服务。

(4)为了确保最合适的候选人得到空缺职位,通常需要一个科学的甄选过程。几乎所有的组织都会要求候选人填一张申请表。这可能只是一份让应聘者填上姓名、地址、联系方式的简表,也可能是一份综合性的个人履历表,要求仔细填写个人的简历、技能和成就。求职者对于后一种申请表要认真填写,因为其中有些硬性的、可证实的资料可以作为某些工作绩效的衡量标准,人力资源管理者很可能根据其中一些栏目反映的与所申请职位的相关程度进行加权评分,并依此决定哪些人有资格参加第一次考试。

(5)笔试。笔试通常要考查候选人的能力、悟性、智商、专业知识,具体内容根据职位和公司文化而定。笔试作为一种有效的甄选手段而被广泛应用,一般的人力资源管理者都认为,一份设计妥当的笔试问卷可以大大减小决策失误的风险。

(6)面试。面试是一种最为普遍使用的甄选手段。人力资源管理者在与求职者面谈之前,一般情况下都对面谈进行了很好的设计和安排,这是对获得正确甄选结果的一种保障。有效的面试模式一般是结构化面试。

(7)人力资源管理者对候选人的申请资料进行核实。通常这是一些大公司的做法。有相当大比例的求职者对他们的就业日期、职务、过去的薪金和离职原因叙述不准,对这些硬性资料进行核对,可进一步降低聘用决策失误风险。

(8)进行体格检查。一般情况下,体格检查是为进行健康保险而做的,管理者要减少对雇员在受雇前伤病的保险开支。

(9)签订雇佣合同。签订雇佣合同应是在受雇者开始劳动之前,或开始劳动的一周之内。大型企业的劳动合同通常是一份由人力资源管理部门制定的规范合同,求职者一般没有什么讨价还价的余地。

■■■(三)民企的一般招聘流程

处于成长阶段的民营中小企业,其员工招聘方式有其鲜明的特色,一般的员工招聘程序如下：

（1）一般情况下是等到业务发展需要，进行即时招聘。大中专毕业生分配制度的改革为此类企业的招聘提供了便利渠道，使其可直接到开设相关专业的学校招聘员工或招收实习生。

（2）由公司相关部门的主管搜集面试者的资料并直接面试。面试过程基本上是由主管人员和招聘者交谈，完全凭面试人员的主观判断决定聘用。

（3）新进员工一般先分配到相关部门进行边干边学的在岗培训。民营中小企业一般没有编制岗位工作说明书，因此员工招聘并无详细的招聘说明书，招聘过程一切由总经理或其委托代表的个人主观控制，随意性较大。

民营企业在员工招聘中讲求实效，可形象描述为"需要才聘，聘即能用，用只是用"。由于民营企业在用人用工上有极大的灵活性，这不但使得民营企业能及时补充所需的基层员工，也能挖到想要的中高层管理人才，而且能及时更新员工，保持工作活力，降低人工成本和不必要的人事负担。

思考与讨论

1. 你是如何搜集求职信息的？在搜集过程中遇到了哪些困难？

2. 不同类型企业的招聘流程各有什么特别？分别要做哪些准备？

第三章　求职材料准备

★　★　★

学习目标

1. 根据求职目标定制相应的求职信；
2. 根据求职目标定制相应的简历。

第一节　求职信

求职信是求职过程中很重要的一环。在未与雇主正式接触之前，这封信就是你们之间的媒体。文笔流畅、格式正确的求职信能给招聘者留下良好的印象，获得面试的机会就大大增加。

一、求职信撰写三步曲

（一）第一步　我是谁

1.说明自己的情况

应届毕业生要说明所在学校和所学专业，比如"我是××大学经济学院经济学专业应届本科毕业生"，简单一句话，就让招聘经理对你的身份了解了个大概。

说明你从何处得到这一招聘信息。许多公司通过报纸、网站等公众媒体发布招聘信息，因此在求职信上注明你是从哪家招聘中介处获得信息，会使招聘者对于你的信息渠道充分认同，而不会产生"来路不明"的印象。

2.如何巧用第三者

如果有的话，求职者可以在求职信中提及招聘人员和自己都知道的第三者作为推荐人，从而在自己和招聘人员之间建立联系。这种做法可以引起收信人对你的关注，如果推荐人级别比较高，招聘人员更加不会怠慢。

如果你是得到了招聘公司内部员工的推荐，求职信的写作技巧和表达语气要注意表现得非常专业，不能过分强调私人关系。因为招聘人员在得知你是公司员工介绍的人选时，已经优先给你机会了，此时一个专业的有能力胜任这一岗位的应聘者，应该不枉介绍人对你的"厚爱"，而那些一味闲谈自己与介绍人关系多么"铁"、多么"磁"的人，会让招聘人员心生厌烦和抗拒。

当第三者的专业、职务地位较高时，你在求职信中提到他时语气要格外平和，不要给招聘人员一种狐假虎威的感觉,这样会引起他的强烈反感。比如以下这种说法:"张董事长让我来找你,谈谈这个工作的录取问题。"这种写法显得趾高气扬,根本没把招聘人员放在眼里,好像你就是领导一样,或者领导的意思就是要录用你了。如果真是这样,那么只需领导的秘书打个电话就可以了,何必如此麻烦。而另一种"在与贵公司张董事长的交谈中,他向我介绍了贵公司的情况,建议我与你们联系,进一步互相了解"的写法就比较温和、可取,表现出了对招聘人员工作的充分重视。

当你准备在求职信里提及第三者时,必须先得到他本人的明确同意,不要从对方的言谈中妄自揣测,想当然地认为"不反对就是同意",其实对方也许只是碍于面子不好立马拒绝,如果你未经明确许可而自作主张地把他写进求职信,很可能会在招聘人员查证时得到他的矢口否认。那时你的自以为是就变成了作茧自缚。

3.阐明你要应聘什么职位

你的求职材料有可能被送到人力资源部门,也可能被送到公司的某个业务部门,或者几经周折才到达招聘人员手中。为了使招聘人员明确这些材料的意义和目的,要开宗明义,在求职信开头写明你应聘的岗位。

有些同学以为求职信开篇就直奔主题太过功利,于是开篇就是大段热情洋溢、文采激扬的文字,以为这样能够吸引招聘人员的注意,对自己求职有益。其实那只能让紧张工作的招聘人员感到浪费时间,他很可能会把你的材料搁置一边,甚至扔掉。招聘人员对文字游戏并不感兴趣,他所感兴趣的是你这个人是否有可能是他们所需要的人才,是不是面试的首选。

(二)第二步 描述自己对招聘公司的认识和理解

这部分的行文要力求简洁到位,可以列举一个有关公司较新的重大发展,或是谈谈自己对公司的独特见解,让招聘人员认识到你对该公司颇有认识。但阐述这部分内容的前提是,你必须对该行业、企业有一定的了解,对于该行业、企业的近况和发展都很熟悉。否则一知半解地班门弄斧,会给人轻浮的感觉,写了还不如不写。

1.综合介绍自身能力

以上阐述你对招聘公司的认识,是为了接下来告诉招聘人员,基于你对公司的了解,你有如下优势,可以为公司做出贡献。

对于在校生来说,你能展现的卖点除了毕业院校、对口专业,还有你对所应聘行业的深入了解,你曾经兼职或是实习的工作与应聘工作的相关程度,你在原来的工作岗位上做出的成绩、创造的价值,这些能够体现出你的工作能力、业务技能等等。招聘人员关心这些内容是为了横向比较谁能为公司做更大贡献,谁更适合。

可以围绕简历中的某一两点进行发挥或引起别人对这几点的关注。比如突出你在学业、工作中的重大成就,以证明你具备扎实的知识基础、过硬的业务能力,使招聘人员相信你足以胜任这项工作。

密密麻麻、大段大段的描述会使招聘人员在阅读和记忆时缺乏效率,这对你的求职非常不利。因此建议使用点句格式,言简意赅,只需 3～5 条即可,结构清晰、重点突出,让招聘人员从堆积如山的应聘材料中一眼就相中你的材料,并放在"进入面试"的那部分档案里。

2.强调自己能为公司做出哪些贡献

许多大学毕业生在写求职信时没有真正明白招聘公司招聘的目的,大书特书自己尚有欠缺,希望能在招聘公司提供的岗位上努力学习,有所收获。但事实是,公司开展招聘主要不是为了给社会创造更多的就业机会,更不是像学校一样主要是提供学习机会,而是为了网罗人才为己所用,他们需要求职者能够为招聘公司贡献力量。因此,这一部分可基于上述个人能力和经验,表明可为公司在哪些具体方面做出贡献。

(三)第三步　表明自己非常愿意接受面试,争取面试机会

1.强调个人的应聘诚意

结尾应再次强调你对该职位的强烈兴趣以及希望与他们进一步接洽的愿望;要表达出你想与招聘人员面谈的意愿,让他们来安排一次面试;表示你会主动再与他们联系,而且渴望收到他们的回复。

大家应该明白的是,求职信是为了能得到面试机会,而并非为了马上能得到工作机会,也不可能因为求职信写得好而被录取。因此,你的求职信若能使读者产生欲知后事如何,且听下回分解的渴盼就达到最高境界了。

2.再次详细告知自己的联系方式

有人认为联络方式在信头、简历等处都已经包括了,没有必要到处都写。根据"使用者友好原则",再次写清联络方式有助于繁忙的招聘人员轻而易举地找到你的联系信息,同时也让人知道你很善于沟通,善于提供良好服务。

联系方式的书写也可以使用点句格式,而不用段落,这样清楚明白,一目了然,让人感觉你是一个很讲效率的人。举例如下:

手机:1399－999－9999

电邮:xiejianli@xiejianli.com

二、求职信撰写技巧

撰写求职信的目的就是要推销自己,引起雇主的注意,争取面试机会。以下是撰写求职信的一些基本技巧:

◆应聘不同的雇主和行业,你的求职信要量体裁衣,不能以不变应万变。

◆事先细心阅读招聘广告,搜集有关资料,针对每一项要求来撰写。

◆自我推销,尽量突出自己的优点和长处。不要夸大其辞吹嘘自己的工作能力;也毋须妄自菲薄,过分谦卑,以免雇主会觉得你缺乏自信。

◆内容要精简,直奔主题,段落要分明,条理要清晰。

◆集中精力于具体的职业目标。

◆提出你能为未来雇主做些什么,而不是他们为你做什么。

◆语气诚恳,不卑不亢,表现出自信及积极的态度。

◆注意正确的文法,切勿写错别字。

◆不要说不着边际的大话、不要写煽情的话、不要写没有实力的空话。

◆不应超过一页,除非你所应聘的公司索要进一步的信息。

◆对任何打印或拼写错误都要仔细再仔细。

▮▮▮ 三、撰写求职信的注意事项

手写一封求职信是目前大学生找工作过程中的常见做法,这便于引起用人单位的注意。但是,如果求职信写作不当,作用会适得其反。写求职信时应注意以下几点:

▮▮ (一)不要"饥不择食"

有的学生临近毕业,找工作心切,于是找来一本电话号码簿或企业通讯录,从中随便找一些单位就匆匆发出求职信。这种"饥不择食"的做法,一是使收到求职信的单位没有任何准备,无法在短期内对你有所考查而将信将疑;二是你对单位也不是很了解,工作之后才发现不理想,悔之晚矣。

▮▮ (二)避免简写引歧义

与朋友谈话时人们习惯简称自己的学校或者所修专业,但在求职中应该避免这样做。用简写词语一是显得随便、不够庄重,可能会引起读信人的反感;二是一些简称只有在特定的地方、特定的交往范围中才能被准确地理解,超出这一范围,人们可能就会不知所言,甚至产生误解。比如"中大",在广东人们都会明白它是指中山大学,但是在广东以外的地方,很少有人明白它的意思。"人大"、"华师"、"政经"等词都很容易被误解,最好不用。

▮▮ (三)不能眉毛胡子一把抓

有的求职信就像记流水账,想到哪里就写到哪里,既没有逻辑性,抓不住要领,又没有针对性,显得条理不清。这不仅体现出一个人文字功力差,而且也使求职信本身失去了效用。语言表达的逻辑性、条理性、明确性是写求职信的最起码的要求。

▮▮ (四)做到"适度推销",绝不可夸大其辞

在求职信中应尽量避免使用"一定"、"肯定"、"最好"、"第一"、"绝对"、"完全可以"、"保证"等词,以及类似"有很强的组织能力"、"有很强的活动能力"之类的语句。然而,有的求职者唯恐对方不用自己而一味地吹嘘、炫耀自己博学多才,甚至贬低别人,抬高自己,似乎不录用他,对方就会遭受不可弥补的损失,这种做法是十分错误的。

■■■(五)称呼要恰当,如不恰当会显得俗气

有一位女生在写给某公司的求职信中的称呼是"叔叔、阿姨",还有一位女大学生写给某单位人事处工作人员的求职信的称呼是"大哥、大姐",这样的称呼是不恰当的,求职信的称呼应该正式、规范。

■■■ 四、求职信模板

求职信模板(一)

尊敬的公司各位领导:

你们好!

非常荣幸,有这样一个难得的机会在此介绍自己。

我是××大学××校区经济管理学院国际贸易系的学生。即将从大学毕业。在校的四年内,我一直信守做事尽心尽力的原则,努力学习文化知识,刻苦钻研专业技能,积极投入实践,全面充实和发展自己并取得一定的成绩。作为一名国际贸易的学生,我深知英语的重要性,因此在英语学习方面我一直以高标准要求自己。通过自己的努力,以××的成绩通过四级考试,并一次以××分的成绩通过六级考试。在英语口语方面我也一直在锻炼自己,并达到了一定水平。除此之外,我也打下了日语初级基础。

不仅在英语方面,我在其余课程上也刻苦学习。在六学期内四次获得奖学金,并一次性通过了全国计算机等级考试(二级)。

作为一名大学生,我深知综合能力的重要性,所以我一直积极参加校、院的各级活动。凭借我的努力,在2003~2005学年获得经济管理学院优秀学生,2003~2004学年获得校优秀团员称号,并成为一名中共党员。与此同时,我积极参加社会实践活动,锻炼自己的专业技能,增长自己的专业知识,并达到了一定的效果。通过一系列的校内外活动,我也逐渐把握了与人交往和沟通的技巧,学会了如何使自己处于一个融洽的人际关系中。通过在校的学习我深深体会到理论指导实践的含义,并且确实以这个准则要求自己。在学习和活动之余,我也积极充实自己,博览群书,丰富知识,而且掌握了一定的计算机应用技巧足以应付工作需要。

相信四年大学的磨炼已将我锤打成为一名品德端正、意志坚强、思维机敏、处乱不惊,有崇高理想和远大抱负,具有进取精神和团队合作精神的出色的大学生。相信我所具有的知识和处事能力完全可以胜任任何困难的工作,环境的艰苦并不能阻碍完成我要完成的工作。如果我有幸能成为贵公司的一员,我将把我所有的青春和热情倾力投入到我的工作中,取得应有的成绩,为公司的发展壮大贡献自己的力量。

真诚地期盼您的答复!(我的电话:139—9999—9999)

您诚挚的朋友某某敬上
2008.5.18

求职信模板(二)

尊敬的领导:

　　您好!

　　感谢您能浏览这封信。

　　我是××大学的应届硕士生,和曾经的您一样,希望能用自己的所学来证明自我,回报家庭。拥有一份属于自己的事业是我孜孜以求的。也许我实际经验不足,但我会努力快速成长起来,不懈奋斗是我的座右铭。

　　我的故乡是在山西运城,那里虽然穷陋,但从小我就牵着父亲的手从晋祠、平遥古城、乔家大院边路过。长大后,自立的我特意去参观了晋商的庭院。发青的石壁和精巧的山庄让我从此怀揣着梦想,梦想有一天我也能设计出如此永恒而美丽的布局。就这样,我选择了城市与区域规划专业,并以优异的成绩考入大学,继续精修专业知识和技能,期望朝着梦想一步一步踏实地前进。我钻研了城市总体规划、房地产评估等课程,并在众多的实习机会中融会贯通规划原理和技能,特意训练自己 AutoCAD、Photoshop 等规划专业软件以及 MapInfo 等 GIS 软件。现在,我面临着实现梦想的最重要的一步,希望您,和您的公司,可以给我这样一个机会,让我踏出一个坚实的脚印。

　　怀着热血和理想,我愿意去迎接挑战,并不断的提高自我能力,为公司为部门也为自己创造更多的价值。我真诚地希望能和贵公司一起成长,和您及其他同事共同拥有一份美好而积极的职业回忆。最后,谢谢您能看完这封信,并热忱期待您的通知。谨祝工作顺利,贵体康健!(我的电话:139—9999—9999)

　　此致

敬礼!

XX

2009 年 3 月 19 日

第二节　简历

　　简历是求职者向用人单位介绍自己、推销自己的专门工具,是通向面试的第一步,它对你是否能通过第一关进入面试起了决定性作用。简历是你和单位沟通的重要通道,往往是招聘人员了解你的重要途径和方式,适度引起用人单位对你的兴趣才是最重要的。

■■■一、简历的作用

　　简历就是用文字证明你是最合适的。简历就是一篇议论文,你的中心论点就是:你是最合适的,而不是最优秀的。因为比你强的人有很多,而企业招聘的往往不是最优秀的。学习经历、工作经验等都是你的论据,一定的结构排列就体现了你的论证方式。

简历的唯一作用就是得到面试电话通知。没有一个 HR 会通过看一个人的简历就直接做出录用的决定,必须要见一面——就是面试,那么 HR 凭什么让你来参加面试呢? 因为,你是在用文字与人家沟通,你再没有别的方式来证明自己,因此,让你来面试的机会只有一个——就是通过认可你的简历,来给你面试的通知,而此时简历也就完成了自身的使命了,因为,你人来了,就有机会更详细地介绍自己了,而不再完全依靠简历了。

因此可见,简历在求职过程中起着非常重要的作用,对毕业生求职的成功与否起着十分关键的作用,所以求职者在应聘时必须要对自己的简历慎之又慎。

■■■二、简历的类型

■(一)时序型格式

如果你有无可挑剔的工作经历并且你的将来与你的过去联系紧密,那么你可以考虑使用时序型格式。

有许多职业指导和招聘的专家认定时序型格式是简历格式的当然选择,因为这种格式能够演示出持续和向上的职业成长全过程。它是通过强调工作经历实现这一点的。

时序型格式以渐进的顺序罗列你曾就职的职位,以最近的职位开始,然后再回溯。

区分时序型格式与其他类型格式的一个特点是在罗列出的每一项职位下,你要说明你的责任、该职位所需要的技能、突出的成就。关注的焦点在于时间、工作持续期、成长与进步以及成就。

■(二)功能型格式

如果你属于下列情况之一:你是一个学生、或者你是在长期未工作以后再重新就业、或者你改变职业、或者你在短期内从事过很多工作、或者你有就业记录空白、或者你有其他不宜使用时序型或综合型格式的工作经历,那么你应该使用功能型格式。

功能型格式在简历的一开始就强调技能、能力、资信、资质以及成就,但是并不把这些内容与某个特定雇主联系在一起。职务、在职时间和工作经历不作为重点以便突出强化你个人的资质。这种类型的格式关注的焦点完全在于你所做的事情,而不在于这些事情是什么时候和什么地方做的。

功能型格式的问题在于一些招聘人员不喜欢它。人们似乎默认这种类型的格式是为那些存在问题的求职者所用的:频繁跳槽者、大龄工人、改变职业者、有就业记录空白或者存在学术性技能缺陷的人以及经验不足者。

一些招聘人员认为如果你没有以时序方式列出你的工作经历,那么其中必有原因而且这种原因值得深究。

■(三)履历型格式

如果你的资信完全能够说明一切并且在面试前不需要其他信息,那么你可以尝试履历型格式。

履历型格式的使用者绝大多数是专业技术人员或者是那些应聘的职位仅仅需要罗列出能够表现求职价值的资信。例如医生就是使用履历型格式的典型职业。在履历型格式中无需其他,只要罗列出你的资信情况,如就读的医学院、住院实习情况、实习期、专业组织成员资格、就职的医院、公开演讲场合以及发表的著作。换句话说,资信说明一切。

■(四)图谱型格式

如果你想与众不同,充分表现自我,那么你应当使用图谱型格式。

图谱型格式是一种与传统格式截然不同的简历格式。传统的简历写作只需要运用你的左脑,你的思路限定于理性、分析、逻辑以及传统的方式。而使用图谱型格式你还需要开动你的右脑(大脑的这一半富于创意、想像力和激情),简历也就更加充满活力。

■(五)综合型格式

如果你在经验、教育或成就方面有少许缺陷,那么你应该考虑使用综合型格式。

这种格式提供了最佳选择——首先扼要地介绍你的市场价值(功能型格式),随即列出你的工作经历(时序型格式)。

这种强有力的表达方式首先迎合了招聘的准则和要求——推销你的资产、重要资信和资质,并且通过专门凸现能够满足潜在行业和雇主需要的工作经历来加以支持。而随后的工作经历部分则提供了曾就职的每项职位的准确信息,它直接支持了功能部分的内容。

这种综合型格式很受招聘机构的欢迎。事实上它既强化了时序型格式的功能同时又避免了使用功能型格式而招致的怀疑。当功能部分信息充实,有阅读者感兴趣的材料而且工作经历部分的内容又能够强有力地作为佐证加以支持时,尤为如此。

■(六)目标型简历

如果你了解职位的要求,熟悉你打算就职的行业或环境的情况,那么,你适合使用目标型简历。简要地说,通过职务名称、行业、或者两者,你可以确认(瞄准)自己打算从事什么职业。

如果你了解你的简历和目标阅读者,那么你的简历就必须强调那些能够满足目标雇主需要的技能、能力和资质。

简历内容的定位应当尽可能地贴近于满足职位的要求。例如,如果你正在寻求一个推销员的职位但并不在意是在哪一个行业中,那么你就应当确认出你可以摆上桌面的关键资产和价值。五种这样的资产可能是:

拥有出众的相关技能;在对未来雇主特别具有诱惑力的地区,你拥有活跃的社会关系网络;他可能正在寻找一个能够大规模开拓新业务的推销员;你曾在一家声誉颇隆的公司里接受过培训,因此几乎不存在新的学习曲线;能够证实并得到确认的过去取得的销售成就的历史记录,将业绩平平麻烦不断的销售区域扭转为蒸蒸日上业务繁荣的销售区域的能力。

(七)资源型简历

如果你是一个通才,可以拥有多种选择或者不能清楚地确定你打算从事什么职业,但是你能够确认你的可售卖技能,那么你适合使用资源型简历。资源型简历可以向差别化的雇主们促销你的可售卖技能。

如果你不能够清楚地确认你的目标,那么你的简历应当以更加宽泛的方式强调你的成就和技能。如果未来的雇主雇佣你,作为回报,你能给他带来什么利益呢?你有些什么技能能够为他或她的组织做出贡献,增强组织实力呢?

让我们来看看某家银行分支机构经理的例子,他正在试图改变他的职业。这位经理可能拥有5种独特的技能,可以在很多种行业中售卖,因此他创作了一份资源型简历,其中建立的资产组合如下:超凡的销售和营销技能;优异的财务和预算技能;良好的培训和发展能力;成熟的经营管理技能;出色的计算机运用能力。

在简历上列示出这些独特的技能之后,与之相互照应的部分就要集中谈及在以上五个领域中的特别成就。

三、简历的主要内容

一份完备的个人简历一般包括以下5个方面的内容:

(一)身份详情

姓名、性别、年龄、籍贯、民族、政治面貌、健康状况、联系地址、邮编、电话、电子邮箱等。

(二)学习经历

就读学校、专业名称、开设课程及学习成绩(应结合所获证书或职业培训的资料等)。

(三)相关经历

实习、打工、担任社会工作、参加社会活动的内容,尤其需要突出与应聘职位有关的工作成绩。内容要具体,证明人要落实。

(四)兴趣、特长、兼职

重点是与求职相关的内容,包括专业技术特长、一般性特长(如外语、计算机、普通话、写作)、兼职情况及其他特殊能力。

(五)获奖励情况

三好学生、优秀学生干部、优秀党团员、奖学金等。

四、撰写简历的技巧和方法

在求职过程中,毕业生都希望亮出一份出类拔萃的个人简历。撰写简历有一定的技巧和方法,一般要注意以下几点:

■■■(一)让简历内容突出

内容就是一切,所以简历一定要突出能力、成就及经验,仅有漂亮的外表而无内容的简历是不会吸引人的。对于不同的企业、不同的职位、不同的要求,毕业生应当进行必要的分析,有针对性地设计、准备简历,要仔细分析你的能力并阐明你能够胜任这份工作。

■■■(二)让简历外表醒目

简历的外表既要强调美观也要醒目。审视一下简历的空白处,用这些空白处和边框来强调你的正文,或使用各种字体格式,如字体、大字、下划线、首字突出、首行缩进等。

■■■(三)为简历正确定位

用人单位都想知道你可以为他们做什么,含糊的、笼统的、毫无针对性的简历会使你失去很好的机会,所以必须为简历定位,如有多个目标,最好写上多个不同的简历,每一份简历突出不同的重点,这将使你的简历更有机会脱颖而出。

■■■(四)强调成功经验

用人单位想要你的证据证明你的实力,因此,要写上你已有的成就以及用人单位录用后将可以得到什么好处,包括可以为单位节约多少钱,说明你有什么创新等。

■■■(五)力求精确

用人单位招聘人员每天要面对大量的求职信,浏览一份简历的时间仅十几秒,因此,要求用词准确、精练,阐述你的技巧、能力、经验要尽可能准确,不夸大、也不误导。

■■■(六)注意用词

简历最忌讳错别字。许多参与招聘的人说:"当我发现错别字时,我就会停止阅读。"简历中有错别字就说明你的素质不够高。

■■■(七)不能弄虚作假、编造事实

不能以为个人简历是为了获得面试机会就可以弄虚作假、编造事实、提高身价。因为争取面试机会并非最终目的,最终目的是为了获得工作。如果一时造假取得了面试机会,但被对方识破就会丧失信誉,不利于进一步找工作,即使得到了工作,但当用人单位查阅了个人档案了解真相后,也会被辞退。

简历最重要、最基本的要求是真实。诚实地记录和描述,能够使阅读者产生信任感,用人单位对于求职应聘者的最基本要求就是诚实。企业阅历丰富的人事经理,对简历有敏锐的分析能力,遮遮掩掩或夸大其辞,终究会露出破绽,何况还有面试的考验。与其费尽心机,适得其反,不如老老实实,真实而全面地反映自己的情况。

温馨提示：给外企简历中的特别禁忌

1.英语国家：遵循严格的方式

在英语国家（美国、英国、澳大利亚等），人们喜欢干脆利落，开门见山，因此求职者应在履历开头就明确写出求职目标；同时他们喜欢求职者的语言富有生气且言之有物，因此，你应写上一些精确的信息、具体的时间以及体现你特定方面能力的具体数字，或你为原来所在工作部门赢得的利润额等等。当然写完所有这些，您的求职信内容仍然被期望在一页纸以内。

中国学生特别喜欢附上各种各样的证书以证明自己的能力，这一点在美国是可以被接受的，但所附证书一定要与你所申请的工作有关。在求职美国公司时，不要忘记在履历上尽可能详细地写明你的工作经验，所有可显示出你的能力及实际经验的信息都将在美国公司的招聘中为你加重砝码。

最后，你最好在履历末尾写上：本人将在某一时间打电话给招聘者以确定是否可能得到面试机会。同时，在面试过后，千万不要忘记写信给面试人，对其接待了你表示感谢。他们对应聘人的做事方式及其求职的方式非常看重，对他们来讲，这些都能显示出你的工作能力。

2.欧洲国家：慎谈年龄

在欧洲国家，人们非常看重年龄，认为某些职业是有年龄限制的。例如：你60岁时仍去申请销售一职，在欧洲几乎被认为是不可能的。因此，在欧洲国家的面试中，你对年龄和经验最好应当谨慎。另外，在有些欧洲国家中会有一些特别的习惯，例如90%的法国、意大利及德国企业内部流行笔迹测试，若你的求职信不是手写的，有些公司甚至拒绝阅读。

3.日本：切记"循规蹈矩"

在日本，最好在开头写上你的处世能力，性格特征，社会活动及体育运动特长。对于日本招聘人来讲，人们喜欢那些曾从事过团体活动的人。

同时，应聘日本公司，你最好在履历上最大限度地突出你所受的大学教育的细节。履历必须用日文书写，千万不要用英文。而且，日本人喜欢按时间顺序书写的履历，甚至可以从小学写起。

经验对于日本人无关紧要，因为在公司以后的工作中就可学到；要强调的是你的合作精神而不是领导才能。口吻应尽量礼貌，因为在这个崇尚礼貌的国家，这一点是基本的要求。这一点倒是与中国礼仪之邦的某些习惯相吻合。

4.多为对方考虑

把履历寄给外国公司，要始终站在阅读你履历的人的立场上考虑，履历应当容易理解，且在文化上应为其所接受，一定要在履历中用你的经历向人力资源经理证明，你会很容易融入这间公司的。比如，你感兴趣的是IBM的某一个职位，一定要让人感觉到你的稳重、严谨、协作精神；若你感兴趣的是微软的某一个职位；不妨张扬一下你的个性。

如果要上网发履历,最好把履历表做成 PDF 格式,这样一般不会出现乱码和错误。可以使用一些网上流行的交流符号,最好先脱机校对一遍你对面试问题的答复,然后再发给雇主。和普通信件或履历一样,出现语法或拼写错误都会大大不利。

注意"语气",应当像面对公司的面试人员一样,显得稳健、有礼貌。邮寄信件时也应注意小节,按要求填写对方要求在信封上说明的应征的职位或编号,以最大限度地方便用人单位。避免用单位信纸、信封回函或邮资已付的打印笺,这种侵占公司利益的形象在西方是尤为禁忌的。

五、简历检查的关键点

(一)简历的修饰

不要因为省钱而去使用低廉质粗的纸张。检查一下是否有排版、语法错误,甚至污渍。在使用文字处理软件时,使用拼写检查项并请你的朋友来检查你可能忽略的错误。

(二)字符大小

如果你需要用两页纸来完成简历,请清楚、完整地把你的经历和取得的成绩表现出来。不要压缩版面,不要把字体缩小到别人难以阅读的程度。

(三)真实

虽然要"王婆卖瓜,自卖自夸",但是不要虚构日期或职务名称来蒙蔽你曾经失去工作的事实,或频繁更换工作的事实,或你从事较低的职务。如果你未来的雇主去做背景调查发现你在撒谎,那你就和你的工作说"再见"吧!

(四)陈述你的才能

如果你缺少你所找寻的工作所需的工作经验,不要在简历中使用时间表达法。通过功能表达法或技术表达法,优先来陈述你相关的工作经验和技术。

(五)推出你的长处

不要仅仅简单地抄写你公司人事手册中关于工作性质描写的术语。为了显示你比其他竞争者更有优势,你需要的不是简单地列出你的工作职责,而是应该列出你所完成的特殊贡献、增长百分比、客户增加数、赢取的奖励等。

(六)确定目标

不要按照星期日报纸上的公司招聘广告把你的简历一一寄出,不要投递简历,如果你的条件与工作要求相去深远。仔细阅读广告,决定你是否有合适的资历后才去投递。

(七)请不要寄附件

当你邮寄简历时,不要把你的成绩单复印件、推荐信或奖励证明复印件一并寄出,除非你被特别要求这样做。如果你获得面试机会后,你可带上这些材料。

六、简历模板

模板一(供无工作经验者参考)

个人概况

求职意向：

姓　　名：　　　　　　　　　性　　别：

出生年月：_____年_____月_____日

健康状况：

毕业院校：　　　　　　　　　专　　业：

电子邮件：　　　　　　　　　联系电话：

教育背景

_____年——_____年_____大学_____专业(请依个人情况酌情增减)

主修课程：(注:如需要详细成绩单,请联系我)

论文情况：(注:请注明是否已发表)

英语水平

* 基本技能:听、说、读、写能力

* 标准测试:国家四、六级;TOEFL;GRE……

计算机水平

编程、操作应用系统、网络、数据库……(请依个人情况酌情增减)

获奖情况

_____、_____、_____(请依个人情况酌情增减)

实践与实习

_____年_____月～_____年_____月_____公司_____工作

_____年_____月～_____年_____月_____公司_____工作(请依个人情况酌情增减)

_____(请描述出自己的个性、工作态度、自我评价等)

另:(如果你还有什么要写上去的,请填写在这里!)

* 附言:请写出你的希望或总结此简历的一句精炼的话。例如:相信您的信任与我的实力将为我们带来共同的成功! 或希望我能为贵公司贡献自己的力量!

模板二(供有工作经验者参考)

个人概况

求职意向:(一个)

姓　　名:_____ 性　　别:_____

出生年月:_____年_____月_____日

健康状况:

年　　龄:_____岁 学　　历:_____

毕业院校:_____ 专　　业:_____

工作年限:_____年

联系方式

电子邮件:_____ 手机:_____

教育背景

_____年~_____年_____大学_____专业(请依个人情况酌情增减)

_____年~_____年_____大学_____专业(可将在学的业余课程写上)

工作经验

_____年~_____年_____公司_____部门_____工作

_____年~_____年_____公司_____部门_____工作

(请依个人情况酌情增减)

(说明:此处应为整篇简历的核心内容,应聘者可以着重叙述此项,并根据个人工作情况不同而重点突出说明工作具体内容与经历,尤其是与求职目标相关的工作经历;一定要说出最主要、最有说服力的工作经历和最具证明性的为公司获取的利润和相关成绩;说明的语气要坚定、积极、有力;具体的工作、能力等证明材料等;写工作经验时,一般是先写近期的,然后按照年代的顺序依次写出。最近的工作经验是很重要的。在每一项工作经历中先写工作日期,接着是工作单位和职务。在这个部分需要注意的一点是,陈述了个人的资格和能力经历之后,不要太提及个人的需求、理想等。)

英语水平

* 基本技能:听、说、读、写能力

* 标准测试:国家四、六级;TOEFL;GRE……

计算机水平

编程、操作应用系统、网络、数据库……(请依个人情况酌情增减)

业余爱好

个性特点

_____(请描述出自己的个性、工作态度、自我评价等)

另:(如果你还有什么要写上去的,请填写在这里)

* 附言:请写出你的希望或总结此简历的一句精炼的话。例如:相信您的信任与我的实力将为我们带来共同的成功!或希望我能为贵公司贡献自己的力量!

■■■七、利用网络投递简历技巧

随着网络求职的流行,越来越多的人采用这种方式,但也有越来越多的人抱怨网上求职的效率太低了,发了数十份甚至上百份简历没有回音。那究竟是怎么回事呢?难道网络求职不可信?招聘信息都是假的吗?其实我们不排除某些招聘网站上有部分过期职位信息,但对于我们求职者自身来说,要想提高求职命中率,就要掌握一些小小的技巧。

■■(一)投递简历的渠道

有人会问,到底是在网站上直接点击"申请该职位"还是另行将自己的简历发送至招聘广告上公布的邮箱呢?建议你如果在该网站已建立了最新的与该职位相匹配的简历,那么不妨点击"申请该职位"通过该网站发送简历(当然前提是该网站的系统正常,确保公司能收到你的简历)。

这样做的好处是:

1. HR 不必担心收到垃圾邮件。通讯发达的同时也给我们带来了很多的烦恼,每天都要与垃圾邮件进行大战。而如果 HR 直接进入网站的企业邮箱查收简历,则不必担心收到垃圾邮件。

2. 应聘什么职位一目了然。HR 进入网站的企业邮箱查收简历时,你的简历将会在你所应聘的职位对应的栏目下出现,非常清晰。

3. 可以得知你获悉职位的渠道。现在的招聘网站可以说名目繁多,公司自然关心哪家网站的招聘效果最好(这就是为什么我们经常会看到"请注明该职位来源于××"等字眼的原因)。

4. 网站会有自己比较固定的简历格式和风格,HR 对这样的简历也比较习惯,知道去哪个部分找所需要的有用的或者重要的信息。

■■(二)投递简历的信箱

在求职过程中我们常常会忽略一个很重要的问题,我们没有处处体现出自己的专业化和职业化。不要小看投递简历时所用的邮箱,里面学问可大着呢。

首先,在给用人单位发送简历的时候,要用自己的私人邮箱,切勿用公司的信箱。

其次,选择稳定性、可靠性高的邮箱,尤其是免费邮箱的选择更要注意,如果不稳定,发送的简历对方没有收到,或者对方回邮的过程信件丢失,那太可惜了。

再次,邮箱的 ID 要显得专业、成熟并且职业化。在邮箱 ID 的设置上,一般可以采用英文名+中文姓氏;中文拼音+数字(注册日期、生日等数字)等各种形式均可,其原则是不要看上去很傻,如 superman, littlegirl 等等之类,最好是让对方看到邮箱就能马上知道你是谁。

(三)邮件的标题

关于邮件的标题问题,如果对方在招聘的时候(在职位广告中)已经声明了用哪种格式为主题,尽量照着做,因为这是他初步筛选的标准。

不要认为一个 HR 一天收到的简历只有几份或几十份,事实上是有几百份甚至几千分应聘不同职位的信件。

如果你的邮件标题只写了"应聘"或"求职"或"简历"等等,这样你自己也可以想象一下你的简历的被关注程度,很可能就被忽略了!所以至少要写上你应聘的职位这样才便于 HR 分门别类地去筛选。而且最好在标题中就写上自己的名字,这样便于 HR 再次审核你的简历,以避免其在一大群以"应聘⋯⋯"为标题的简历中一个一个打开来找你的简历,这简直是对 HR 人员耐心的考验!

此外,标题尽量用中文字写,除非应聘时要求用英文。每天 HR 不仅会收到大量的简历,还会收到大量的垃圾邮件,这些邮件很多都是英文标题的,所以如果你用英文做标题,很可能就被当成垃圾邮件删除了,多可惜。如果想证明自己英文水平好的话,在简历中发挥就好了,不用在题目上做文章。还有不要用一些奇怪的符号,比如"～～～""&""#""＊＊＊"等等,原因也是一样,都是垃圾邮件惹的祸。

所以一个标准的标题就是:你要申请的职位－你的姓名－这份职位要求的工作地点。这样至少保证你的邮件能够被阅读。如果你有比较明显的优势,或者是工作经验丰富,或者是学校比较出名,等等,凡是你觉得可以增加求职含金量的地方,也可以这样写:你要申请的职位－你的姓名－8 年工作经验;你要申请的职位－你的姓名－某某大学。

(四)申请的职位

应聘职位的名称按公司在招聘中给出的写就肯定没问题了,不要自己随意发挥。这个问题在学生中出现的比例还是比较小的。因为即使是应聘实习生的,一个大的公司也分为好几种,所以他怎么要求您怎么写就对了。

不要擅自发挥,就算其工作内容相似,但在职位名称方面一定要按照职位广告上所要求的来。比如招聘"渠道部总经理助理",不要写成"总经理助理"或是"渠道助理";招聘"副总裁秘书"不要写成"总裁秘书""文秘"⋯⋯这样的例子简直不胜枚举。很多时候自己发明的词都没有对应的职位,那么简历做得再好都得搁置在一边。

另外很重要的一点是:你自己至少要清楚你要做什么职位,至少是哪种类型的职位。不要在同一家公司投递多个职位,尤其是不相近的职位。事实上很多这样漫无目的投简历的全才看似增加了自己的机会,其实这样的人通常都不会被考虑的,自己都不清楚自己要做那种类型的职位怎么能由公司帮你决定呢?

没有在标题或简历中声明自己申请的职位,什么求职目标都没有或者只写了

"市场相关职位""软件开发相关职位"等等,这样的机会同样很少,因为公司没有这个义务也没有这个时间和精力置上百份简历于不顾而考虑你适合哪个职位。

■(五)邮件的形式

简历的投递尽量用自己的信箱将简历以正文的方式粘贴上去,而不是正文一个字没有而把简历放在附件,也不要写"我的简历在我的博客中"然后给个链接欢迎查看,HR可没有时间去阅读你的博客。

为什么不要把简历放在附件中呢?原因有:

(1)首先增加了HR阅读简历的时间。因为可能你的简历不是被一个人看的,也不是只看一遍的,每一遍都要打开附件很麻烦,要是保存下来也不方便找到。这还不包括有些服务器直接将带附件的邮件屏蔽的情况。

(2)破坏了你的第一印象。尤其是正文没有字直接在附件中粘一个简历的人,这样显得你的诚意实在是不足。至于那些在招聘广告中就强调了请勿以附件形式投递的职位,如果你还是用附件,那只说明了一个问题:如果你连应聘的时候都没有仔细看说明,或是看了也没有照着做的话,那怎么能证明你在工作中会认真仔细服从安排呢?所以我们抱着换位思考的心情为自己也为HR考虑一下,其实很简单,只要你把简历粘贴在正文中就OK了!

■(六)附件简历

虽说简历最好勿以附件的形式发送,但确实还存在一些非以附件简历的形式发送不可的情况。那么这种情况下,该怎么办呢?给你出的主意是这样的:

(1)一定要写求职信。不必太长,两三句即可,可以显出你的诚意,同时也是借此机会为自己打个小广告。一般来说,在求职信中无非就是点出自己是如何知道该职位信息的,要应聘哪个职位,为什么要应聘该职位,自己有些什么优势等等,然后请HR阅读附件简历而已。

(2)附件的名称要起好,便于HR直接下载保存。切勿用"我的简历""简历3"等字眼,试想,如果人人都以这样的形式命名而HR直接下载保存了,那么这么多的简历如何区分呢?附件的名称最好点名"应聘的职位+自己的姓名",方便HR直接下载保存,而后又能方便地查阅到你的简历。设身处地地替HR想一想,就不难理解了。

(3)如果公司还要求发送其他作品、证明之类的附件,那么这些附件的名称一定要起好,最好"作品名称+姓名"。这样也能显示出你的专业性。

很多时候我们都会抱怨怎么投了一大堆简历连一个面试通知也没有接到呢?可能并不是你能力不够,而是你的简历根本没有被有效的阅读,而这个原因很可能就是你自己造成的。也许在求职的过程中,能否应聘成功有很多因素都是我们自己控制不了的,但是我们至少应该控制一下自己能够控制的因素,增加我们自己的机会。我们每一个人都是金子,不要被动地等着别人挖掘,自己要努力露出地面。

(七)网络投简历其他技巧

1. 经常刷新简历

当人事经理搜索人才时,符合条件的简历是按刷新的时间顺序排列,而一般只会看前面一两页。很多求职者其实并不知道刷新简历可以获得更多求职机会。因此每次登陆,最好都刷新简历,刷新以后,就能排在前面,更容易被人事经理找到。

2. 简历要与大公司沾边

当人事经理搜索人才时,一般会以关键字"知名企业名称＋职位名称",比如消费品行业可能喜欢可口可乐及宝洁的人,人事经理会这样搜索,例如:"可口可乐＋销售经理",系统会搜索到简历中出现以上关键字的求职者,如果你的简历里出现知名企业名称的字样,就可以被搜索到,例如:"我在 xx 矿泉水公司工作,成功地令竞争对手——可口可乐旗下的天与地矿泉水在当地的市场份额减少……";"我在可口可乐的广州白云区经销商工作"等,又提高了人事经理浏览简历的机会!

3. 让你的邮件永远在最前面

你要知道每天人事经理看求职者邮箱,他们其实是很懒的,100 多页简历邮件他们最多只看前 5 页。你现在应该知道为什么你的求职简历永远没有回应。

所以发邮件到企业指定的邮箱时,怎样才能让你的邮件永远排在最前面,让人事经理每次打开邮箱都首先看到你的邮件? 只要在发邮件前,把电脑系统的日期改为一个将来的日期,如 2008 年,因为大多邮箱都是默认把邮件按日期排序,所以你的邮件起码要到 2008 年以后才会被排在后面。

4. 不要只应聘最近三天的职位

一般求职者认为刚刚发布的最新的招聘信息肯定是成功率最大的,其实不然。因为很多企业人事经理没有及时地登陆刷新刊登的职位,所以求职者在搜索职位时刚刷新的职位会排在前面,这些职位应聘的人多,竞争大,相反,一些职位已经是半个月甚至两个月的,应聘的人少,成功率反而高。

5. 简历最好放靓照

对于人事经理来说,每天需要浏览大量简历,如果同等的条件,一般会先通知有照片的求职者来面试,因为通过照片,人事经理对应聘者又多了几分了解。如果是美女,被通知的可能性就更大。对于一般职位如文职人员之类,中国人的传统还是以貌取人,你即使不漂亮,也照一个艺术照,就增多了面试机会(与其等死,还不如放手一搏),毕竟很现实的是,简历的目的就是有面试的机会,其他就要靠实力与运气了。

6.自己要学会让简历与职位匹配

两个观念都是有效的：一是不要太在乎对方职位要求的描述，很多职位描述只是写写，连经理都不知道要招什么样的人，如果你看到对方职位要求本科，你是专科就不敢投递简历，那就失去机会了。如果你看到对方要求有 5 年经验，你只有 3 年经验，你也不敢投，那完全没有必要。因为人事经理们对职位的描述只是例行公事随便写写而已，你千万不要当真！

另外一个匹配观念就是职位如何描述，你就改变你的简历换一个说法匹配，如他说要求领导能力强，你的简历也说具有领导才能；他要沟通能力一流，你的简历也说最擅长沟通。你的简历表面匹配度最高，就可以多增加机会。

7.求职信"骂"公司往往会带来意想不到的效果

一般人认为在求职信中称赞对方公司会引起好感，其实不然。如果先指出这家公司的缺点，往往会引起关注，语不惊人死不休，作为人事经理只会对指出我们缺点的求职者有好感，对恭维我们公司的求职者一般会放在一边。

即使你不知道对方公司缺点，你随便写一些永远不会错的："我认为贵公司创新不够，市场表现过于常规化；我以消费者心态观察贵公司，发现贵公司客户服务还有许多待改进的地方；我发现贵公司品牌形象还有可能做得更好……如闻其详，可面谈。"可吸引相关公司面试。只要有面试机会，其他再说。

第三节　能岗匹配度报告

能岗匹配理论是近年引进中国的一种新的人力资源管理理论。主要用于大型企业，尤其是外资企业的招聘过程中。不少大型外企把能岗匹配作为筛选人才的第一关。因此，能岗匹配报告也成为那些打算进入大型企业工作的大学生们就业材料中的一份必不可少的重要材料。

一、能岗匹配度报告的含义

能岗匹配度报告是指将应聘者参与科学的心理测评后各项能力评估结果与企业岗位能力需求模型进行科学的对接与匹配，得出的匹配程度报告。它包含了应聘者能力与申请企业岗位需求的匹配程度排名、分析及专业建议，是企业招聘最适合人才的有效参考依据。

二、能岗匹配度报告的重要性

大学生的就业准备应该以企业岗位能力需求及招聘流程为导向。现在，越来越多的企业开始尝试基于能岗匹配的新型招聘模式，以求从根本上促进企业的发展。目前,Nike、L'Oréal、Jebsen 等知名外企都已采用新型模式进行校园人才招聘。申请职位的大学生需要先进行 KENEXA 测评。测评后专业的能岗匹配系统就会生成每一位候选人的能岗匹配度报告和整体排名。企业再依据能岗匹配度报告筛选出进入面试的人才。在这样的招聘流程中,如果没有能岗匹配度报告,就算应聘者的简历做的再好,再有能力,也只能在招聘流程的第一个环节与机会失之交臂。所以,能岗匹配度报告对于求职者和企业来说都具有非常重要的意义:于应聘者而言,可以进行有针对性有重点的求职,提高求职效率;于企业而言,企业可以从整体和细节上把握应聘者的能力情况,轻松找到最适合企业能力需求的人才,减少招聘成本,提高人力资源管理效率。这种随企业需求而变、可定制化的简单快捷的招聘模式,将逐渐取代传统的招聘方式并成为主流。大学生就业需要主动出击,掌握能岗匹配度报告,便掌握了叩开外企大门的第一把金钥匙。

■■■ 三、获得能岗匹配度报告的途径

第一步:登陆的卢在线 www.diluonline.com

第二步:进入"我的工作"页面申请职位

第三步:进入"评测中心"页面完成测评

Kenexa职业性格匹配测评

▸ 职业性格匹配测评介绍　　　　　　　　　　　▸ 职业性格匹配测评 流程说明
▸ 英文职业性格匹配测评 使用帮助

参加英文Kenexa测评　　参加中文Kenexa测评

完整的测评包含以下三个部分：

a）数字推理测试（Numerical Reasoning Test）

b）逻辑推理测试（Logical Reasoning Test）

c）职业性格评估表（Occupational Personality Inventory）

职业性格匹配测评注意事项如下：

■ 请确保安静的答题环境。

■ 请确保已关闭网页的阻止弹出窗口功能。

■ 测评的第二部分职业性格评估表（OPI)的选项没有绝对的正误之分,请依照真实情况填写,否则将适得其反。

第四步:开始测评

反馈总结

测试结果表明你的系统兼容,可以参加测验。请点击 这里 或右下角的 "下一步",开始测验。

开始测验后,如果出现关闭窗口提示,那么请点击 "是"。

下一步 ▶▶

系统已经确认您可以进行此测评,点击"这里"或页面底端的"下一步"开始测评。请按照系统提示逐项进行测评。

在完成测评之后,点击"是"关闭此窗口。

第五步:完成测评并获得能岗匹配度报告

完成测评后,的卢在线将为您提供能岗匹配度报告,可以帮助您客观认识自身职业素质,确立求职方向,叩开企业大门。

同时,您也可以选择向的卢在线申请提供完整版测评报告及《职场通行证》来助您规划更精彩的职业生涯!

附:张凯的能岗匹配度报告(部分)、职场通行证(部分)

张凯的能岗匹配度报告(部分)
能岗匹配度报告

3A 匹配度	职位名称	公司	地区
70.00%	软件工程师	××科技	北京市
60.00%	网络游戏执行策划	××科技	北京市
52.00%	业务策划	××科技	北京市
52.00%	3D 特效美术师	××科技	北京市
44.00%	Management Trainee	××科技	北京市
44.00%	业务助理	××科技	北京市
44.00%	Human Resources Development	××科技	北京市
40.00%	前台	××科技	北京市
32.00%	销售代表	××科技	北京市

张凯的职场通行证(部分)
职场通行证

身份证号:342415198xxxxxxxxx

姓名:张凯

360度职业能力评测报告:

照片

行为风格
SI 型　　　行为趋势包括……

能力
OPI 职业性格评格表

项目	分数/水平	项目	分数/水平
外向性格 这些量表检测你如何与他人交往,以及你对他人的影响力。		亲和性 这些量表测量你的团队观念,对别人是否宽容和同情,以及你多大程度上寻求赞扬和认可。	
社交胆量	5	谦虚程度	5

人情练达程度	7	独立性	7
影响说服力	6	信任感	6
自信魅力	7	同理心	6

对新经验的开放程度 这些量表是用于测量你的求知欲和你对于变化、革新或者稳定性和确定性的喜好程度。	**结构性** 这些量表是用来测量你的工作风格,特指你在工作量方面多大程度上倾向于使用结构。还有你如何安排你的工作量:首先,如何处理你的个人重要事务可能引起的纠纷;其次,项目管理事务方面,例如工作质量,以及任务的主次顺序安排;第三是指你是否愿意依靠数据分析来帮助你作决定和找出解决问题的方法。

分析性	6	责任感	7
理论程度	4	条理性	5
接受改变程度	5	注重细节能力	6
想象力	4	负责可靠性	5
服从性	7	仰赖数据分析程度	6

干劲 这些量表是检测你的干劲水平,特指你是否认为自己是个精力旺盛,以事业为中心的人,是否认为有必要与他人竞争,以别人的成就来衡量自己的成就,以及是否认为自己是个果断的,而不是犹豫不决的人。	**情绪性** 这些量表测量你的情绪方面的内容,包括你多大程度上公开表达情绪,焦虑程度,以及这些因素如何影响你的自信心和确信自己能力的程度。

果断程度	7	情感控制	8
好胜心	6	焦虑	6
干劲与抱负	6	自信心	7

回答风格	6		

注:回答风格指数仅表明回答评估问题时的严苛或宽松程度,不属于六大类职业性格量表。

数字推理测试			
数字推理能力	6		
逻辑推理测试			
逻辑推理能力	6		

核心才干面试				
计划和组织能力	6	创变精神		3
领导能力	4	团队精神		9
顾客服务导向	6	沟通能力		8
即兴演说能力	6	解决问题能力		7
商业睿智	9			

技能					
项目	分数/水平	项目	分数/水平	项目	分数/水平
语言技能					
职业英语能力测试	Level 3	英语—口语	Level 3		
计算机技能					
NCRE					
其他					

第四节 相关的证书与材料

求职材料中,除了准备毕业证书、学位证书以外,还包括:

■■■ 一、通用型证书

计算机等级证书、英语等级证书等通用型证书以及托福(TOEFL)成绩证书、雅思(IELTS)成绩证书、英语中高级口译资格证书、全国计算机软件专业技术资格和水平证书等能力型证书。

■■■ 二、职业资格证书

如教师资格证书、人力资格证、商务策划资格证书、物流师资格证书、报关员证书、调音师证书、国家司法考试证书、导游资格证书等等,这类资格证书范围最广、种类最多。

■■■ 三、获奖证书

指在校期间所获得的各种奖励证书,如三好学生、优秀学生干部、优秀团员、各种积极分子奖学金以及参加各级各样竞赛所获得的证书等。

■■■ 四、其他证书及材料

社会工作需要的驾驶证及在校期间所发表的各种各样作品的原件或复印件。

思考与讨论

1. 试写两份简历、两份求职信，并在同学间互相评判。
2. 你做了职业能力测评吗？谈谈你对"能岗匹配度报告"的认识。

第四章 求职心理准备

★ ★ ★

学习目标

1. 理解就业过程中常见的心理矛盾和心理误区；
2. 了解和把握就业心理的调节方法；
3. 转变就业观念，在就业过程中避免走弯路、入错行。

随着我国经济体制改革的不断深化和市场化步伐的加快，高校毕业生的就业从过去的"统包统分"转变到了"双向选择，自主择业"。因此，如何帮助大学生克服职业适应性障碍，尽快适应市场需求，找到自己适合的职业，就成为高校就业指导工作的重点。而高校毕业生求职心理对其求职行为有着非常重要影响，甚至有时是决定性的影响。

拿破仑曾经说过："一个人能否成功，关键在于他的心态，成功人士与失败者的差别在于成功人士有积极的心态。"良好的心理素质不仅可以使高校毕业生在求职期间，保持良好的心态，适时调整自己的行为，促进其顺利就业，而且可以使其在求职后能顺利地适应职业及环境，尽快发挥自己的才能，求得职业能力更快的发展。因此，良好的求职心理，是打开就业成功之门的关键。

第一节 培养求职应具备的心理素质

在中国市场经济已经初步确立的今天，还追求毫无风险的工作岗位，虽不算是一种空想，但起码也是不现实的。按市场经济规则走向社会的高校毕业生，必须彻底破除一定要端"铁饭碗"的保守意识，树立正确的择业心态。

■■■ 一、敢于竞争，善于竞争

当今时代，竞争机制已经渗入社会的各个领域以及我们人生的每一个阶段。在大学学习阶段，竞争已显得尤为激烈，评三好学生、优秀毕业生、评奖学金、推荐研究生等，无一不和竞争联系在一起。而在求职阶段，迎接新的挑战，强化竞争意识已成为高校毕业生应具备的最基本的心理素质。这就要求：一是要在正确自我评价的基础上，充分相信自己的实力，敢于通过竞争去达到理想的目标；二是必须在心理上准备同"铁饭碗、大锅饭"的传统告别。必须从社会进步和深化改革的角度来加深对竞争机制的认识,强化自身的竞争意识,自觉地正视社会现实,转变观念,做好参加竞争的心理准备。

要想在求职与择业中取得成功,仅仅敢于竞争还不够,还必须善于竞争。善于竞争体现在具备良好的心理素质、较强的实力和良好的竞技状态。在求职面试时情绪一定要轻松自如,要有信心和表现欲,善于推销自己,要知道在这种时候的沉默、畏缩、腼腆、窘促,都可能使你失去就业的机会。因此毕业生在表露自己的过程中,既不要过分吹嘘自己,也不要低估自己,应基于自身的客观情况,积极、客观地表露自己,力争恰到好处。

另外要注意扬长避短。每个人都有自己的特长和不足,无论是在性格上,专业上都是如此。因此面试时一定要扬长避短,展示自己精彩的一面,才有可能在竞争中获胜。

■■■ 二、消除自卑心理,正确对待挫折

生活中的挫折是造就强者的必由之路,挫折是一种鞭策,挫折是锻炼意志、增强能力的好机会。遇到挫折应放下心理包袱,仔细查找失利的原因,调整好心理,脚踏实地地重新上路,争取新的机会。在竞争激烈的求职场上,部分大学生或因所学专业不景气,或因自己的专业知识、专业技能及综合素质不如其他同学,或因求职屡次受挫,往往产生强烈的自卑感,并进而转化为自卑心理。有这种心理的大学生往往没有信心和勇气面对求才若渴的用人单位,不能适当地向用人单位展示自身所长,甚至把自身的长处变成了短处,从而严重影响了就业与择业。目前,用人单位与大学毕业生之间的双向选择的本质意义是一种激励手段,它对失败者并不是淘汰和鄙视,相反,是为促使失败者振作起来,彻底摆脱"等、靠、要"的就业心态,使自己加快自立自强的转化过程,成为新时代的开拓者。

■■■ 三、坚持继续学习,寻求更大发展

将来的社会必将是一个学习型社会,知识更新速度越来越快,而知识与技能的获得将主要依赖工作实践,因此,一部分学生毕业时基于日后能有一个更高的起点发展自己、提升自己的人生质量的考虑,往往首选体制完备、发展成熟,能够提供系统化、职业化、规范化的学习机会的用人单位。这种继续学习意识的强化,尤其是重视在工作中学习的心理,无疑是与现代社会的要求合拍的。特别是随着科技的进步和社会的发展,过去看来是普通"蓝领"的工作岗位,现在也已经开始由具有大专层次知识水平和较高技能的人员来从事,因此知识和技能的学习提高,有利于在就业中创造更多机会,也有利于就业后的稳定和发展。

■■■ 四、树立自主创业意识,拓宽就业门路

随着教育体制改革的深入、素质教育的推进,受社会鼓励大学生艰苦创业的影

响,有一部分创业意识较强的大学生毕业时利用自身掌握的专业知识和技能优势,或通过网络提供的便捷条件,或通过社会融资,或通过与投资商合作,自立门户,办起公司,进行艰苦创业。发挥出大学毕业生的创业能力,不仅可以创造大学生自身的就业机会,同时也可以为社会创造更多的就业机会。大学生毕业后进行自主创业,将成为实现充分就业的重要途径。

选择自主创业的大学生,往往怀着一种替别人打工不如自己当老板的心态。这种自主创业的意识,非常适合当今社会期望。受过高等教育的大学生毕业后能进行自主创业,有利于大学生自身成长成才,在更广阔的舞台上体现人生的价值。

大学毕业生的职业选择只是职业发展计划中的第一步,走好第一步固然重要,但未来的路还很长,要时刻调整好自己,做好各种心理准备,接受更多选择,勇敢面对挑战。正如管理大师彼得·德鲁克所说:对你而言,你所做的工作选择是正确的概率大约是百万分之一。如果你认为你的第一个选择是正确的话,那么就表明你是十分懒惰的。因此,一个人必须通过大量地、不断地搜寻和转变,才可能发现一条从心理上和经济上都令其满意的职业发展道路。

第二节　了解求职中常见的心理问题

■■■ 一、常见的心理矛盾

■ (一)选择的矛盾

大学毕业生要明确:选择的智慧,同时是放弃的技巧。无论是名牌大学还是一般院校的学生,都要认清就业形势,理智地进行选择。要知道工作地点、工作种类也罢,行业差异、工资水平也好,都只是相对而言的,世界上没有最好,只有较好。要清醒地认识到:"适合自己就是硬道理"这一"就业铁律"。因此,在就业选择上,名校学生更应学会"拾麦穗",趋向实务,甚至于起点宁愿更低,而不是挑肥拣瘦。

有这样一个哲理故事:古希腊哲学大师苏格拉底曾带着三个徒弟来到一片麦田,让他们每人摘一支最大的麦穗,规定只能单向行走,并且只能摘一支。第一个弟子刚走几步便摘了自认为是最大的麦穗,结果发现后面还有更大的;第二个弟子一直是左顾右盼,东挑西拣,一直到了终点才发现,前面几个最大的麦穗已经错过了;第三个弟子吸取前两位的教训,当他走了三分之一路程时,即分出大、中、小三类麦穗;再走三分之一路程时,验证当初的选择是否正确;等走到最后三分之一路程时,他选择了属于大类中的一支最美丽的麦穗。苏格拉底"寻找最大麦穗"的智慧,是选择的智慧,也是放弃的技巧。美国著名的职业问题专家柏森斯指出:在明智的职业选择中,有三个主要因素:一是清楚地了解自己的态度、能力、兴趣、志向、限制及其原因;二是了解各种职业所需要的知识,不同职业成功的必要条件,各种职业的有利与不利等;三是对以上两个因素做出明智的思考。大学生就业过程中切忌盲目攀比,追求名气,要根据自身情况和就业环境进行明智的选择,以免错失良机。

给自己设置偏高的"大城市,好单位,高工资"要求,其实是给自己设了一道就业障碍。毕业生应该拓宽就业的方向,如有些基层单位和边远地区对人才的需求很迫切,也很有发展的空间,但他们开出的薪金可能不高,如果一味坚持自己的"身价",就把自己的就业渠道一个个堵死了。

有这样一个在高校广泛流传的故事:

> **案例**
>
> 一个哈佛大学的毕业生走出校门后高兴得手舞足蹈。他逢人便说,嗨,我是哈佛大学2000届毕业生。一次他搭出租车,兴奋地对司机说:"你好,我是哈佛2000届毕业生,我一定会找到薪水很高的工作,祝福我吧,为我高兴吧。"可是司机白了他一眼:我是哈佛大学1980届毕业生。

众所周知,美国的出租车行业并不是高收入行业,属于典型的"蓝领"层次。这里需要说明的是:就算世界顶尖的大学,其毕业生也并非都得拿高薪,成为白领、金领或大公司的总裁、政界要人,也有人从事十分普通的工作。但这并是某些人心目中的"掉价",而是市场需求的正常反应,关键是你在这项再普通不过的工作中是不是做得很好、很成功。如果是这样,同样会受到社会和他人的尊重。如果说名校的毕业生个个都占据显要位置,成为"人上人",这才是社会不正常的反映,是一种逆社会发展潮流而动的现象,它至少说明社会的公正性已经荡然无存。

(二)希望公正就业与追求社会资本之间的矛盾

据对2005年江苏省8所高校的600多名文、理、工科毕业生的就业调查发现,有超过半数的学生认为父母的社会关系在找工作中很重要,通过父母的社会关系找到工作的大学毕业生占到调查总数的27.2%,而认为父母社会关系不重要的学生仅占13.6%。有人认为大学生就业,家庭社会关系越来越重要,甚至有人提出:"大学生就业就是比爹!都说大学生就业难,可是大学生有个关系厉害的老爹,就业就不难。"一方面是希望通过社会资本就业,另一方面,众多大学生却缺乏这样的社会资本,又希望有一个公正的就业环境。这种矛盾极大地影响了大学生的公正就业。

在大学生就业压力越来越大的今天,公共权力和以此为核心形成的人际网络成为社会资本的主要内容,越来越明目张胆地插手就业,而且滋长了抱圈子、拜把子、拉关系、搞宗派。这种公共权力的相互援引形成的社会关系网络,为子女、亲属和网络内的相关人员谋得优质职位的现象并没有被人们视为腐败现象,许多人甚至以此来炫耀自己。而在关系网络之外的大学生要想进入这样的圈子是十分困难的。按照帕金(Frank Parkin)的"社会屏蔽"理论,各种社会集团都会通过一些程序,将获得某种资源和机会的可能性限定在具备某种资格的小群体内部。这一潜规则不正是社会资本拥有者们相互让渡资本,从而相互为子女、亲戚、熟人谋得特殊职位的隐性手段吗?而不具备这样的社会资本,谁又能够轻易进入这个看似开放、实则封闭的圈子?于是,市场经济条件下,随着大学生就业难度日益增大,"双向选择,自主择业"对于绝大多数缺乏社会资本的大学生来说,变成了"卖方",被市场无情地、任意地挑选,完全处于被动;而对于少数社会资本丰厚的人来说,"双向选择,自主择业"成了他们合理合法进入理想的行业和单位的一块"遮羞布",也成了他们排斥他人进入的一道"铁幕"。其危害性表现为:

1. 滋长不健康的"权力崇拜"和"关系崇拜"心理

社会资本过度化使公共权力寻租昂首阔步进入就业领域,这就意味着,人为的干预措施具有了很高的垄断性价值,权力持有人本应该在相应的职责范围内服务于大众,却轻易地把权力衍生、泛化为无形资本,为自己、亲戚、朋友、熟人谋取最好的工作岗位。另一方面,在正常就业途径遇到障碍,而非正常就业途径反而更有可能实现更高效应的情形下,正当的就业方式往往遭到冷遇,公平和正义退而成为非正常就业的陪衬和装点门面的"牌坊",许多原本可以由正常就业途径解决的问题也就被诉诸非正常就业途径了。

2. 滋长依赖思想

社会资本的强大辐射让许多大学生开始疏离自身的素质和能力,并形成对社会资本的"依赖综合征"。托关系、走后门、找路子……这些社会不良风气如今正在严重地侵蚀着"象牙塔"的纯净。作为一种奇特的亚文化现象,这种关系网窒息了人们的上进心和奋斗精神,扭曲了整个社会正常的运行秩序。"望子成龙"这种千百年来人们对子女寄予的厚望是"长江后浪推前浪"的不竭动力;而随着社会资本的赋值越来越大,"望父成龙"这种仰赖前人、他人"关系依赖"心理将大大阻碍大学生的自立、自强。

3. 它将极大地破坏业已形成的"双向选择,自主择业"的就业机制

它使大多数缺乏足够社会资本的大学生在接受高等教育起点并不公平的情况下,在"人生赛道"的中程增加了许多难以逾越的障碍,从而丧失了对"双向选择,自主择业"这一就业模式的正确认识和认同。它让大学生更加深信"代继承"不可中断、不会中断。在就业过程中,首先寻找一个高起点的平台,为将来子女营造一个好的社会资本的"融资环境"。

4. 它将许多大学生的回归情、报效家乡的信心一扫而光

越是在基层,各种人脉关系的作用越大,而对于一般农村子女和城市平民子女,他们数量有限、质量不高的社会资本缺乏起码的竞争力,难以让他们竞争到好的职位。在这种情况下,他们只能外流,因为外流也许同样有这种社会资本在起作

用,但是由于信息不对称,他们宁愿相信外面的世界更精彩,家乡的工作更无奈,而且越是贫困地区的基层,社会资本的作用越大,人才流失量也越大。

二、常见的心理误区

(一)速富心理

这一心理容易使一些大学生慧眼暂失,迷失在物质诱惑和金钱深渊中。现在各种虚假的招聘信息和非法的招聘单位充斥人才市场。近年来特别是针对大学生的传销活动从未停止过,屡打不绝。大学生在求职过程中落入传销陷阱的新闻不绝于耳。仅发生在重庆市的"欧丽曼"非法传销组织就涉及北大、清华、西安交大等十多所高校的 2000 余名大学生,其中有 400 多名大学生来自湖北高校。2004 年 3 月 25 日,教育部、公安部联合发表了《关于加强高校学生管理、禁止学生参与非法传销活动的紧急通知》,显示了国家对非法传销活动泛滥给大学生冲击带来的不安与关注。许多大学生一旦不慎落入传销组织,不但身体受到伤害,财产受到损失,正式就业受到影响,心理上也留下了终身难以抹去的阴影。

(二)迎合心理

随着就业竞争的加剧,女大学生就业难度相应增加了。性别歧视是一个世界性问题,在其他国家里,歧视女性也是一大社会问题。

女大学生能就业、就好业,不但是她们自身的希望,更是中国社会可持续发展的重要保证,但是女大学就业难则是不争的现实。它是中国古代重男轻女、男尊女卑的"现代版",它与广大女性就业难紧密相连,对女性的歧视早已被历史事实证明是社会的倒退。近年来,在社会中,男人主导社会,"让女性回家"的呼声不断提高,从而进一步加大了女性的就业难度。在这一大背景下,有知识、有文化的女大学生就业也面临着前所未有的"寒冬"。将她们驱逐出社会工作,便割断了她们与社会的联系,其受教育权、生存权、发展权再次面临挑战,女性的价值必然被剥离,最终将导致女性整体素质的全面下降。

面对严峻的就业环境,一些女大学生便去整容,拍摄恐怕连自己也不认识自己的艺术照、"写真集",以图吸引用人单位的目光;而有的女大学生干脆逃避就业竞争,企图"一步到位",嫁个有钱人,去做"全职太太",镇守"后院",远离工作的烦闷。这种情况近来居然还呈上升之势。

1. "写真集"与病态思维

在用人单位的歧视中,在一次又一次的碰壁之后,有人开始走"曲线求职"之路,毕竟她们不想"饿以待毙"。一些学生竟将找到好工作的期望寄托在整容手术上,因为她们感到在激烈的就业竞争中,用人单位对人的第一印象是相当要紧的。于是乎,一些人对身材也进行"彻底改造"、"全面自残",抽脂、隆胸、束腰、造鼻、换牙,从头到脚,无不做到尽善尽美……将第一印象之美寄托在整容手术中,以期借助现代高科技锻造一副"魔鬼身材",以"貌"惊人,博得青睐。还有一些女大学生认为自己的特长没有很好地发挥,幻想着只要把自己青春靓丽的形象展示给用人单位,就能稳操胜券。在一些大城市的照相馆,经常有女生排起长队等待拍摄。一些大型照相馆甚至专业写真工作室大摇大摆地走进大学校园内搭台设点,或展示人体"写真集",或散发传单,甚至公开打出了"大学生近期拍写真打折优惠"的广告牌,极大地吸引了女大学生。女大学生各种各样的"写真集"纷纷出笼。

另一女大学生除了向用人单位展示自己那靓丽出众的"写真集"外,还自称"白酒能喝1斤,30岁以前不考虑恋爱结婚"以博得用人单位的好感。还有的女大学生特制了个人资料的"VCD"光碟。由于高校附近一些专为大学生包装的商店没有前瞻性的战略眼光,事先未添置"VCD"光盘拷贝设备,大喊吃亏,于是,赶紧补办相关设备,他们预测女大学生们将来还会包装得更加精美,所以,有些店老板未雨绸缪,增加了一些更加先进的设备。

人不是因美丽而可爱,而是因可爱而美丽;不是因漂亮而美丽,而是因自信而美丽,这份自信源于自己的才干、智慧和成功。靠搔首弄姿、袒胸露背的"写真集"来赢得用人单位的青睐是极不明智的举动,是对那些低级趣味的庸俗风气的一味迎合,其结果是"搬起石头砸自己的脚"。一个真正以人为本、重视人才的单位是不可能招聘这种人的,因为毕竟青春有时,只有才华无价。如果能凭真本事进入这样的单位是你一生最大的幸运。而那些对"写真集"感兴趣的用人单位,或许只是将应聘者当作一个花瓶、一种摆设。

案例

"求职写真"污染了我年轻的履历

　　1997年,我考上了省城的一所高校的市场营销专业,一转眼,四年的大学生活进入了尾声阶段,面向应届毕业生的招聘会一场接着一场,我和其他找工作的同学都积极应聘。到了5月份,同寝室的姐妹一个个都接到了面试通知,而我却没有接到一家用人单位的电话,这下我不由得有些沉不住气了。论长相,我身材高挑,容貌清秀;论学习,虽然成绩不是十分突出,但至少也是比上不足比下有余。问题到底出在哪儿呢?看到别人拍了写真集,我也去拍了,而且表现得更开放、更大胆,除了超短裙、泳装、晚礼服,我甚至还穿上了狂野的"印第安土著装"。为了吸引招聘单位,我在简历的扉页上设计了这样一段话:"上司面前'甜言蜜语',同事面前'轻言细语',客户面前'花言巧语',委屈面前'不言不语'……"

> **案例**
>
> 　　我接到了数家公司的面试通知。然而,这些公司像是事先约好了似的,考官们几乎无一例外地对我的"写真"特别感兴趣,似乎他们不是在招人,而是在选美。就在我几近绝望之际,省城的一家生产化妆品的外资公司相中了我。面试结束时,主考官语重心长地对我说:"你的简历的确很精美,也懂得推销自己,但我们看重的是你有做这一行的潜质,而不是你的外表。外在的东西能糊弄一时,但不可能长久。懂吗?"面试了十几家公司,这是我听到的唯一让人心悦诚服的话,我不胜感慨。两天后,我正式报到上班了,被分配在销售部当销售助理。半年后,由于我工作扎实,表现突出,被推荐到了总经理办公室,担任总经理助理一职。离任前夕,销售部的同事在一家酒店设宴为我饯行。酒酣耳热之际,当时主持面试的考官之一——销售部的业务副经理冷不丁冒出一句:"请静一静,今天我要告诉各位一条爆炸性的特大消息。你们只知道她工作能力非凡,却不知道她还有一件秘密武器!"
>
> 　　想制止他,但已经来不及了。副经理的话在醉醺醺的同事中引起了爆炸性的反应。在一片"快说呀"的叫喊声中,副经理清了清嗓子,大声说道:"她有一本国色天香的求职写真!"此言一出,现场顿时炸开了锅⋯⋯很快,"写真"事件像流行感冒一样迅速传遍了公司上下。我再次成为了同事们议论的焦点,受关注的程度,远远超过了第一次。为避免再次受到伤害,我黯然神伤地离开了这家公司。
>
> 　　如今,我不得不离开省城,另谋生路。这个让我又爱又恨的城市啊,如果当初不是为了留在这里,我怎么会走到今天这一步?然而,离开省城后,是不是就可以摆脱"求职写真"的阴影呢?我不敢想⋯⋯
>
> 　　为了另外找一份合适的工作,我不停地穿梭在省城的各个人才市场。令我百思不得其解的是,每次在新的岗位上没干多久,关于我的"写真"求职的种种传闻就会像幽灵一样纷至沓来。(引文略有删节,个别地方省去了具体的人名、地名)
>
> ——引自《中国青年》2003 年 10 月 7 日

2. 嫁富心态与爱情变味

　　困扰女性求职的现象让她们中不少人开始被迫默认了男人制定的游戏规则,她们认为这是一个更适合男性发展的社会。面对愈来愈激烈的社会竞争,她们更多地看到了女性在社会政治和经济地位方面的劣势,感到自己没有能力去独立面对生活、面对社会,因此,希望能够找到一个可以避风遮雨的港湾,而这个港湾不是一个真正意义上的家,其中的感情色彩已被功利冲淡。我国已有的研究表明一些女大学生甚至通过自我压制来强化这种心理状态。她们企图通过压制自己、扭曲灵魂来为未来家庭和婚姻生活"减震",因而职业理想被世俗生活所取代。于是,"夫荣妻贵"的"傍富"心理便转化为一种迫不及待的实际行动。据报道,2003年广州大学生征婚数量在往年的基础上继续攀升,不少大四女生认为嫁个有钱好老公,可以少奋斗20年。广州一家婚介所称其从1998年就开始了这项业务,现今平均每月接纳几十名来自各高校的大学生,其中大部分为大三、大四女生,她们都希望找到"经济条件丰厚、事业有成"的男士为伴,并称年龄条件可以适当放宽。

"边找工作边找老公"的毕业生人群更加壮大,占征婚者一半以上。与此同时,传统"相亲"也在广州高校中逐渐走俏,高校外的成功男士愈加受到青睐,女大学生中开始出现一小批"急嫁族",不少人因此走上"师奶"之路。

在恋爱与婚姻生活中,如果双方不能独立地、平等地相处,如果女性在思想上只是一味地依赖别人,其潜在的风险必然大大增加。依赖、依附心理是当代女大学生注重家庭取向、轻视自我社会价值取向的反映。女性将自己扮成"金丝雀"关在笼中,供丈夫欣赏,时间一久,当自己魅力消退,男人对女人就仅仅是一种道义上的责任而不是一种思想感情上的相互交流与认可,女人就很容易成为男人的"包袱"。到那时,她可能只有妻子之名,却只不过是"二奶"之实。依赖的惰性最终使自己的自立精神荡然无存,在一定程度上会削弱她们积极进取的决心,淡化她们对人生理想的追求,不利于当代女大学生的健康成长,有悖于我国高等教育培养目标的实现。

■(三)校漂心理

高校"校漂族"主要以避开就业高峰、增加就业砝码的"考研派"和求职不满意或遇到困难、回校再谋出路的"不就业派"为主,此外还有少量坐吃家庭财富的"潇洒派"和拿不到毕业证、学位证又不愿意离校的"围城边缘派"。该群体最早出现在上世纪80年代末的大学毕业生"国家分配与双向选择"并行之时,此后便连年存在。从1997年起开始迅猛增加,到2003年达到了第一个高峰。

而真正意义上的"校漂族"是2002年出现的。2002年初,我国首批扩招的大学生进入社会,与下岗职工再就业和民工潮汇聚成就业"洪峰",就业压力空前增大。2002年3月,国家教育部、公安部、人事部、劳动保障部共同制定了《关于进一步深化普通高等学校毕业生就业制度改革有关问题的意见》,其中规定:未落实工作单位的高校毕业生,学校可根据本人意愿,其户口两年内可继续保留在原就读的高校,待落实工作单位后,将户口迁至工作单位所在地。这一规定的出台,使得高校有了不少把户口留在学校的"校漂族"。从目前就业趋势和大学生的就业心态来看未来几年内,校漂族的人数会逐年增加。

1. "校漂族"容易滋长自卑心理

在"缓期两年"、目标极不明确的时光中,"校漂族"处于漂忽不定、犹豫不决的状态中,灵敏度下降,捕捉机会的能力退化,容易使自己丧失各种机会。当机会一而再、再而三地浪费的时候,自信心的底线便被突破了,从而变得自卑起来。因为机会的丧失首先是没有超强的实力。毕竟大学生们都意识到这样一个基本命题:外因是事物变化的条件,内因才是事物变化的根据,外因通过内因而起作用。如果说失败一两次自己还可以拿客观因素做挡箭牌,进行自我安慰,在反复的落选后就不得不从自身寻找原因了。

2. 依赖心理加重

大学生应当认识到:社会竞争是激烈的任何人都不能回避的,而自己也必须在大风大浪中去搏击,求生存、求发展。任何大学生想逃避竞争无疑是自我否定,最终将成为"套中人"。而"校漂族"中有相当一部分人依然紧靠母校这棵大树,虽然能寻求片刻的宁静和安慰,但这只不过是权宜之计,而非根本之策,是舍本求末。

"校漂族"想借相关政策缓冲一到两年,其结果是,"等、靠、要"的依赖心理越来越强。一些人指望亲戚朋友打通关系为自己谋得一份好职位,这种期待多半难以成为现实,因为,"关系生"早就有了去处,完全不用等到这个时候,而没有过硬关系就算再等下去期望还是变成失望;一些人以为"近水楼台先得月",就近参加学校举办的招聘会,可以抢占先机;而用人单位常常对往届不就业的毕业生存在这样那样的看法,心中总有一种不信任的感觉。因而,"校漂族"很难进人首选之列,也就是说"漂"得越久,用人单位对其成见越深,"校漂族"就业选择的概率越小。有的学校的招聘会只给应届毕业生发入场券,"校漂族"连入场的机会也没有,还谈什么应聘?

3. 增加了家庭经济和心理负担

高校虽然成了"校漂族"的"学士后流动站",可是,"校漂族"的日常开支主要是靠家庭负担的。经济条件不太好的家庭在子女上大学期间已不堪重负,父母希望子女大学毕业后能对家里有所回报,至少不再"刮老"。就是家境富裕、有足够能力继续供养的家庭也希望子女能早日自食其力,毕竟父母的钱来之不易,而且这样下去,父母也感到脸上无光。

(四)傍老心理

何谓大学毕业生傍老族?是指受过高等教育、已经习得较丰富的知识、有一技之长并获得被社会公认的学历文凭,但在就业过程中因主观或客观原因没有获得满意的工作岗位或者害怕进入激烈的就业市场转而退出就业或处于游动就业状态,部分或全部依赖父母、寄生于家庭中的特殊群体。从大学毕业生自身的角度看,这种逃避竞争、自毁尊严的行为给自己带来了无穷无尽的危害,自身的继续社会化进程被阻断了。

1. 这是一种对先进观念的自戕

行为的先导是观念。当观念一蹶不振的时候,当思想深处潜伏着畏首畏尾的因素时,自身的行为不可能是积极向上的。傍老行为是长期形成的优越感在遇到挫折时的消极心态,是优越感中隐蔽着的自卑心态的总爆发,它迅速转化为对社会竞争的反叛和逃避。这种心理如果不进行适时的调整,将祸害无穷。

2. 降低了自己适应社会的各种能力

傍老是因为有老可傍,而本该由自己通过艰苦努力去争取的东西则丧失了。通过高等教育,人的能力和综合素质将会产生质的飞跃。而傍老者既然已经习惯了这种不劳而获的生活方式,就如同"温水煮青蛙",在真正的比拼中,既无心也无力了。他们在校时,相当部分的精力都用在生活消费和各种攀比上,自然不可能将学习放在首位,虽然在现有的考试制度中能够轻松地毕业,然而这一纸文凭的含金量注定不会太高。

3. 在社会和用人单位看重的社会实践能力方面,他们同样欠缺

因为他们常常以俯视的眼光来看待他人,不屑于参与这些活动,对社会的了解十分肤浅,实践能力差强人意。他们特立独行,就算进行交往也多半是同样高高在上的"贵族学生",他们无法从更加广泛的人际交往中习得为人处事的基本原则,延缓了自己的社会化步伐。他们也不会重视自身的思想道德修养,以他们的经济条件,通过某些非正常的手段常常轻易得到一些别人难以获得的荣誉,在这种不公平博弈中,他们切身体会了金钱的威力,尝到了金钱能够收买神圣的荣誉。而真正道德高尚的学生却成了他们的牺牲品。在对荣誉的追捧和鄙视的同时,他们的思想道德已经被金钱锈蚀了。以上方面是任何用人单位招聘大学毕业生都必须考察、了解的。而对于这一群体来说,各方面都有缺损。在用人单位主导人才市场的今天,存在如此问题的大学生是不可能进入他们的"法眼"的,特别是财大气粗的单位,更不可能招聘这类大学毕业生。

第三节　掌握求职中心理问题的调适方法

一、客观评价自己

(一)大学生要正确评价自己

成熟的人才市场对人才能力和水平的评价应该是匿名制,即"英雄不问出处",也只有这样,才能挖掘真正的人才。人才不可能都出自名校,一般院校也同样有十分优秀的人才,因此,不论你"出身"如何,最终还得以实力说话。大学生要正确认识自己,合理定位,找准突破口。名校的一些大学生切勿以为无所不能,妄自尊大,好高骛远,这个职业看不上,那个单位没意思,横挑竖拣,结果就像猴子摘包谷,一路摘,一路丢,到头来两手空空。由于我国就业人数增多,供大于求的情况将长期存在,在就业市场上,用人单位握有绝对的主动权,而大学生在很大程度上处于被动状态。在劳动力这一"蓄水池"水溢的情况下,相信任何单位都不会看好那些傲

气十足的人,更何况此类人多半是眼高手低的"绣花枕头",中看不中用。

一般院校的大学生在面对挫折时也不要产生自卑感,更不要觉得自己低人一等。市场不可能同情弱者,要适应竞争激烈的就业环境,要及早为就业做好充分的准备。机会毕竟是留给有准备的人。如果妄自菲薄,听天由命,最终就会出现"丑媳妇怕见公婆"的恐惧心理,就算机遇降临,也难以把握。另外,也要看到,用人单位之所以对一般院校的学生重视不够,还因为他们的降龙伏虎的本领尚待提高,或者说,他们还未成为"真金"。一旦成为"真金",就算放在瓦砾堆中也很容易被人发现并加以重用。

■(二)校牌并不能完全代表水平

名牌高校的毕业生不要也不可能躺在已经成为历史的招牌上。既然是名牌高校毕业生,既然人们对你们有更高的期望,自己更应该百倍、千倍的努力。唯有如此,才能不辱没自己曾经引以为荣的母校。在遇到各种磨难时,更要勇敢地去面对。名牌大学的毕业生如果骨子眼里存在"我多少年前是状元"、"我是名牌我怕谁"的思想,就会因为这些"过去的辉煌"而变得步履沉重,也会因为自负而变得目空一切,对人生道路上的困难或危险估计不到,在人生和社会的竞技场被淘汰出局。相反,那些一般院校的毕业生只要付出更多的劳动,功夫到家,同样能够战胜名牌大学的毕业生。但是,如果得过且过,必定输得更惨。机会就是一个球,输赢全靠真正的实力,而不是靠名气。借用中央电视台的名牌栏目——"幸运52"的招牌广告:"谁都会有机会!"

■(三)大学生要摒弃"先就业,再择业"的想法

为了缓解就业压力,现在,许多高校的就业指导人员给大学生传授一个"绝招":"先就业,再择业",俗称"骑驴找马"或"骑马找马"。而这种求职思路在大学生中已是一种普遍现象。

"先就业,再择业"的求职方法也使一些已经取得岗位的大学生产生了相互之间的攀比心理。于是他们在工作时并不努力,而把大量的时间和精力用在求职"赶场子"上,甚至于不惜血本请客送礼,以此来达到攀高校的目的。有的大学生总觉得在现在的单位埋没了自己的才华,自己的发展空间有限,工作时不是三心二意,就是心猿意马。正是这种想法作祟,导致他们"身在曹营心在汉",吃着碗里的想着锅里的,不能使自己安心本职工作,弄得"驼子跌跟头——两头不着地"。

■(四)"英雄不问出处"必将成为用人单位招聘人才的趋势

俗话说:"尺有所短,寸有所长。"名牌高校学生与一般院校学生各有自己的长处和不足,用人单位应该根据自己的情况来进行选择,不宜厚此薄彼。就业歧视挡住了一般院校很多优秀的毕业生。他们失去了很多机会,有的连面试的机会也被剥夺,这对他们的自信心是一种摧残,也造成了社会人力资源的巨大浪费。

实事求是地说,名牌高校学生总的质量要高于一般院校学生。然而,人才培养与工厂生产产品是有很大差别的。同一产品具有模式化,是从流水线上出来的,因

而，个性化色彩不明显。基于强大的技术力量和质量保证，名企的产品自然倍受欢迎。但是，培养人才远非模式化这样简单，毕竟人是有思想的，主观能动性强，可塑性大。生活在名校的学子并非个个出类拔萃，而一般院校学子也有不少品学兼优的，绝非一考定乾坤、一纸录取通知书所能完全区别的。

同时，判断一个人是不是人才不能仅仅依靠职位、薪酬和学历这几个标准，一个人是不是人才，最重要的是要把他放在什么位置上来认识和使用。现在所有的企业都在说"企业的竞争是人才的竞争"，可见，企业通过引进人才，唯一目的就是追求公司业绩最大化、利润最大化。所以，企业的人才问题，本质上就是一个利润问题，能给自己创造一定利润的人就是人才，不管他们学历如何低，就读学校如何名不见经传；反之，不能为企业带来一定利润，就算来自名校，学历很高，都不能视为人才，至少在这里还不是。那些为了摆谱或者借此来炒作自己的企业，盲目追求人才高消费，到时候可能人财两空。

■■■ 二、树立良好心态

■ (一)培养积极健康向上的精神

歌德的长篇诗歌《浮士德》是一部文艺复兴时期的重要著作，它的主题是以如火的热情讴歌新生的人生态度。浮士德精神就是积极向上、创造发展的精神。这一精神突出体现在浮士德与恶魔靡非斯特订下的契约上，靡非斯特与浮士德订下契约，他要作为浮士德的仆人，使浮士德解除烦恼，直到建功立业，而条件是浮士德永不满足，积极进取。如果浮士德表示了满足，在一瞬间，奴役便解除，浮士德便反而为恶魔所控制了。在恶魔的帮助下，浮士德从中世纪的书斋中冲出，开始了他那漫长而充满生机的战斗历程。

当人处于一帆风顺时，应该避免盲目乐观；当处于困难时期，则应该看到有利的一面。这实际上是任何人、任何时候都必须保持的积极态度——达观。大学生就业更应该如此。我国各地、各高校的教育水平是有较大差别的。但是，有一点是共同的：即不论是"985工程"的研究型名校，还是"211"工程大学，还是其他高校，都应该着力培养学生的百折不挠、积极向上的达观精神。大学生这个群体应该是时代精神的引领者，应该勇于面对困难、战胜困难的典范。这是受过大学教育的重要标尺之一。如果缺乏这种基本的精神，某些大学生就可能在哪怕是微不足道的困难面前成为"气短的英雄"，悲观失望，一蹶不振。当一开始遇到困难时，设法去战胜它，既树立了一种直面困难的勇气，也为今天战胜其他困难积累了经验。即使是失败，也无疑留存的相应的教训。

战胜一切困难是一种积极的人生态度，是成功的基点，不论怎样，人生旅途其实就是在不断地征服一个又一个的困难而逐步登高的。大学生们初步社会化可能面临的困难较多，在就业中被困难撞了无数次的"腰"，正是在这些困难的撞击中，方显自己的腰杆硬度，方显英雄本色。简言之，只要你自己不将自己打倒，别人就休想打倒你。但是，你只要露出倒地的迹象，别人不打，你也离倒地为时不远了。打倒自己的正是自己的

"降龙十八掌"。

■■■(二)培养同情心

有了相互的同情,人与人之间才不会有心与心的阻隔、情与情的冷漠。同情将心理距离变成"零距离",将分散的个体凝聚成一个具有强大影响力的集体。它让其中的每个人都能够从其他人的身上获得巨大的能量。当自身遇到困难时,这是克服困难的能量。相互的感情在同情中升华,共同的人生责任在同情中铸就。相反,冷漠则将原有的感情破坏殆尽,同学之谊、朋友之情都在冷漠中变得多余,甚至怒目相视,横生眦睚。

在当今社会中,人情冷漠、"事不关己,高高挂起"的现象越来越多。特别是在他人最需要帮助时,常常有众多的旁观者坐视不管。社会学者朱力先生认为:紧急情况下众人的冷漠行为就是"集体性坐视不救",亦称"旁观者的冷漠"。这是一种与利他性行为相对立的行为,反映了人际关系和社会关系中的消极性方面。

冷漠者是自私自利者,不会关心他人的冷暖,更不可能成为社会的脊梁。作为高校,我们要培养社会主义事业的接班人,应该着力培养大学生的同情心。特别是通过对贫困学生的关怀、鼓励,也许物质形式还是其次的,重要的是要从上到下,从老师到同学,从内心深处来关怀、鼓励。在助人的过程中,师生的心灵变得高尚起来,受助者也能在这种愉快的气氛中变得坚强不屈,为将来帮助其他人打下了良好的心理基础,从更加广泛的意义上说,形成良好的班集体和宿舍集体。由于他们具有强烈的同情心,当他们走上社会时,他们必然将这种发自内心的同情转化为一种强烈的、持久的社会责任感。社会因他们而精彩,祖国因他们而自豪。

■■■(三)培养自立自强的习惯

习惯是经过反复练习逐步养成的、不需要意志努力和监督的自动化行为倾向和行为模式,是一种后天获得的相对稳定的语言、思维和行为的动力定型。习惯对一个人的成长和发展起着很重要的基础性的、长远的作用。行为科学的研究表明,一个人一天中的行为大约只有 5% 是属于非习惯性的,其余的 95% 的行为都是习惯性的。

大学生本身应该加强锻炼,未来的路还是要靠自己走出来。养成自立自强的习惯便是一个真正的"强人",永远立于不败之地;否则,哪怕是智力超群,也是个无所作为的弱者、懦夫、庸人。所以,各方都要给大学生一个自由的空间。他们可能犯错误,但是,如果连犯错误的机会都不给,将来犯下大错时他们连原因都找不到,还会继续犯更大的错误。正如在游泳时担心他们呛水,总是在他们身上套一个救生圈,这样也许从来不呛水,但是,可以肯定,他们永远也学不会游泳。一旦他们养成了配带救生圈的陋习,一旦错过了最佳时期的学习机会,他们永远都只是一个旱鸭子,望水兴叹!

■■■■ 三、转变求职择业观念,到基层、到农村、到祖国最需要的地方去发展

如果把沿海地区、大城市、高收入单位当作就业的"第一战场"的话,那么,边远

地区、基层单位、小企业和农村便是就业的"第二战场"。因此,开辟大学生就业的第二战场显得特别紧迫。我国政府一直十分重视高校毕业生的就业工作,也一直鼓励毕业生到边远地区、到祖国最需要的地方去建功立业,不断出台优惠政策和措施引导大学毕业生下基层。而事实上,大学毕业生在第一战场的竞争愈演愈烈,而第二战场却无人问津,显得十分冷清。

因此,引导大学毕业生到边远地区、基层单位、小企业和广大农村工作,让这些地方"要得到,分得来,用得上,留得住",是一项艰巨的、庞大的系统工程,需要全社会长期而艰苦的共同努力,才能逐步解决。

■（一）西部大开发、振兴东北老工业基地、中部崛起等为大学生就业"筑巢"

近些年来,党中央与国务院根据世界经济发展趋势和中国经济社会发展形势,从贯彻科学发展观、构建社会主义和谐社会的高度,先后提出了西部大开发、振兴东北老工业基地、实现中部崛起等战略举措,并且给予相当的政策扶持以及资金上的倾斜。这些地区需要大批人才,这些开发战略的实施会增加更多的就业机会,也正是大学生们大显身手的最佳时机。大学生们应当及早准备,积极参与西部大开发、振兴东北老工业基地、实现中部崛起中,到祖国最需要的地方去展现自我的才华,实现自己的价值。

■（二）基层广阔天地,大有作为

大学毕业生要消除考大学就是跳"农门"、脱离苦海的落后思想,坚信"广阔天地,大有作为"。现在,一些经济发达的农村早已成为大学生向往的"人间天堂",如闻名遐迩的江苏华西村、河南南街村、深圳南山村等,这里也吸引了越来越多的大学毕业生。再如,浙江绍兴县杨汛桥镇是一个3.2万人口的江南小镇,有来自全国各地的大中专生近2 000多名效力于当地的乡镇企业。在这个镇上的一家建筑企业,仅来自上海交大、同济大学两所高校的毕业生就有50多名。人才为这些农民创建的企业的迅猛发展注入了强劲动力。但是,绝大多数农村还不富裕,甚至还非常贫困,他们交通不便,地理环境恶劣,文化教育滞后,然而,他们的脱贫心、致富梦一天也没有熄灭。他们日复一日,年复一年地盼望改善条件,过上幸福美满的生活,希望孩子们不要因为极度贫困而辍学。他们需要懂经济、懂技术、有见识、能率领大伙致富的带头人;他们希望懂教育、有爱心、能吃苦的老师扎根山区,让孩子们不再因为没文化继续穷下去;他们需要农技人员、医生等许多方面的人才。对于许多边远地区的农民来说,他们的希望在很多时候变成了失望。

近年来,中组部开始加大力度,每年安排10万优秀大学生去农村,并提供了优惠政策,为大学生就业开启了绿色通道。一个地方,只要出一个能人,这个地方的致富之门就已开启了一半。我国各地的富裕村都作了极好的诠释。所以,当大学毕业生能成为农村致富的领头雁时,就显得格外惹人注目,他们不仅是当地村民心目中的英雄,也是千千万万大学生崇拜的明星。具体相关政策见本书第二章内容。

■（三）去小企业施展才干

要引导大学生将小企业作为就业的主要战场,必须首先要让小企业成为有活力的板块,让小企业成为大学毕业生心目中的"绩优股"。为此,整个社会要创造有利于小企业成长的环境,大力发展小企业。小企业作为活跃市场的基本力量,容纳了社会上大多数的就业人员。其实,不论是现在还是将来,也不论在中国还是国外,小企业都是创造就业机会的主渠道。

小企业是我国吸纳大学生的主力军。小企业通常具有更多的创新和个人成功的机会,更强的生产革新和产品更新能力,而且它们的就业岗位的成本比大企业低得多。小企业求贤若渴,人才需求量大,大学生能去这片广阔的天地开拓事业无疑是明智的选择,不仅有利于小企业的发展,也有利于自己更好地发挥聪明才智。

■■■(四)自主创业

当前,高校毕业生就业难是世界各国高等教育无法回避的一个世界性难题。发达国家解决这个世界性难题的一个比较有效的方法,就是鼓励高校毕业生自主创业,因为毕业生个人就业了,只解决了其个人的就业问题,而如果毕业生创业,就不仅解决了自己的个人就业问题,还为其他毕业生甚至社会无业或下岗人员创造了就业机会。目前,在我国经济发展不太可能提供足够的就业机会的情况下,高校毕业生自主创业不失为一个上好的选择,同时又为政府解决就业这个民生之本的大难题做出了自己应有的贡献。自主创业的有关优惠政策见第九章内容。

思考与讨论

1. 大学生就业时常见的心理误区是什么?试联系自身实际,谈谈自己的感想。
2. 大学生就业应该具备什么样的心态?

第五章 求职途径与求职礼仪

★ ★ ★

学习目标

1. 了解求职的途径与方法；
2. 了解求职中的礼仪。

第一节 求职途径

一、参加现场招聘会

人才招聘会是目前人才交流很普遍的一种途径,在大学毕业生最有效的求职方式调查中,招聘会排列第二位。大学毕业生除了参加校园招聘会之外,还要根据招聘岗位情况参加一些部委或省、市组织的人才交流会和招聘会。这些交流会具有时间集中、需求信息量大、针对性强、双向了解等特点,是大学生成功就业的好机会。要有效参加招聘会,要注意以下几个问题：

(一)参加招聘会前要做好准备

1. 目标准备

即将走上社会的大学毕业生,事先要确定自己的职业方向,即分析自己,喜欢干什么,能干什么,具备的工作能力有多少,有哪些特长,确定最适合自己的职位。

2. 资料准备

为自己设计一份条理清晰、能让人留下深刻印象的求职简历。比较有效的求职简历是:将自己的自然状况、学历情况、培训(工作)经历、考取的职业证书、专业特长、获得的奖励、求职意向、联系方式浓缩到一页 A4 纸上。简历要求实事求是、语言精练、主题明确。有些毕业生花费心思设计的彩页多幅、装订精美、成本较高的求职简历,并不适合在招聘会上使用,可在面试时使用。

3. 心理准备

树立坚定的自信心,勇敢走向社会,并准备遭遇挫折。参加的招聘会可能有结果,也可能一事无成,但不要害怕失败。

(二)招聘会中要观、听、问、递、记

人才市场有效的招聘时间一般在上午,所以入场时间应早一点,有充分的时间搜集信息,了解职位行情。在招聘会中,要观、听、问、递、记。观:走马观花先浏览一遍,然后按照自己的求职意向,锁定几个目标,并确定主次;听:在锁定目标的展位前,作为旁观者,听用人单位的介绍,听前来应聘者对用人单位的询问,品味用人单位的口碑;问:选择你最感兴趣的单位,最先和他们谈,要主动提问题,咨询用人单位的所有制性质、用工形式、企业发展情况、应聘岗位的人员结构、应聘岗位的任务责任、培训情况以及其他相关信息,至于薪水、福利等问题,面试以后,公司对你有明确定位时方可提出;递:决定应聘时,双手递交自己的求职简历,表示诚意应聘这个岗位;记:记录自己投递求职简历的公司名称、应聘岗位、地址、联系方式、联系人,怎么得到面试通知(时间、地点)等,避免事后遗忘。

■ (三)注意五个问题

为了提高在招聘会求职的成功率,要重点注意以下五个问题:

1. 衣着得体、言谈举止符合职业特点

招聘会上人才济济,大多数招聘单位是凭借第一印象给你面试机会的,因此穿着打扮:得体干练、素雅大方;言谈举止:保持良好的精神状态,文明礼貌、谈吐自然。

2. 反应要快

有可能招聘单位在和你说话的几分钟内就已经算是面试了,那么,你的反应一定要快,不管他是问专业问题还是普通常识,一定要给人以机灵的感觉。

3. 针对不同的单位,要设计不同的简历

参加招聘会要携带多份设计好的求职简历,多带几份身份证、毕业证、学位证、获奖证书的复印件,以备用人单位现场考核;应准备笔、记事本等;同时注意维权防骗:不要向用人单位抵押各种证件、交纳任何费用等。

4. 过后询问

招聘会后,在半个月到两个月之内要及时电话询问投递简历的用人单位,了解自己求职结果。如果没有面试机会,也不要气馁,总结经验,搜集就业信息,等待机会,以利再战。

5. 禁忌家长陪同

家长陪同会给人留下胸无主见的印象,反而可能错过良机。

■■■ 二、网络求职

新兴的网上求职伴随着互联网的飞速发展,越来越受到求职者和企业的青睐。这种求职方式范围广、无区域和时间限制、快捷、省时省力、费用低,但目前也存在求职成功率低等问题。

■ (一)网上求职的一般形式

网上求职一般有三种形式:

（1）在网上发布求职信息，坐等用人单位和你联系。这种形式一般是先要求求职者进行注册登记，填写求职意向、要求以及个人情况和通信方式，最后提交完成即可。这是一种被动的网上求职形式，采取这种形式时可以在多家网站同时发布自己的信息，但要注意及时更新，维护好自己的简历。

（2）根据网上发布的招聘信息，主动出击，发送求职意向。目前多数求职网站都提供"职位搜索"功能，求职者可以设定"岗位"、"工作地区"、"待遇"等条件进行搜索，发现自己满意的岗位后就可和用人单位进行联系。

（3）直接登录用人单位站点，了解单位的岗位需求，如果有满意的岗位就可以主动发封电子邮件联系。如果用人单位对你发去的资料感兴趣，就会和你继续联系。

（二）网络求职的过程中的注意事项

"水能载舟，亦能覆舟"，利用网络求职也是同样的道理，应该充分发挥它的优势，而避其劣势，所以在网络求职的过程中应该注意下列事项，好让你的求职过程事半功倍。

1. 选好网站

莫说林林总总的有关西部、南部等地区，就中国人才热线（特别是深圳的）人才需求、招聘信息就很多，主要为跨国公司物色中高级管理人才。智联人才招聘，每年平均发布几万个招聘职位。北京人才网（北京市人才服务中心的门户网站）与好几家大中城市人才网联合开展网上信息发布。

2. 明确目标

网上求职最忌盲目，各大求职网站每天更新的信息让人看得眼花缭乱，如果你一条条地看下去，相当浪费时间。所以，在求职前对自己要有一个充分、全面、客观的认识，应了解自己的专业、从事过的工作与经验适用于哪些岗位，以做出正确定位。

3. 搜集信息

如果你没有足够的时间每天呆在电脑旁搜索适合的岗位信息，大可订阅邮件，让网站自动将符合你要求的用人信息发送过来。或者你也可以将认为合适的内容全部下载下来，然后再拿回家中慢慢筛选。也可以使用"职位搜索"功能，设定好你的条件，让网络帮你筛选。

4. 主动出击

明确个人的求职方向后，一旦发现适合自己的公司，千万不要奢望别人会看到你留在网上的简历模板，要主动将简历投递到对方人事部门（有的网站提供自动投递简历的功能）。无论如何，你都要保证把简历送进对方大门。

5. 一定要记住曾经给哪些单位发过简历

用人单位在收到简历后如果觉得合适可能会通过电话和求职者进行联系，而很多网上求职者往往会同时给很多单位发送简历,在接到电话后求职者一定要立刻分辨出是哪个单位给你打的,你给这家单位发的简历中都有什么内容,千万不要让对方说得你一头雾水。

6. 合理保密自己的信息

很多网上求职者在发布个人信息后会接到各种电话,有推销产品的,有卖保险的,甚至还有利用这些信息进行诈骗的。求职的公司也可能存在不小的欺骗性,让求职者落入他们精心设计好的陷阱。所以,一定要选择正规的网站,因为它们在刊登用人信息时,都会仔细验证招聘单位的真实性,要求对方能提供单位营业执照、办理人员的身份证件以及加盖公章的单位证明等。

三、电话求职

现在通讯很畅通,除了可以利用网络求职,也还可以利用手中的电话求职。但电话求职因其本身的特点决定其有很多方面需注意:

(一)电话要在安静的场所打

如果是使用公共电话,要特别注意周围环境。在嘈杂的大马路边或热闹场合都不适合,除了听不清楚之外,也会容易让人焦躁。

(二)电话内容要准备

电话接通后,先告知对方你从哪里得知的应聘信息,然后说出你的姓名,请他们帮忙转接相关部门。待与人事部门相关人员联系上后,再报出姓名,对自己的情况做简单的介绍。同时要注意将询问到的各项信息记录下来,这样做对以后的应聘是大有好处的。尤其是同时应聘好几家单位的时候,会有很大的帮助。

(三)以面试的心情通电话

通常,用人单位在询问后会要求求职者寄履历表,甚至在电话中就进行第一次面试,决定是否进一步面谈。如果把事情想得太过轻松,一旦突然被问到应聘的动机、工作经验等问题,恐怕会因为没有准备而无法答得很好,所以应该准备应聘理由和自我推荐的说辞。

(四)应聘资格并不是绝对的

在征才广告中,一定会列出年龄限制、经验需求及需要具备的专业技术,不过这并非是绝对的限制。与用人单位开列的条件不全然吻合,同样有被任用的机会。例如说要五年以上工程师的经验,三年的资格也有可能被录取。关于年龄方面也是一样,年龄限制往往只是一个标准罢了。如果你觉得自己非常适合这份工作、也有丰富的经验,即使年龄超过了点,你出线的机会仍是非常大。不管如何,应聘条件并非绝对,如果你对该公司真的很有兴趣,不妨先问问,看情况再在电话联系时随机应变。

(五)其他注意事项

(1)或许你对薪水多少非常在意,但在以能力为定薪标准的薪资体系中,如果无法得知你的能力,对方是无法马上就薪水问题作出回答的,而且关于加薪及休假,会容易让人质疑你的敬业态度,所以,电话中尽量避免询问此类问题。

(2)打电话的时间也很关键,早上刚上班和下午准备要下班这两个时间段,通常都是公司最忙碌的时候,打电话要注意避开这两个时段。通话后要先礼貌地打声招呼,表示有几个问题想要请教,询问对方现在是否方便,以免打扰对方工作,留下不佳的印象。另外,一次通话时间不能太长,因为应聘者不止你一人。

(3)打电话求职一定要有礼貌、谦逊,表达要简洁清晰。应聘者要等接电话者说完"再见"或挂断后,才挂断自己的电话。如果对方还未讲完,就单方面挂断电话,这是非常不礼貌的。

(4)还要注意电话卡的金额,避免因为余额不足而中断。对自己感兴趣的公司,先以电话询问;对那些你暂时还不想去应聘的公司,可以先通过电话一探究竟,再决定要不要去应聘。有的公司会相当用心,在电话上尽可能回答你提出的所有的问题。但如果觉得用电话还是不能讲清楚,利用 Email 也是不错的方式。现在有愈来愈多的公司,除了接受电子邮件履历表,对于提出疑问的也会很乐意解答。

■■■ 四、邮递求职材料

尽管求职的方式很多,简历的无纸化也成为了一种发展趋势,但传统的邮递简历的求职方式仍然被许多求职者所采用,而且,通过邮递纸质的个人求职材料更显正式和更加具有求职的诚意。关于求职信和个人简历的制作已在前面的第四章第三节分别阐述过了,这里主要介绍邮递个人求职材料过程中需要注意的两个问题。

■■ (一)书写问题

信封一般应当由本人亲笔填写,字体应清楚、端正。要确保用人单位的名称、地址、邮编和联系人名称没有错误。值得注意的是收件人的名字和称呼一定要准确,名字不能写别字,称呼更不能"想当然",不能因为对方是比较男性化的名字就称"先生"、女性化的名字就称"女士","小姐"的称呼更不能滥用。因此,在不知道对方性别、年龄和职务的情况下,称呼"同志"是比较保险的。在信封上写上"某某同志收"在一般情况下不会有风险。

■■ (二)信封的保洁问题

信封应保持整洁,避免被水浸泡或被墨水污染。正式、整洁的信封从一个侧面反映了求职者的素质。尽量不要在信封上胡乱书写,除非对方确有要求。不能使用涂改过的信封,如果写错了应该更换信封,以表示对招聘者应有的尊重。求职材料的组成和叠放,一般来说,求职材料应当包括中文的简历和求职信、英文的简历和求职信,以及必要的证明材料复印件。除非用人单位有特别要求,否则不要只提供英文简历和求职信。按照一般要求,求职材料的叠放顺序依次为中文求职信、中文简历、英文求职信、英文简历,最后是证明材料的复印件。上述材料的纸张和尺寸应当统一,折叠时应以三折为宜。信封要结实,大小与折叠后的材料尺寸合适。

如果有条件,应当采用大信封进行邮递,因为不折叠的效果会更加理想。

■■■ 五、向实习单位求职

大学生毕业前都有一段实习时间,其实实习也是个很好的求职机会,在实习时表现好,实习结束就可能直接被单位聘为正式员工。

■■ (一)找准机会,提出自己的想法

实习生在实习单位是个尴尬角色,表现太过,会遭遇正式员工的白眼,不好开展工作;做"影子员工",又常会被人视作多余。因此,实习生应把自己定位在"学习者"上,可以逐渐地表现自己,让老板知道自己是有想法的,可适当地提出自己的看法,在认为某事不合适或不合理时,一定要拿出自己的解决办法,并抱着学习的态度,不强迫对方接受。不同企业对实习生的要求有别:外企老板更希望新人能具有进取精神;而国企则希望新人能够听话踏实稳当;在小企业中老板更看重新人的活力,也会给予更多的发展上升空间;在规章制度明确的大企业则最好要懂规矩,一定要完成好交给的本职工作。

■■ (二)尊敬正式员工

实习生要认识到正式员工都是自己的老师,尊敬他们,他们会教你很多东西,但也别太献谄,否则人家认为你是马屁精。正式员工犯错,或者对实习生态度很差,不要急于到领导面前告状,领导眼睛还是雪亮的,自己做好即可。有的领导会向实习生了解正式员工的情况,这个时候千万要记住,大多数情况下,还是要在领导面前美言正式员工的,对于明显的错误,要用委婉的言辞表述。

■■ (三)平衡实习赚钱与锻炼之间的关系

专心找个实习单位锻炼还是利用空余时间打工赚零花钱?不少学生徘徊于此。实习单位有实习报酬,固然最好。但也有一部分是做义工。如果实在缺钱花,建议可以分别选择两个单位身兼二职:实习生和兼职打工仔。如果精力不够,建议将兼职工作安排在平时的课余时间,而将难得的实习时间留出来专门实习。如果有大块的实习时间,一般如果是暑假或学校专门安排的实习时间,最好是去实习,特别是一些比较好的实习机会,即便工资不高或者没有工资,也值得一去,毕竟择业是根本,赚钱这种燃眉之急,可以有很多途径解决,比如借钱、向家里伸出求援之手、奖学金等等。

■■ (四)让用人单位留用

"千辛万苦"找到了实习的机会结果莫名"夭折","我怎么了,不就是没关系吗?"当局者迷,其实你是在自己的坏习惯上"坏了菜"。听听企业的声音,看专家怎么说,回头审视一下自己。其实,实习很重要,但切记"谨言慎行"更重要。

*知名企业:*求教于前辈们。对于常年招募实习生的公司来讲,转正则变得尤为困难。大企业的转正率甚至跌到1%的历史低谷。大企业留用人的决定权一般掌握在多个部门。微软中国公关部表示,实习经历和表现将会对在校大学生应聘微软公司的一

些职位有很大帮助。很多表现优秀的实习生,且本人实习结束后有在微软工作的意愿,通常会由小组的负责人举荐给人力资源部门。研究你所在的企业,并积极接触师兄师姐们,寻求实习经验。

国家机关、事业单位:为公务员面试做准备。这种单位对于一般人来说转正难于上青天。现在推行公务员考试制度,况且这样的单位平时招人的概率比较小,员工流动率不像企业单位那么大。所以,要想实现事业单位转正,基本不太可能。但还是那句话,积累些经验,为日后公务员考试面试打下基础。

中小企业、创业型企业:搞定老板。对于中小企业和创业型企业,留用人的流程没有知名企业来得那么复杂。一旦你的表现让企业上层看到了价值,他们会马上拍板要你。所以,在这样的企业,转正机会应该来说是非常大的。你要做的就是,花点心思研究一下该企业运作规律、老板的思路、价值观、企业需要什么样的人才,这样的企业一般需要创新和踏实的工作精神,努力工作和表现就可以了。四川在线曾报道过,在《天府早报》举行的"名优企业与高校学子就业对话"活动上,与会的中国联通、中药通、冠城集团等十多家企业的老总及人事部负责人就提升大学生就业竞争力纷纷发表高见。他们认为,大学生除了要注重提高自身综合素质、专业技能外,还应充分把握住毕业前夕在各大单位的实习机会,发挥主观能动性,积极向实习单位展示自身才华和品质,让单位赏识自己,创造出一条就业捷径。

案例

一、实习敬业获机会

中国联通四川分公司副总经理张立说,去年暑假,联通四川分公司接收了在成都高校就读的3名大学本科生。在长达两个月的实习中,来自电子科大的赵鹏同学表现出色,当时尽管天气炎热,赵鹏总是留在最后一个下班。平时在细小琐碎的工作中,他总是兢兢业业,踏实进取,不懂就学就问,公司上下很多老员工都对他给予了很高的评价。但来自另两所高校的杨斌(化名)、李倩(化名)却在工作中表现一般,很不主动。去年下半年,联通在增加公司"新鲜血液"时,人事负责人想到了赵鹏并把他招揽在联通旗下。

二、展现特长留央视

这样因在实习期"幸运"被实习单位招回正式任职的事例,事实上在高校中已举不胜举。现正在中央电视台音频部工作,2007年7月毕业于四川工业学院计算机系的卢小旭就是其中颇为典型的一个。毕业前夕,卢小旭好不容易争来了在中央电视台实习的机会,在她实习期间,她充分发挥自己的专业技能和在音乐创作方面的特长,在短短的实习期,她在电视节目制作、音乐专辑剪辑创作中屡受上司的赞赏。在这期间,她个人还以主编身份与另一位电脑音乐人编写出《MIDI 技巧与数字音频》一书,在业界引起较大反响,中央电视台音频部负责人对她的才华倍加赞赏。她 7 月一毕业就顺理成章地被中央电视台留用了。

三、墙里开花处处香

现正供职于电子科大校报编辑部、毕业于川大新闻系的张娜,因在该报实习期间多次采写出具有相当分量的教育新闻,从而受到正紧缺一名校报编辑的电子科大宣传部的赏识,在双方达成一致后,张娜一毕业就被电子科大录用做校报编辑。

■■■ 六、学校推荐

一些企业和高校关系密切,他们招收员工有时候直接和高校相关部门或人士联系,由他们推荐优秀毕业生。像这样的情况国内外很普遍,如著名的美国国际通用电器公司,就是从一些学校招收最优秀的毕业生做技术和管理工作。技术人员和管理人员的工作变换,基本上都是通过非正式方法进行。尽管社会各方强烈呼吁,要求改变这种招聘方法,实行公开招聘,但实际上并没什么改变。日本很多企业都是这样,喜欢招学校的推荐生。所以,在校大学生还有一个行之有效的求职方法就是通过学校的就业部门或熟悉的老师向企业推荐,一般在大学学习过程中有评先评优的机会,这些机会实际上也是几年之后的就业机会,企业到学校相关部门招收学生,学校一般先推荐这些品学兼优的优秀学生,利用这种方法求职的成功率很高。

要得到学校的推荐,平时要认真学习,积极锻炼自己的能力,培养良好的品质,或在学习中对哪个领域兴趣大,就要深钻、多问,多与相关老师交流联系,老师知道你在哪个方面有研究,有机会时也会向有关单位推荐你。

■■■ 七、借助社会关系

社会是由人际关系网络缔结成的。在现代社会里,关系就是财富,对求职者来说,关系可能就是就业的机会。据统计,有 70%~80% 的好工作是很少公开登广告的,是靠人际关系解决的。可见,非广告形式的就业良机存在于潜在的就业市场上。但遗憾的是,有的大学生对此重视不够,认为这样得到的工作会让别人有想法,其实在我国这个注重人情、关系,而劳动力市场尚不够规范的现实社会,求助人际关系网实现就业不失为一条有效的途径和明智的选择,至于别人的想法,只要你在工作中表现好,有真才实学,想法自然会销声匿迹。借助人际关系网求职的步骤：

■■(一)编织你的关系网

凡是你所认识的人，不管关系亲密程度如何，都要纳入你的关系网内，多多益善，不要先入为主，以为某些人可能没有用而将其排斥在网络之外，说不定你认为起不了什么作用的人恰恰能给你带来机会。关系网络越大，获得的信息就越多，找到称心如意的工作的机会就越大。你应努力从记忆中搜寻你所认识的各种各样的人，并把他们的名字一一记下来，也许一时还难以搜集齐全，比较有效的办法是找出你的电话本、名片册、校友录、同乡录，以及参加各种会议和学习的名册。它们会让你豁然开朗，重新回忆起那些久违的朋友。

■■(二)进行分类整理，以便有重点有针对性地寻求帮助

你所搜集罗列的人员大体可分为如下几类：同学、校友（小学、中学、大学的）；自己的朋友（幼时交往的、在学习工作过程中认识的）；自己的亲友（父母、兄弟、姐妹、叔叔、阿姨……）；现在的和过去的同事；现在的和过去的上司、名师；个人生活和工作中接触过的各种各样的人。通过你建立的这些人际关系，你可以争取到他们的各种帮助：如直接给你介绍工作、告诉你可能的供职机会、转告他们的朋友是否有可能为你介绍工作、提供能够给你帮助的各种各样的信息。

■■(三)真诚待人，和睦友善，勤于助人

不要带着功利心交友，不要带偏见交友，这样建立的人际网络才是良性和谐的。在求助时，不管别人是否帮忙，或是否帮成功都要对别人表示谢意，这样才有利于人际关系的维护，你有感恩的心，别人才更愿意帮你。

■■■八、境外求职

我国加入WTO后，服务输出和劳务输出越来越多，所以，大学生在求职的时候，也可以把目光瞄向国外，看看有没有什么合适的职业。目前，境外求职的主要形式有留学、境外务工等，而比较容易申请移民等信息也是准备出国求职的大学生们应了解和掌握的。这里介绍境外求职的一般程序与注意事宜：

■■(一)出国前的准备

为了促进国际交往，维护国家安全和国家利益，世界各国都建立了出入境管理体制，普遍制订有关本国公民出入境的各种有关法律和规定。因此公民在出国前，首先必须了解和熟悉有关这方面的法律和规范以达到顺利出国的目的。

　1. 我国对公民出入国境的规定

为了便利公民自由往来，我国法律取消了以往公民出入国境必须申请出入境或者入出境签证的规定。无论是国内公民申请出国，还是国外的华侨返回国内短期探亲、旅游、经商，都不再需要办理签证手续，只要持有中国政府签发的有效护照或其他有效证件以及前往国家的入境签证，就可以出入境。

公民因私事申请出国,只要理由正当,符合法律规定的条件都能够得到批准。这些条件主要是:

(1)申请人在国外有亲友,即在前往国有一名经济保证人;

(2)出国以后具备生存条件,即无论是短期探亲或是长期定居,公民到达国外后,生活必须有依靠,经济有来源,不会因生活困难而发生意外情况;

(3)能够取得前往国家的入境证,即申请人有可能得到前往国家的入境许可。只要符合上述条件,又不是具有刑事犯罪或民事纠纷,也不是会对国家安全利益造成损害的人,就可以得到批准。

2. 个人的准备

当前国际通用语言基本为英语,所以,出国求职的大学生英语一定要过关,书写、阅读和口语都要流利,否则在国外交流困难。一般到美国首先要考托福,到欧洲国家考雅思。另外,大学生国外求职最好借助我国的合法中介机构,这样可以避免许多时间的浪费,少走很多弯路,也免受骗上当。而且,这些机构因为更专业,对国外就业情况更了解,可以增加签证的成功率。

3. 基本手续

居住国内的中国公民因私出境,须向户口所在地的市、县公安局出入境管理部门提出申请,交验户口簿或其他户籍证明;提交所在单位对出境人员的意见;提交与出境事由有关的证明。本国公民持身份证(无身份证可凭户口簿),即可到所住市公安部门主管出入境管理部门领取出国、出境申请。

申请出国就业的,还必须提交具有法律效力的聘请、启用单位或者雇主的聘用启用证明。

具有法律效力的证明是指:经前往国家公证机关公证或我国驻外使(领)馆认证的证明。

由劳务公司协助办理的出国(境)劳务人员,须提交有外派劳务经营权的劳务输出机构确认的申请人劳务输出证明。

由境外就业服务机构协助办理出国就业的,须提交有境外就业经营权的境外就业服务机构确认的申请人与境外雇主签订的就业合同。

公安部门办理公民因私出国出境护照的时间特大城市一般5个工作日后办结,各大、中城市则在15~20天办结。

每本护照的工本费为195元人民币,外加手续费5元合计为200元人民币。

根据有关规定,公民申请领到的因私出国出境护照,除旅游护照为一次性使用外,其他均为5年有效,并可在到期前半年内办理延期手续,延期可办理两次,合计因私护照可使用15年。公民在持有护照期间,经前往国签证后,可自由出入国境。

■■■(二)部分国家的就业移民政策

国家	政策
美国	1. 由美国雇主向当地的国家就业服务办事处填交聘请海外人士的申请表,并附上聘用及申请人的履历。 2. 就业服务办事处审核表格后,会交由劳工部处理。劳工部会根据美国劳工市场和就业机会等因素来考虑是否发出劳工证。 3. 劳工部批出劳工证后,雇主便可向移民及归化署呈交 Formula—140,申请雇员到美国工作。
英国	欲在英国就业的人士,必须由英国雇主向就业部申请工作证,条件如下: 1. 雇主须在国内报章刊登招聘广告至少四个星期,但仍无法在英国找到合适的雇员,才能聘用海外人士; 2. 受聘者必须拥有一定的专业技能和有关的工作经验; 3. 受聘者的薪酬和工作条件不得低于英国本土的同级人员; 4. 受聘者的年龄须在 23～54 岁之间(运动员、护士、助产士和艺人不在此限)。工作证获得后,受聘人才能办理入境手续。工作证的有效期通常为 12 个月。如果持证人获得原雇主继续聘用,期满后一般都会获得延期。工作满四年之后,便可申请永久居留权。在此期间,若要转工转业,须获得内政部的批准。
澳大利亚	独立移民(Independent Migrants)——其对象是青年、受过高等教育、或有一技之长的人。申请人必须通过计分测验,要达到合格分数才有机会移民。目前,独立移民的合格分数为 95 分,独立移民要在就业能力、年龄、英语能力三方面受评估。年龄和英语能力两项的最高得分只有 40 分,因此能否成功移民,关键在于申请人的就业能力,而达到这项则系于申请人的学历、经验和所属行业。如果申请人所属行业为澳政府颁布的"短缺职业"之一,则"就业能力"一项最高可获 75 分。这些短缺职位会随时依实际情况需要而作适当调整。
新加坡	大学毕业生及技术人员移民到新加坡,必须在新加坡寻得一份职业,开始全职工作后,才有资格申请永久居留权。 1. 专业人士、大学毕业生、技术人员、技术工人、企业家作为新加坡永久居民达两年,可申请公民权。其他永久居民需满五年,才可申请; 2. 在递交公民申请表一年内,申请人需在新加坡居留; 3. 申请人必须在四种官方语言中通过其中一项口试考核; 4. 申请人需证明有足够的经济能力维持生活; 5. 品格良好,并有意在新加坡永久居留。 申请公民权的手续:申请人可由公民注册处去函提出申请,信中应注册姓名、地址、学历、专业资格、职业、婚姻状况、身份证号码、入境证的签发日期等个人资料。公民注册处批准之后,会给申请人寄去一份正式申请表。如不批准,也会寄给一份通知。申请人也可携带身份证、新旧护照、入境证、结婚证等亲自去公民注册处查询。若申请人符合条件,便会得到安排面试。成功的申请人要在指定的日期内到宣誓专员办事处宣誓,然后便可得到公民证明书及新加坡公民身份证。

国家	政策
意大利	1. 先要获得当地雇主雇用证明； 2. 由雇主向政府证明该职位在国内找不到合适的人选； 3. 向意大利劳工部申请工作证； 4. 无论以何种途径移居意大利，均要向当地公安局办理。 申请"居留权"时，所需文件包括身份证、经济证明书及其他有关证明。
加拿大	独立身份移民——亦即"技术性移民"。凡具有一定的职业专长，而该项专长又是加拿大劳工市场所需要的，均可以以"独立身份"提出移民申请。其批准条件主要是用计分法来审核的。独立移民计分的合格标准是70分。 计分标准：每一年小学、初中或高中教育均可计一分。而大学教育年限则不计分。换言之，高中毕业生与大学生、博士硕士可同样获得最高分数。

案例

去日本打工——要有一技之长

出国打工，许多人都愿意去日本，认为日本挣钱多。确实，与韩国相比，到日本打工挣钱是要多些，但也不能一概而论，有的在韩国打工，挣钱也不算少，一年净挣五六万元人民币的不在少数，但其中一个不可比的因素是，日本雇主的信誉确实比韩国好，几乎没有赖账和拖欠工资的现象。

到日本挣钱多，其实也应该，因为日本雇主要求打工者需有一技之长，且要求技术熟练，具有高中（中专）学历（少数人技术含量低的可以是初中水平），还要求会些日语。选人时，雇主大多要亲自面试，众里挑一。

目前，派到日本的研修生，大体有以下技术门类：

缝纫工。全部要求是女性，有三年流水线作业的经历，使用电机缝纫技术熟练、全面。生手和技术达不到要求的，在面试时就会被淘汰。赴日后通常三五个人在一个会社，雇主对她们挺不错。

工厂的技术工人。如机械加工、电、气焊工、翻砂工、扳金工等。其需要量不大，同样要求技术熟练，有的还要求持有上岗证书。

农业研修生。主要是养牛、养鸡、种菜。有人可能认为养牛（奶牛）没啥技术，其实，日本高科技养牛的技术含量是很高的，养鸡也一样，种菜更是如此。农业研修生最好会开车，因现场都有车辆、机械设备，需要会操作。

水产品加工。这方面的技术要求比较低。但必须在国内干过，不怕色腥、不是左懒子（左撇子不便使用某些工具），其中还有扒海顺子的季节工（半年期），这就基本没有什么技术要求了。

此外，还有电子、建筑工人等，都要有一定的技术基础，即使原来技术水平差点，也要通过强化培训达到要求。

去日本打工，第一年是实习，第二年转为技能研修，结束时发给研修结业证书。出国打工既挣了钱，又学了技术，这恐怕是赴日本研修颇具诱惑力的地方。

案例

赴韩国打工——要能吃苦耐劳

韩国是亚洲的"四小龙"之一，其经济在20世纪最后30年有了长足的发展，尤其是家族式的中小企业，犹如雨后春笋般地出现，而且生机勃勃，遍地开花。我国赴韩研修生，大多服务于中小企业。

韩国中小企业，大致有两种情况：一是生产在国内外有销路的生产、生活必需品，二是生产与本国大型企业相配套的零部件。这就决定了其性质是劳动密集型的，从而导致本国劳动力的紧缺，据说缺口大约40万人。但是，韩国的劳动力相对短缺，韩国的年轻一代都想当老板，宁愿无所事事也不愿意去打工，尤其是不愿意干那些脏、累、险的活儿。

为了保证本国劳动力充分就业，韩国政府有节制地引进国外廉价劳动力（研修生）。1994年从11个国家引进了3万人，以后每年引进1到2万人不等，基本未间断。

鉴于上述情形，韩国引进劳务人员条件比较宽松，除对年龄、性别，身体健康有要求和有的雇主要求研修生会外语外，对学历、技术未作任何规定，这非常适合我国的国情。但是，到韩国的打工者，必须能吃苦，肯卖力。许多行业劳动强度大，工作时间长，或者工作环境较差。论工种也是五花八门，如纺织、电子、皮革加工、化工、钢铁、铸造、模具、缝纫、刺绣，甚至还有烧砖瓦、打石头、腌咸菜的研修生，这些活儿，技术性不强，即使有些技术的，研修人员也只是干辅工，还是粗活多，能埋头苦干就是好样的。

向韩国派遣研修生，得通过韩中小企业中央会（相当于"协会"，国家副部级）这个"红娘"：中小企业按有关规定向中央会提出引进研修生的申请，中央会集中向国家提报引进研修生计划，获得国家批准后，将名额分配给指定的派遣国经营公司。经营公司将选好的人员资料报给韩国中小企业中央会，中央会再往企业分配研修生。

这个过程长，中间环节很多，研修企业对研修生无任何挑选的余地（因无技术要求，大概也无需挑选），基本靠中小企业中央会"乱点鸳鸯谱"了。这种运作模式，不但为外派国经营公司减轻了负担，同时，也为那些文化层次不高的青壮年赴韩国打工提供了许多便利条件。

但金融风暴对韩国的冲击较大，不少企业倒闭、破产，2009年韩国政府减少了外籍劳工的签证率；同时韩国货币短值，给外国打工者造成许多困难。故去韩国打工者一定要慎重。

案例

到新加坡打工——重学历、重技术、重人才

新加坡是我国外派劳务的第一大客户,同时也是个最严格、最挑剔的客户。他们对引进外籍劳务有一系列的明文规定:

一、对引进劳务人员依学历分别实行"EP"(雇佣准证,也可称就业准证)或"WP(工作准证)"两种。

雇佣准证。是针对有大学本科以上学历者(新加坡指定认可的中国30所大学)或月工资超过2 000元新币者,雇主必须事先为其申请"EP",工作一定的时间后,"EP"还可以申请转办"PR"(永久居留)。

工作准证。是针对普通工人的,雇主使用外籍普通工人,必须事先为其申请"WP"。这类普通工人,通常要求初级英语,并持有大学专科、中等技校、职中或高中毕业证书。"WP"不可申请"PR"。

二、引进建筑工人,必须经过预先考试。在中国,设有北京、南京、杭州三个考点,考试内容为技术测试(实操)和理论考试(新加坡概况,40个英语单词等),合格者方能办理赴新加坡助工作准证。

温馨提示:识别求职陷阱

1.虚假招聘类型

将岗位头衔"美容"的招聘。卖保险的喊成"财务规划师"或"理财顾问",销售英语软件的美其名曰"语言教育顾问",最有杀伤力的也是最隐蔽欺骗的是"储备干部"头衔、吸引了无数应届大学生竞折腰。之所以这样做,主要是因为岗位工作内容或岗位薪酬缺乏吸引力,用"美名"可以诱骗到一些单纯的廉价劳动力。

除了"董事长"和"总经理",一个公司内的其他岗位都"奉献"出来的招聘。这种招聘其实是为了壮大声势,本来只有几个岗位空缺,但为了显显自己"财大腰粗"就激动的把所能想到的岗位给添了上去。

岗位薪酬不说月薪说年薪,或者月薪模模糊糊一个大范围,"月/年薪"前边还加有"…者"定语的招聘。"优秀者"和"努力者"是常用的前缀定语,岗位多数是销售岗位,如证券公司或黄页公司采用电话营销的销售岗位。应聘前自己要掂量好,这可是一个大浪淘沙的岗位,据了解,迫于找不到工作而选择这种工作的人,99%会在三个月内因为业绩不好拿不到糊口钱而自动离职。

只要是个人,投了简历就给面试通知单的招聘。天下没有免费的午餐!你如约去了面试,那你就后悔吧!原因有以下两种可能:(1)公司或岗位相关情况实在是糟糕(2)很不负责任地把大家聚到一起,从一大堆里挑出一个或两个留用,显示一下企业用人是"百里挑一"。

2.黑中介的骗局

这里所指的黑中介并非只是指没有经过正式注册完全是以骗取求职者钱财为目的黑中介绍机构,为了赚取黑心钱,部分拥有合法手续的职业中介机构同样也会设置各种名目压榨求职者。黑中介行骗的惯用骗术有以下四种:

以"直聘"来诱使求职者上套。在报纸、网站上,一些招聘广告明确打出"非中介"、"拒绝中介"等字眼,但求职者过去应聘,仍要缴纳中介费、培训费、资料费、上岗费等,然后迟迟不能上岗。

用动人条件骗取求职者信任。黑中介往往保证求职者很快能找到工作,"立刻上岗"、"高薪急聘"等等,不少黑中介还拿出"道具",如某某公司"急聘"的职位表、中介服务承诺书等等。其目的就是骗取求职者掏钱。

与"用人单位"暗中勾结,联合行骗。一些黑中介甚至找用人单位做"搭档",提供虚假的招聘信息给求职者,然后合伙行骗。求职者苦不堪言,两边受骗。

与"医疗机构"勾结,联合行骗。有些黑中介打着需要办理"健康证明"为由要求求职者去指定医院办理健康证明,这样求职者又要被骗一笔钱,有时为了将骗局做得完美,"中介十用人单位十医院"三方组成了欺骗一条龙。

3.黑心企业的骗局

黑心企业多数是没有注册、经常更换名称或地址的非法企业,企业的生产及业务完全是幌子,全部业务就是欺骗求职者的钱,黑心企业的常用骗术:

收取各类押金、上岗费、服装费、培训费。企业在收取了前来工作的求职者的钱之后,就会在短期内找借口辞退求职者,或者采取一些手段(高强度的工作、苛刻的管理制度)逼使求职者主动提出辞职,从而达到了骗钱的目的。

收取报名费、资料费、工本费。这一类的黑心企业根本就不会录用招聘者,在骗取了相关费用后,就让求职者回去等待永远也不会有的上班通知。

4.个别正规企业的骗术

这一类企业虽然有着合法的身份,但是却采用种种手段欺骗求职者,常见的骗术有以下几种招聘岗位名不副实。明明是招聘经理助理,实际工作却是市场销售。

试用期骗术。进入这样的企业的工作,要不就是永远处于试用期,求职者成为企业的低价劳工,企业最后会以求职者试用不合格为由给予辞退。部分设计类的企业最喜欢采用这种方式,既完成了项目,又不需要付出较高的人工成本。

先买产品才能上岗。个别公司要求职者先买下公司的产品才能上岗,这些产品看似利润很高,但是却很难销售下去,使求职者利益受损。在招聘广告中虚报待遇。部分企业在招聘销售人员时,只突出说明每个月可以拿到的高薪,却不说明求职者必须要完成的很难完成的业绩额度。

5.不骗求职者的钱物的骗术

在求职者的求职中,也会遇到不以骗取求职者钱财为目的的企业,主要有以下几种表现方式:

企业发布虚假信自己骗取求职者从事非法活动。一些贸易、投资方面的骗子公司招聘人员从事一些欺骗客户的业务;个别公司以招聘公关人员、服务人员的名义招聘人员从事色情活动;一些传销组织也是以正常招聘的名义骗取求职者进入传销体系。不知情的求职者进入了这样的公司甚至触犯法律。

招而不聘。此类企业招聘的目的只是获取求职者的有用资料(策划创意、项目方案等),或者借招聘的名义做企业的形象广告,还有一种情况是参加招聘会的企业只是为主办方凑数而已。

6.网上招聘的骗局

要求求职者交纳相应费用才提供面试机会。通过网络,行骗者更易于隐蔽自己,安心行骗。

在大型人才招聘网发布虚假的招聘广告宣传企业。目前中国的招聘网站都采用会员制的形式,部分会员企业充分利用网络,通过不断更新招聘信息来宣传企业,而不是真正想要招聘人员,求职者发简历给这样的企业无疑是浪费时间。

网络传销骗局。有些网上的招聘信息实质是以加入对方的网络传销组织为由骗取会员费。

其他一些针对求职者的骗局。传销骗局的行骗者往往是求职者的同学或朋友,为了发展下线,往往采用高薪的方式吸引求职者前来。

7.其他形式的骗局

招聘男女公关的骗局。

到处张贴小广告高薪招聘酒店男女公关,只有联系的手机、市话通,没有固定电话,没有固定的联系地址,面试见不到人,就要往指定银行账号里汇入服装费、介绍费等。

出国劳务的中介骗局。

非法劳务机构借介绍出国劳务的名义进行欺骗,求职者在交了大笔的费用之后,或者根本出不了国,或者出国之后无工作可做,或者是在不知情的情况下被偷渡到国外。

在路上直接与求职者搭讪以帮助找工作为名骗钱。

行骗者经过察言观色充分利用求职者急于找一份工作的心理,许以押运员或者保安等要求极低、待遇较高的工作,骗取介绍费后不见踪影。

行骗者假借接求职者去面试,在半路上通过借手机、借钱等方式行骗。

行骗者通过发布虚假信息,骗取求职者前去面试,或者装作是应聘企业的接待人员,在接待求职者的过程中伺机行骗。

第二节 求职礼仪

一、行为礼仪

(一)微笑

人与人相识,第一印象往往是在前几秒钟形成的,而要改变它,却需付出很长时间的努力。良好的第一印象来源于人的仪表谈吐,但更重要的是取决于他的表情。微笑则是表情中最能赋予人好感,增加友善和沟通,愉悦心情的表现方式,也是人与人之间最好的一种沟通方式。一个对你微笑的人,必能体现出他的热情、修养和他的魅力,从而得到他人的信任和尊重。

(二)站姿

正确的站姿是抬头、目视前方、挺胸直腰、肩平、双臂自然下垂、收腹、双腿并拢直立、脚尖分呈 V 字型,身体重心放到两脚中间;也可两脚分开,比肩略窄,双手交叉,放在体前或体后。

(三)坐姿

男士:入座时要轻,至少要坐满椅子的 2/3,后背轻靠椅背,双膝自然并拢,身体可稍向前倾,表示尊重和谦虚。

女士:入座前应用手背扶裙,坐下后将裙角收拢,两腿并拢,双脚同时向左或向右放,两手叠放于腿上。如长时间端坐可将两腿交叉叠放。

(四)蹲姿

女士:并膝下腰。一脚在前,一脚在后,两腿向下蹲,前脚全着地,小腿基本垂直于地面,后脚脚跟提起,脚掌着地,臀部向下。

男士:屈膝。

二、仪表礼仪

保持良好的仪表,可以使一天的心情轻松、愉快,也可使人对自己充满信心。大家清晨起床都充分计算吃早餐、上班交通所需要的时间,如果你每天早起 5 分钟对自己的仪表进行检查的话,既能使你一天的工作增加自信,也可使其他人感到舒畅。要求如下:

(一)男士

短发,清洁、整齐,不要太新潮;精神饱满,面带微笑;每天刮胡须,饭后洁牙;白色或单色衬衫,领口、袖口无污迹;领带紧贴领口,系得美观大方;西装平整、清洁;西装口袋不放物品;西裤平整,有裤线;短指甲,保持清洁皮鞋光亮,深色袜子全身3 种颜色以内。

(二)女士

发型文雅、庄重,梳理整齐,长发要用发夹夹好,不能染鲜艳的颜色;化淡妆,面带微笑；着正规套装，大方、得体；指甲不宜过长，并保持清洁。涂指甲油时须自然色；裙子长度适宜；肤色丝袜，无破洞；鞋子光亮、清洁；全身3种颜色以内。

■■■■三、面试礼仪

■■（一）面试前的准备

1.着装

"人靠衣服马靠鞍，一靠长相二靠穿"。求职者的着装修饰要尊重社会规范，要符合社会大众的审美观，应相对保守些，以体现出严谨的风格。

（1）着装的整体要求：着装必须整洁。不整洁的打扮会对你的印象大打折扣。整洁并不要求过分的花费，但衣服一定要干净、平整。

其次是应当简朴大方。面试应尽可能抛弃各种装饰（如多层花边、色块镶拼、刺绣工艺等等）。如果工作的专业性强或职务较高，在色彩上也应慎重，太夺目的色彩和太花哨的纹样表明你不够郑重，会导致对你专业水平的怀疑。

避免大胆的装束。男士切勿穿短裤、凉鞋、运动鞋，女性切忌浓妆艳抹、迷你裙、无袖上衣、高跟拖鞋。即使是炎热的夏天，也不要穿得太露太透，不要选择闪光的涂层面料，也要避免戴叮当作响的指环和手镯，别穿运动鞋和露趾凉鞋。

可以穿比面试的工作略高一个档次的着装，表明你的能力比主考官希望的更好。选购一套剪裁合体、做工精良的套装是一笔值得的开支，但是别过分提高自己的衣着档次。力求使自己的服装色彩、风格与应聘的职位相和谐、融洽。

（2）男性求职者着装：一般来说，男性求职者穿西装是最显正规和最被认可的着装。要想使自己所穿着的西装真正称心合意，就必须在西装的选择、穿法、搭配等方面严守相关的礼仪规范。

1）西装的挑选：要挑选一身合适的西装，需要关注下面几个细节：

面料。西装的面料的选择应力求高档，毛料是首选，起码不要选择不透气、不散热、发光发亮的各类化纤面料西装。

色彩。西装的色彩必须显得庄重、正统，而且还讲究单色无图案的，深蓝色是首选。另外，还可以选择灰色或棕色的。

尺寸。不管西装品牌名气有多大，只要它的尺寸不适合自己，就坚决不要穿，否则反而会有损个人形象。衣袖不要过长，最好是在手臂向前伸直时，衬衫袖子要露出2～4厘米。衣领不要过高，一般在伸直脖子时，衬衫领口以外露2厘米左右为宜。

作为求职者来说，不必过分讲究西装的档次问题，如果为了面试一个普通职位而"倾家荡产"地弄了一身名贵行头，恐怕主考官也不敢录用你。

2）西装的穿着：西装的穿着，要注意以下几步：

一是拆除商标。穿西装前，不要忘记把上衣左袖口处的商标或质地的标志一起拆掉。

二是熨烫平整。穿西装除了要定期对西装进行干洗，还要在每次穿之前，进行熨烫，以免使西服又皱又脏。

三是扣好纽扣。不管穿什么衣服都要注意把扣子扣好。而穿西装时上衣纽扣的系法讲究最多。在大庭广众前起身站立后,上衣的纽扣应当系上。就座后,上衣的纽扣可以解开,以防"扭曲"走样。如果穿的是单排扣上衣,里面穿了背心或羊毛衫,站立的时候可以不系纽扣。

通常,系西装上衣的纽扣时,单排两粒纽扣的,只系上边那粒。单排三粒纽扣的可以只系中间的或是上中两粒扣子。但双排扣西装要求把所有能系的纽扣统统系上。

西装背心只能和单排扣西装上衣配套。纽扣数目不等,可以分为单排扣式和双排扣式两种。根据西装的着装惯例,单排扣式西装背心的最下面的那粒纽扣应当不系,双排式西装背心要把全部纽扣统统系上。不管是单独穿着,还是和西装上衣配套,都要认真地扣上纽扣,不能敞开。

四是避免卷挽。不可以当众随心所欲地脱下西装上衣,也不能把衣袖挽上去或卷起西裤的裤筒,否则,都是粗俗、失礼的表现。

五是减轻口袋压力。为使你的西装在外观上不走样,就要少往口袋里装东西,甚至不装。

即使天气再冷,西装里面也不可以穿得鼓鼓囊囊,否则非常影响西装的美感。西装和衬衫之间最多可以穿一件薄的毛衣,天气冷的时候可以在西装服外面套大衣。

3)衬衫:和西装一起穿的衬衫,要求是单一色彩的长袖衬衫,白色衬衫最好。另外,蓝色、灰色、棕色、黑色,也可以考虑;衬衫上最好没有任何图案。

衬衫和西装配套的时候要注意:

一要系上衣扣。穿西装的时候,衬衫的所有纽扣都要系好。只有在不打领带时,才可以解开衬衫的领扣。

二要收好下摆。穿长袖衬衫时,要把下摆均匀地掖到裤腰里面。

三要大小合身。除休闲衬衫外,衬衫都不要太短小紧身,也不要过分宽松肥大、松松垮垮。一定要大小合身。衣领和胸围要松紧适度,下摆不能过短。

4)领带:领带是西装的灵魂,是男士西装最抢眼的饰物。简易的"一拉得"领带,不适合在求职场合使用。

领带的选择也很重要。要避免选颜色太浅的领带。如果西装和衬衫属于浅色,就不易衬托对比效果;如果西装和衬衫的颜色较深,又会显得相当轻浮。深色西服可以配颜色比较华丽的领带,此时的衬衫应该是纯色的;淡色的西服,领带也要相应素雅一些;如果衬衫的色调强、花纹多,领带也可以相对素雅。

个子高的应该选择外观朴素、雅致大方的;个子矮的适合系斜纹细条的。脖子长的要用大花型领带。面色红润饱满的人应该选择丝绸料的领带,颜色以素净为主。脸色苍白、晦暗的就可以用明亮色调的。

领带结打的挺括、端正,并且在外观上呈倒三角形,在收紧领结时,有意在它的下面压出一个窝儿,这样看起来更加美观、自然。领带结的具体大小,要和衬衫衣领的大小形成正比。最忌领带结打得不端不正、松松垮垮。一般打好后,下端正好能碰到腰带扣就行,超过就有可能不时的从上衣衣襟处窜出来。但领带打得过紧,会限制血液流通,压迫神经,容易引起眼睛的疲劳,由此带来种种的眼部疾病。所以,衬衫领口要稍大些,领带适度就行,不要勒紧。

使用领带夹时,不要让它暴露在外,最好是把它夹在衬衫自上而下的第四粒到第五粒纽扣之间。

(3)女性求职者着装:在求职这样隆重的场合,对于女性求职者来说,套裙是首选。它是西装套裙的简称,上身为一件女式西装,下身是一条半截式的裙子。有时候,也可以见到三件套的套裙,即女式西装上衣、半截裙外加背心。

套裙,可以分为两种基本类型。一种是用女式西装上衣和随便的一条裙子进行的自由搭配组合成的"随意型"。一种是女式西装上衣和裙子成套设计、制作而成的"成套型"或"标准型"。

1)怎样选择套裙:一套在正式场合穿的套裙,应该由高档面料缝制,上衣和裙子要采用同一质地、同一色彩的素色面料,匀称、平整、滑润、光洁、丰厚、柔软、悬垂、挺括。不仅弹性、手感要好,而且要不起皱、不起毛、不起球。在造型上讲究为着装者扬长避短,所以提倡量体裁衣、做工讲究。上衣注重平整、挺括、贴身,较少使用饰物和花边进行点缀。裙子要以窄裙为主,并且裙长要到膝或者过膝。

要求在色彩方面以冷色调为主,应当清新、雅气而凝重。以体现出求职者的典雅、端庄和稳重。可以选择藏青、炭黑、雪青、茶褐、土黄、紫红等稍冷一些的色彩。最好不选鲜亮抢眼的。有时两件套套裙的上衣和裙子可以是一色,也可以采用上浅下深或上深下浅等两种不同的色彩,这样形成鲜明的对比,可以强化它留给别人的印象。

有时,穿着同色的套裙,可以采用和不同色的衬衫、领花、丝巾、胸针、围巾等衣饰,来加以点缀,显得生动、活跃。另外,还可以采用不同色彩的面料,来制作套裙的衣领、兜盖、前襟、下摆,这样也可以使套裙的色彩看起比较活跃。为避免显得杂乱无章,一套套裙的全部色彩不应超过两种。

在正式场合穿的套裙,可以不带有任何的图案,要讲究朴素而简洁。有一种以方格为主体图案的套裙,穿在职业女士的身上,可以使人静中有动,充满活力。一些以圆点、条纹图案为主的套裙,也可以穿着,但不能用花卉、宠物、人物等符号为主体图案。套裙上不要添加过多的点缀,否则会显得杂乱而小气。如果喜欢可以选择少而且制作精美、简单的点缀。

在套裙中,上衣和裙子的长短是没有明确而具体的规定。传统的观点是:裙短不雅,裙长无神。最标准、最理想的裙长,应是裙子的下摆恰好抵达小腿肚子最丰满的地方。

对于求职的女性来说,套裙中的超短裙,裙长应以不短于膝盖以上15厘米为限。过多地裸露自己的大腿无论如何都是不文明的。

2)穿套裙的注意事项:

一是大小适度。上衣最短可以齐腰,裙子最长可以达到小腿的中部。上衣的袖长要盖住手腕。

二是认真穿好。上衣的领子要完全翻好,衣袋的盖子要拉出来盖住衣袋或披、搭在身上;衣扣一律全部系上。不允许部分或全部解开,更不允许当着别人的面随便脱下上衣。裙子要穿得端端正正,上下对齐的地方要好好对齐。

三是兼顾举止。套裙最能够体现女性的柔美曲线，这就要求你举止优雅，注意个人的仪态。

穿上套裙后，站要站得又稳又正，不可以双腿叉开，站得东倒西歪。就座以后，务必注意姿态，不要双腿分开过大，或是翘起一条腿来，抖动脚尖；更不可以脚尖挑鞋直晃。走路时不能大步地奔跑，而只能小碎步走，步子要轻而稳。

四是要穿衬裙。在穿套裙时，是非穿衬裙不可的。特别是穿丝、棉、麻等薄型面料或浅色面料的套裙时，假如不穿衬裙，就很有可能使内衣"活灵活现"。

可以选择透气、吸湿、单薄、柔软面料的衬裙，而且应为单色，如白色、肉色等，必须和外面套裙的色彩相互协调，不要出现二者外浅内深的情况，也不要出现任何图案，应该大小合适，不要过于肥大。

穿的时候裙腰不能高于套裙的裙腰，不然就会把衬裙裙腰暴露在外了。要把衬衫下摆掖到衬裙裙腰和套裙裙腰之间，不可以掖到衬裙裙腰内，否则走的时间一长，或是动作过大就会使衬裙裙腰重现。

2.配饰

求职场合涉及到的其他配饰有：腰带、鞋袜和包等。

（1）腰带：腰带更重要的是装饰作用。男士的腰带一般比较单一，质地大多是皮革的，没有太多的装饰。穿西服时，都要扎腰带。夏季只穿衬衫并把衬衫扎到裤子里去的时候，也要系上腰带。

女性的腰带很丰富，质地有皮革的、编织物的、其他纺织品的。女性使用腰带要注意这样几个问题：

一是和服装的协调搭配，包括款式和颜色，比如穿西服套裙一般选择皮革或纺织的、花样较少的腰带，以便和服装的端庄风格搭配，要是两件或连衣轻柔织物裙装时，腰带的选择余地大一些；暗色的服装不要配用浅色的腰带，除非出于修正形体的需要。

二是要和体型搭配，比如个子过于瘦高，可以用较显眼的腰带，形成横线，分割一下，增加横向宽度；如果上身长下身短，可以适当提高腰带到比较合适的上下身比例线上，造成比较好的视觉效果；如果身体过于矮胖，就要避免使用大的、花样多的腰带扣（结），也不要用宽腰带。

三是要和场合协调。作为求职的场合，就不适合用装饰太多的腰带，而要显得干净利落一些。

（2）鞋袜：穿西服一定要穿皮鞋，夏天也不例外（但夏天可以穿镂空的）。

皮鞋的款式提倡传统的有带皮鞋。深色的西服搭配黑、棕色皮鞋。

不管穿哪一种鞋子，既不应该拖地，也不应该跺地，这样不仅制造噪音、影响别人，也会给别人造成不好的印象。

作为男性求职者来说，皮包、皮带、皮鞋应该颜色一致。

袜子对男士的要求比较简单，颜色上一般倾向于深色的，如蓝、黑、灰、棕等。穿西装时，袜口不要露出来。

女性的袜子,情况要复杂得多,女袜分为长袜、短袜。短袜一般只适用于长裤,如果双腿皮肤没有缺陷的话,有时也可用于过膝短裤或裙装;但穿西装套裙时必须穿长袜。

对于裙装来说,更适合穿长袜,这样可以通过服饰来突出女性的腿部美。穿暗色的长袜,会使腿脚显得细瘦,有修正体型的效果。明色的袜子是夏天的色彩,近于肉色的长袜更能突出肌肤美。在裙摆较短的情况下,最好不要用花色较多的,像刺绣或袜跟绣的长袜也不适合。

穿长袜一定要注意:袜口无论如何都不该露在裙摆外。过膝长裙配过膝中长袜就行,中等长度的裙子,最好穿到腿跟的长袜。

(3)包的选用:男士的包比较单,一般都是公文包。

公文包的面料应该是牛皮、羊皮制品,而且黑色、棕色最正统。如果从色彩搭配的角度来说,公文包的色彩和皮鞋的色彩一致,看上去就显得完美而和谐。除商标外,公文包在外表上不要带有任何图案、文字,包括真皮标志。手提式的长方形公文包是最标准的。

作为女性,可以用手袋,也可以用包,但色彩上不可以和着装反差过大,不要过于鲜艳。如果去申请比较高级的职务或是严谨的企业应聘,还是用包比较合适。

(二)面试中的礼仪

1.面试中的聆听礼仪

在面试过程中,主动的交谈传递出主考官需要的信息,展示出你的能力和风采。而"聆听"也是一种很重要的礼节。不会听,也就无法回答好主考官的问题。好的交谈是建立在"聆听"基础上的。

在面试过程中,主考官的每一句话都可以说是非常重要的,你要集中精力认真地去听。要记住说话人讲话的内容重点,并了解说话人的希望所在,而不要仅仅注重说话人的长相和语调。即使说话者谈话确实无聊、乏味,你也要转变自己的想法,认真听对方的谈话或多或少可以使自己受益。在聆听对方谈话时,要自然流露出敬意,这才是一个有教养、懂礼仪的人的表现。

一个好的聆听者会做到以下几点:

(1)记住说话者的名字。

(2)用目光注视说话者,保持微笑,恰当地点头。

(3)身体微微倾向说话者,表示对说话者的重视。

(4)了解说话者谈话的主要内容。

(5)适当地做出一些反应,如点头、会意地微笑、提出相关的问题。

(6)不离开对方所讲的话题,巧妙地通过应答,把对方讲话的内容引向所需的方向和层次。

2.面试过程中的其他礼仪

整个面试过程的时间通常只有一个小时左右,我们可以把它想象成为一个舞台剧。戏里的主角是人事主管和求职者,角色只有两个,但剧情是千变万化的。作为扮演求职者的一方,一定要把握求职礼仪上的分寸,不要过火或不到位,把"好戏"给演砸了。

(1)走进房间的时候:走进房间的时候自己的名字被喊到,就有力地答一声"是",然后再进门。如果门关着的话,就要以里面听得见的力度敲门,听到回复后再进去。开门关门尽量要轻,向招聘方各位行过礼之后,清楚地说出自己的名字。

(2)坐姿:在没有听到"请坐"之前,绝对不可以坐下,面试官还没有开口,就顺势把自己挂在椅子上的人,已经扣掉了一半分数,从门口走进来的时候,也要挺起胸膛堂堂正正地走。坐下时也不要在椅沿上轻坐,要舒服地坐进去。

(3)使用敬语:使用过分夸张的敬语是一件令双方都很尴尬的事。所以,这一点在平时待人接物上下工夫,如习惯于对长辈说敬语等。

(4)知之为知之,不知为不知:在面试场上,常会遇到一些不熟悉、曾经熟悉现在竟忘记或根本不懂的问题。面临这种情况,默不作声、回避问题是失策;牵强附会、"强不知为知之"更是拙劣,坦率承认为上策。

(5)保持诚恳态度:进入面试场地,求职者应始终面带微笑,不要过分紧张,对碰到的每个公司员工都应彬彬有礼。

(6)注意身体语言:身体语言在人际交流中占50%以上,大家一定遇到过面试失败的例子,分析起来,专业也对口,也没说过什么不得体的话,一句话,不知道输在哪里。其实,除了职场竞争激烈是主要原因外,面试时身体语言表现不当而暴露弱点也是一个重要因素。

身体语言包括:说话时的目光接触;身体的姿势控制;习惯动作;讲话时的嗓音等。

目光接触。面试时,应试者应当与主考官保持目光接触,以表示对主考官的尊重。目光接触的技巧是,盯住主考官的鼻梁处,每次15秒左右,然后自然地转向其他地方,例如望向主考官的手,办公桌等其他地方,然后隔30秒左右,又再望向主考官的双眼鼻梁处。切忌目光犹疑,躲避闪烁,这是缺乏自信的表现。

身体姿势和习惯动作。在进出面试办公室时,注意进退礼仪,一定要保持抬头挺胸的姿态和饱满的精神,不要与人交谈时频繁地耸肩,手舞足蹈,左顾右盼,坐姿歪斜,晃动双腿等,这都是不好的身体语言,总之,手势不宜过多,需要时适度配合表达。

讲话时的嗓音。嗓音可以看出一个人是否紧张,是否自信等,平时应多练习演讲、交谈的艺术,控制说话的语速,不要尖声尖气,声细无力,应保持音调平静,音量适中,回答简练,不带"嗯"、"这个"等无关紧要的习惯语,这些都显示出在自我表达方面不专业。

■(三)面试后的礼仪

面试结束时,不论是否如你所料,被顺利录取,得到梦寐以久的工作机会,或者只是得到一个模棱两可的答复："这样吧，××先生/小姐，我们还要进一步考虑你和其他候选人的情况，如果有进一步的消息，我们会及时通知你的。"

如果得到这样的答复，我们应该对用人单位的人事主管抽出宝贵时间来与自己见面表示感谢，并且表示期待着有进一步面谈的机会。这样既保持了与相关单位主管的良好关系，又表现出自己杰出的人际关系能力。当用人单位最后考虑人选时，能增加自己的分数。

与人事经理最好以握手的方式道别，离开办公室时，应该把刚才坐的椅子扶正到刚进门时的位置，再次致谢后出门。经过前台时，要主动与前台工作人员点头致意或说"谢谢你，再见"之类的话。

面试结束并不意味着求职过程就完了，也不意味着求职者就可以袖手以待聘用通知的到来，有些事你还得做。

1. 感谢

为了加深招聘人员对你的印象，增加求职成功的可能性，面试后两天内，你最好给招聘人员打个电话或写封信表示谢意。

感谢电话要简短，最好不要超过5分钟。感谢信要简洁，最好不超过一页。感谢信的开头应提及你的姓名及简单情况，然后提及面试时间，并对招聘人员表示感谢。

感谢信的中间部分要重申你对该公司、该职位的兴趣，增加一些对求职成功有用的事实内容，尽量修正你可能留给招聘人员的不良印象。

感谢信的结尾可以表示你对自己的素质能符合公司要求的信心，主动提供更多的材料，或表示能有机会为公司的发展壮大做出贡献。

面试后表示感谢是十分重要的，因为这不仅是礼貌之举，也会使主考官在作决定时对你有印象。

2. 不要过早打听面试结果

在一般情况下，考官每天面试结束后，都要进行讨论和投票，然后送人事部门汇总，最后确定录用人选，可能要等3～5天。求职者在这段时间内一定要耐心等候消息，不要过早打听面试结果。

3. 查询结果

一般来说，你如果在面试两周后或在主考官许诺的通知时间到了，还没有收到对方的答复时，就应该写信或打电话给招聘单位或主考官，询问是否已作出了决定。

(四)求职礼仪自我检视清单

1. 求职面试前的礼仪

（1）头发干净自然，如要染发则注意颜色和发型不可太标新立异。

（2）服饰大方整齐合身。男女皆以时尚大方的套服为宜。

(3)面试前一天修剪指甲,忌涂指甲油。

(4)不要佩戴标新立异的装饰物。

(5)选择平时习惯穿的皮鞋,出门办事前一定要清洁擦拭。

2.求职面试过程的礼仪

(1)任何情况下都要注意进房先敲门

(2)待人态度从容,有礼貌。

(3)眼睛平视,面带微笑。

(4)说话清晰,音量适中。

(5)神情专注,切忌边说话边整理头发。

(6)手势不宜过多,需要时适度配合。

(7)进入面谈办公室前,可以嚼一片口香糖,消除口气,缓和稳定紧张的情绪。

3.求职面试结束时的礼仪

(1)礼貌地与主考官握手并致谢。

(2)轻声起立并将座椅轻轻推至原位置。

(3)出公司大门时对接待小姐表示感谢。

(4)24 小时之内发出书面感谢信。

思考与讨论

1.求职途径有哪些? 思考适合个人的求职途径。

2.个人的仪态,着装礼仪有什么需要注意的? 求职面试中有哪些需要特别注意的?

第六章 笔试与面试

★ ★ ★

学习目标

1. 了解笔试的作用与常见试题；
2. 掌握面试的技巧。

第一节 笔试

笔试的目的是考核应聘人员的文字能力、知识面和综合分析问题的能力。它通常用于一些专业技术要求很强和对录用人员素质要求很高的行政、事业、知名企业和跨国公司等单位。

一、常见的笔试种类

(一)专业考试

这种考试主要是检验应聘者担任某一职务时是否能达到所要求的专业知识水平和相关的实际能力。例如外资企业、外贸企业招聘人员时要考外语；科研机构招聘人员要考动手能力；国家机关招聘公务员要考行政管理和法律知识等。

(二)智商和心理测试

智商测试主要考查应聘者的观察、分析、思维反应及解决问题的能力。智商测试主要为一些著名跨国公司所采用，它们对毕业生所学专业一般没有特殊要求，但对毕业生的素质要求较高。心理测试是用事先编制好的标准化量表或问卷要求被试者完成，根据完成的数量和质量来判定其心理水平或个性差异的方法。

(三)综合能力测试

综合能力测试兼有智商测试的要求，但程度更高。比如，应试者要在规定的时间内对一组数据、一组资料进行分析，找出其合理的地方和存在的问题，并设计出解决问题的方案。这是对学生的阅读理解能力，发现问题、分析和解决问题的能力，知识面等素质的全方位测试。有时问答是用英语进行，相对来说难度更大一些。

二、笔试技巧及注意事项

(1)除携带必备的证件外，一些考试必备的文具(钢笔、橡皮等)也要准备齐全。

(2)科学答卷。拿到试卷后,首先应通览一遍,以便了解哪些题目必做,哪些题目选做以及题目的多少和难易程度,根据先易后难的原则排出答题顺序。遇到较大的综合题或论述题,应先列提纲,再逐条论述。

(3)答卷要做到字迹端正,卷面整洁。因为求职笔试不等于其他专业考试,招聘单位往往从卷面上联想应聘者的思想、品质、作风,字迹潦草、卷面不整的人,招聘单位先不看你答的内容,单从你的卷面就觉得你不可靠;那些字迹端正、答题一丝不苟的人,招聘单位则认为你态度认真、作风细致,对你更加青睐。

温馨提示

一、测试数学能力的题

1.元帅领兵

元帅统领八员将,每将各分八个营,每营里面摆八阵,每阵配置八先锋,每个先锋八旗头,每个旗头有八队,每队分设八个组,每组带领八个兵。请你掐指算一算,元师共有多少兵?

2.运算符号的妙用

在 1、2、3、4、5、6、7、8、9 这一串数字中间,加入运算符号"+"或"-",使其代数和等于 99,按(1 …… 9)可以有 17 种解,倒过来的后者(9 …… 1)可以有 11 种解。有兴趣的读者,不妨一试。

3.两龟赛跑

有两只乌龟一起赛跑。甲龟到达 10 米终点线时,乙龟才跑到 9 米。现在如果让甲龟的起跑线退后 1 米,这时两龟再同时起跑比赛,问甲、乙两龟是否同时到达终点?

4.电视机的价格

麦克因工作繁忙,决定临时请尼克来协助他工作。规定以一年为期限,一年的报酬为 600 美元与一台电视机。

可是尼克做了 7 个月后,因急事必须离开麦克,并要求麦克付给他应得的钱和电视机。由于电视机不能拆散付给他,结果尼克得到了 150 美元和一台电视机。

现在请你想一想:这台电视机值多少钱?

5.这块石头究竟有多重

有 4 个小孩看见一块石头正沿着山坡滚下来,便议论开了。

"我看这块石头有 17 公斤重。"第一个孩子说。

"我说它有 26 公斤。"第二个孩子不同意地说。

"我看它重 21 公斤。"第三个孩子说。

"你们都说得不对,我看它的正确重量是 20 公斤。"第四个孩子争着说。

他们四人争得面红耳赤,谁也不服谁。最后他们把石头拿去称了一下,结果谁也没猜准。其中一个人所猜的重量与石头的正确重量相差2公斤,另外两个人所猜的重量与石正确重量之差相同。当然,这里所指的差,不考虑正负号,取绝对值。请问这块石头究竟有多重?

6. 三只砝码称东西

现在有三种不同重量的标准砝码1克、3克、9克。请问可以称出多少不同物品的重量?在进行称量时,要称的东西与已知的标准砝码可以任意地放在天平的两盘之一。另外,每种砝码都只有一只,而且不准复制。

7. 称米

现有米9公斤以及50克和200克的砝码各一个。问怎样在天平上只称量三次而称出2公斤米?

8. 比萨饼交易

在我最喜欢的那家比萨饼店中,10寸的比萨卖4.99美元。店主说,他们有一笔12寸比萨饼的交易,定价为每份5.39美元。请问:该店在这笔比萨饼交易中给予了买方多少折扣?

9. 伊沙贝拉时装精品屋

纽约伊沙贝拉时装精品屋,新近从意大利购进了一件女式冬装。这衣服的购入价格再加二成,是该店标出的销售价。

出于半个月内未卖出去,女老板又将这个定价减去了一成,很快被一位漂亮小姐买走了。女老板获利400元。

请问,这件高档女式冬装购入价是多少?

10. 称量罐头

为罐头工厂工作的送货员A,给一家食品公司送了10箱菠萝罐头。每个罐头重量是800克,每箱装20个。

正当他送完了货,要回工厂的时候,接到了从工厂打来的电话,说这10箱中有一箱由于机器出了问题而混进了次品,每个罐头缺50克的分量,要送货员把这箱罐头送回工厂以便更换。但是,怎样从中找出到底哪一箱是次品呢?最需要的当然是秤,可是手边又没有。

正在这时,他忽然发现不远的路旁有一台自动称量体重的机器,也就是投进去1元硬币就可以称量一次重量。他的口袋里刚好就有一个1元硬币。当然也就只能量一次。那么他应该怎么充分利用这只有一次的机会,来找到那一箱不符合规格的产品呢?

11. 按劳取酬

有一个农场主,雇用了两个临时工帮忙种小麦。其中一个叫做汤姆,是一个耕地能手,但是他不会播种;而另一个叫做尼克,他并不擅长于耕地,但是,他却是播种的好手。这个农场主决定要种十公顷小麦,让他们各自包一半,于是,汤姆从东头开始耕地,而尼克从西头开始耕地。耕一亩地汤姆只要用二十分钟,而尼克却需要四十分钟,但是尼克播种的速度比汤姆要快三倍。

他们播种完工后,农场主按照他们的工作量给予他俩一共一百元的工钱。请问:他们应该怎么样分这份工钱才最合理?

12. 四兄弟的年龄

一家有4个兄弟,他们4个的年龄乘起来的积为14。那么,他们各自的年龄是多大? 当然年龄应该是整数。

13. 爱的程度

在一所乡村学校中,一个刚刚毕业的男数学老师S很幸运地同时得到了两个女教师A、B的青睐。S满脑袋数字,在无法从两者之中选择的情况下,他只好对这两位女教师说,"希望你们用数字或者数学公式,来表示你们对我的爱的程度。"

A说,"与B比起来,我是一百倍地爱你。"

B说,"A对你的感情当然没有我对你的感情深。与A相比,我是一千倍地爱你。"

听了她们深情的话语,不知为什么数学老师S反而神情沮丧地说,"这不就等于说,你们两个都是完全不爱我吗?"

这究竟是怎么回事?

14. 爬楼梯

一位先生要到10层楼的第8层去办事,不巧正赶上停电,电梯无法使用,他只能够步行上楼。如果他从第1层爬到第4层需要用48秒,那么请问,以同样的速度走到第8层需要多少秒?

15. 空姐分配物品

在一架飞机上,中间是一条过道,两边是座位,每一排为三人。两位空姐A和B每人负责一边,对每位旅客分配旅行物品。

开始的时候,A给右边的旅客发放了6份,此时,B过来对她说,左边应该由A负责。于是A重新到左边开始发放,B接着给右边剩下的旅客发放物品,之后,又帮A发了15份,最后两人同时结束工作。

请问:A和B谁发的多? 多发了多少份?

二、测试推理能力的题

1. 击鼠标

击鼠标比赛现在开始！参赛者有拉尔夫、威利和保罗。

拉尔夫 10 秒钟能击 10 下鼠标；威利 20 秒钟能击 20 下鼠标；保罗 5 秒钟能击 5 下鼠标。以上各人所用的时间是这样计算的：从第一击开始，到最后一击结束。

他们是否打平手？如果不是，谁最先击完 40 下鼠标？

2. 感觉

用第一感觉判断 8＋8＝91 这个等式正确吗？说明理由。

3. 谎话

如果下列每个人说的话都是假话，那么是谁打碎了花瓶？

夏克：吉姆打碎了花瓶。

汤姆：夏克会告诉你谁打碎了花瓶。

埃普尔：汤姆，夏克和我不太可能打碎花瓶。

克力斯：我没打碎花瓶。

艾力克：夏克打碎了花瓶，所以汤姆和埃普尔不太可能打碎花瓶。

吉姆：我打碎了花瓶，汤姆是无辜的。

4. 大有作为

鲁道夫、菲利普、罗伯特三位青年，一个当了歌手，一个考上大学，一个加入美军陆战队，个个未来都大有作为。现已知：

A. 罗伯特的年龄比战士的大；

B. 大学生的年龄比菲利普小；

C. 鲁道夫的年龄和大学生的年龄不一样。

请问：三个人中谁是歌手？谁是大学生？谁是士兵？

5. 麻省理工大学的学生

美国麻省理大学的学生来自不同国家。

大卫、比利、特德三名学生，一个是法国人，一个是日本人，一个是美国人。现已知：

A. 大卫不喜欢面条，特德不喜欢汉堡包；

B. 喜欢面条的不是法国人；

C. 喜欢汉堡包的是日本人；

D. 比利不是美国人。

请推测出这三名留学生分别来自哪些国家？

6.宴会桌旁

在某宾馆的宴会厅里,有4位朋友正围桌而坐,侃侃而谈。他们用了中、英、法、日4种语言。现已知:

A.甲、乙、丙各会两种语言,丁只会一种语言;

B.有一种语言4人中有3人都会;

C.甲会日语,丁不会日语,乙不会英语;

D.甲与丙、丙与丁不能直接交谈,乙与丙可以直接交谈;

E.没有人既会日语,又会法语。

请问:甲乙丙丁各会什么语言?

7.借机发财

从前有A、B两个相邻的国家,它们的关系很好,不但互相之间贸易交往频繁,货币可以通用,汇率也相同。也就是说A国的100元等于B国的100元。可是两国关系因为一次事件而破裂了,虽然贸易往来仍然继续,但两国国王却互相宣布对方货币的100元只能兑换本国货币的90元。有一个聪明人,他手里只有A国的100元钞票,却借机捞了一大把,发了一笔横财。请你想一想,这个聪明人是怎样从中发财的?

8.不合理的安排

S先生正在家里休息时,接到了一个陌生人打来的预约电话。对方很想在下下个星期的周五去他家里拜访他。但是S先生并不想见这个陌生人,于是他连忙说:"下下个礼拜五我非常忙。上午要开会,下午1点钟要去参加一个学生的婚礼,接着4点钟要去参加一个朋友的孩子的葬礼,随后是我的叔叔的七十寿辰宴会。所以那天我实在是没有时间来接待您的来访了。"

请仔细看题,S先生的话里有一处是不可信的,是哪个地方?

9.快马加鞭

墨西哥农村现在仍然可以看到人们用马和驴运载货物。一位商人把四匹马从甲村拉到乙村,而从甲村到乙村,A马要花一小时,B马要花两小时,C马要花四小时,D马要花五小时。

这位商人一次只能拉两匹马,回来时他还要骑一匹马,其中以走得慢的那匹马作为从甲村拉到乙村所需的时间。听说有人花了12小时就把四匹马全部从甲村拉到乙村,请问:他是如何办到的?

三、测试反应能力的题

1. 小虫

有一种小虫,每隔两秒钟分裂一次。分裂后的两只新的小虫经过两秒钟后又会分裂。如果最初某瓶中只有一只小虫,那么两秒后变两只,再过两秒后就变四只……两分钟后,正好满满一瓶小虫。现在这个瓶内最初放入两只这样的小虫。

问:经过多少时间后,正巧也是满满的一瓶?

2. 相遇

美国某小镇车队有 17 辆小公共汽车,整天在相距 197 千米的青山与绿水两个小镇之间往返运客。每辆车到达小镇后司机都要休息 8 分钟。司机杰克上午 10 点 20 分开车从青山镇出发,在途中不时地遇到(有时是迎面驶来,有时是互相超越)一辆本车队的车。下午 1 点 55 分他到达绿水镇,休息时发现本队的其他司机一个都不在。没有同伴可以聊天,杰克就静静地回忆刚才在路上遇到的本车队的那些人。

问:杰克一共遇到了本车队的几辆车?

3. 约会

矩阵博士的女儿艾娃小姐是他和日本夫人的独生女,她真是位绝佳美人。怪不得马丁先生对她动心了。不过,这位小姐生性羞怯,如果直截了当地请她吃饭,可能会遭到谢绝。对此,马丁先生绞尽了脑汁,苦思对策。

突然间,他心血来潮,想起了哈佛大学的数学家吉尔比·贝克教给他的锦囊妙计,顿时心花怒放,喜上眉梢。

"亲爱的,我有两个问题要问您,而且都只能回答:'是'或'不',不准用其他语句。但在正式提问以前,我要同您预先讲好,您一定要听清楚之后再郑重回答,而且两个问题的答案都必须在逻辑上是完全合理的,不能自相矛盾。"他对艾娃说。

艾娃略微蹙了一下眉,感到非常有趣,于是,她爽朗地说:"好吧!那就请您发问吧!"

问:马丁先生该怎样提问,才能达到请艾娃小姐吃饭的目的?

4. 30 秒答题

(1)你在什么地方总能找到幸福?

(2)一个人走进他的花园时,总是把什么先放在里边?

(3)什么东西越洗越脏?

(4)什么东西能载得动一百捆干草却托不起一粒沙子?

(5)什么东西越是打破了越是受人欢迎?

(6)在早餐时从来不吃的是什么?

(7) 放大镜不能放大的东西是什么?

(8) 什么东西倒立后会增加一半?

5. 一分钟答题

(1) 当您从西向东行走,不久向左转二百七十度角行走,再向后转走,接着,又向左转九十度角走,最后又向后转走。请问,最终您是朝哪一个方向行走的?

(2) 在二十世纪有这样一个年份,把它写成阿拉伯数字时,正看是这一年,倒过来看还是这一年。请问,这是指哪一个年份?

(3) 用三根火柴要摆成一个最小的数(不许把火柴折断或弯曲),这个数是多少?

(4) 有一个又高又狭窄的玻璃筒,筒里放着一只鲜鸡蛋。如果不许把玻璃筒倾斜,也不许用任何夹具把鲜鸡蛋夹起,那么,您有什么办法取出鲜鸡蛋?

(5) 英国伦敦某公司采购员杰夫经常出差去法国巴黎,而且每次都是乘坐火车去的。有一次,他又要出差去法国巴黎,但他前一半路程是坐飞机去的,这比他平常坐火车去的速度要快八倍;而他后一半路程是坐火车和汽车到达法国巴黎的,速度比他平常坐火车要慢一半。请问,他这一次出差去法国巴黎,是否比他平常坐火车去节省时间? 为什么?

(6) 一只走着的挂钟,它在二十四小时里,分针和时针要重合多少次?

(7) 如果给您一根较长的粗铜线,要用这根铜线将点燃着的蜡烛火焰熄灭,但又不许您用铜线碰到蜡烛,请问,有何办法?

(8) 有一根铁线,如果用钳子把它剪断后,它仍然是一根与原来长度相等的铁线。请问,这是一根什么形状的铁线?

(9) 宇航员卡特在乘宇宙飞船进入太空前,正用他所带的自来水笔为来访者签名留念。当他进入太空以后,他正忙着用这支笔写日记。您相信吗?

(10) 有十二个人要过河去,河边只有一条能够载三个人的小船。请问,这十二个人都过河,需要渡几次?

6. 现代斯芬克斯之谜

斯芬克斯是古代希腊神话中的带翅膀的狮子女魔。传说她在底比斯附近要人猜谜,猜不出来就要杀人。一次,她要请底比斯王子猜谜:"有一种动物,早上四条腿,中午二条腿,晚上三条腿,是什么动物?"聪明的王子说:"是人。"他猜中了。

如果你是现代的斯芬克斯,会提出什么样的问题呢? 比如,1 和 0 之间加上什么符号才可以使得到的数比 0 大又比 1 小呢? 你知道吗?

四、测试分析能力的题

1.巧接铁链

生产中需要一段铁链,库房中只有五截每截只有三个铁环的铁链,这五截铁链连起来的长度正好是所需要的。

问:在只切断三个铁环的情况下,怎样将这五截三铁环连起来?

2.巧分飞机票

旅行社刚刚为三位旅客预定了飞机票。这三位旅客是荷兰人科尔、加拿大人伯托和英国人丹皮。他们三人一个去荷兰,一个去加拿大,一个去英国。据悉科尔不打算去荷兰,丹皮不打算去英国,伯托则既不去加拿大,也不去英国。

问:这三张飞机票分别应该是他们谁的?

3.白帽和黑帽

老师让 6 名学生围坐成一圈,另让一名学生坐在中央,并拿出七顶帽子,其中四顶白色,三顶黑色。然后蒙住七名学生的眼睛,并给坐在中央的学生戴一顶帽子,而只解开坐在圈上的六名学生的眼罩。这时,由于坐在中央的学生的阻挡,每个人只能看到五个人的帽子。老师说:"现在,你们七人猜一猜自己的头上戴的帽子颜色。"大家静静地思索了好大一会。最后,坐在中央的、被蒙住双眼的学生举手说:"我猜到了。"

问:中央的被蒙住双眼的学生带的是什么颜色的帽子? 他是怎样猜到的?

4.急中生智

有个农民挑了一对竹筐,赶集去买东西。当他来到一座独木桥上,对面来了个孩子,他想退回去让孩子先过桥,但是回身一看,后面也来了个孩子。正在进退两难之际,农民急中生智,想了个巧办法,使大家都顺利地通过了独木桥,而且三人之中谁也没有后退过一步。

问:农民是用的什么方法?

5.巧入房间

某地质勘探队有 12 名队员,他们同住在一栋楼的 12 个房间内。由于工作关系,资料不能集中,各人的房间内都有别人需要查对的资料。

这天,12 位队员又要外出作业了。临行前,队长对大家说:"在外出作业期间,12 个人一起回来是不可能的,如有队员回来查资料就困难了。现在咱们每个人都有打开自己门锁的两把钥匙,只准带走其中一把钥匙,余下的一把不准挂在门上,因为不安全,每个房间的门窗也必须关严,大家想一想,怎样才能使任何一个人回来都能打开 12 个房间呢?"

问:如果你是队员之一,你能想出办法来吗?

6.女儿的错

父亲打电话给女儿,要她替自己买一些生活用品,同时告诉她,钱放在书桌上的一个信封里。女儿找到信封,看见上面写着98,以为信封内有98元,就把钱拿出来,数也没数放进书包里。

在商店里,她买了90元的东西,付款时才发现,她不仅没有剩下8元,反而差了4元。

回到家里,她把这事告诉了父亲,怀疑父亲把钱点错了。父亲笑着说,他并没有数错,错在女儿身上。

问:女儿错在什么地方?

7.找硬币

3个日本孩子翻衣兜,他们把兜里所有的钱都掏出来,看看一共有多少钱。结果一共有320日元。其中有两枚硬币是100日元的,两枚是50日元的,两枚是10日元的。每一个孩子所带的硬币中没有相同的。而且,没带100日元硬币的孩子也没带10日元的硬币,没带50日元硬币的孩子也没带100日元的硬币。你能弄清楚这3个日本孩子原来各自带了什么硬币吗?

8.入睡与醒来

请问:从你生下来的那一刻起,你入睡和醒来的次数哪个多?多多少次?

第二节 面试

■■■一、面试的形式

■■(一)按人员编排分类: 招聘人员→应聘人员

(1)一对一,属于"单打独斗"类。

(2)两人或两人以上对一个,通常是由一个应聘者面对数名考官,属于"舌战群雄"类。

(3)一人对一组,校园面试中常见,通常是由一名公司的招聘经理面对一组应聘者,属于"群英会"类。

■(二)按阶段分类

(1)初步筛选,被面试者众多,每人分得的时间有限,而面试人员的级别也不甚高。

(2)多轮选拔,到这一阶段,通常都是级别比较高的人来面试你,面试的时间也会更长些,程序也更复杂些。

（3）最后一轮，这是最关键的一环，千万不要掉以轻心。对于应聘者而言，有时也摸不准哪次会是最后一轮。即使是被明确告知这是最后一轮了，你或许还要见人。所以在有些情况下，你不能确定这是否真是最后一轮面试，不能有任何松懈情绪。

▋（三）按型式分类

（1）标准程序。开始—中间—最后。

（2）非标准程序。面试人员想到哪儿问到哪儿，随意性极强。遇到这种情况的确比较难应付，面试前无从准备，只能靠临场发挥。

（3）专业定向。一方面考察应聘者的专业知识，另一方面有的招聘者也会通过面试大量业内应聘者从而了解业内同行的发展情况。所以有时考察是虚，搜集情报才是实。应聘者需要察言观色，拿捏好分寸。

（4）场景面试。类似场景小测验，应聘公司会虚拟你所申请职位的工作环境，让你直接进入工作角色，从而测试你的能力。

（5）案例面试。一些公司如麦肯锡、贝恩等大型咨询公司经常会采取通过一个一个的案例分析来面试应聘者。

（6）轻松随意型面试。真的可以轻松一下了吗？不是的！这"轻松"两字的学问可大了，如边吃边谈的面试，考察你的就是餐桌礼仪。

▋（四）按提问方式分类

1.程式化面试

由主试人根据预先准备好的询问题目和有关细节，逐一发问。其目的是为了获得有关应试者全面、真实的材料，观察应试者的仪表、谈吐和行为，以及沟通能力等。

2.问题式面试

由主试人对应试者提出一个问题或一项计划，请应试人予以解答或完成相关要求。其目的是为了观察应试者在特殊情况下的表现，以判断其解决问题的能力。

3.引导式面试

由主试人海阔天空地与应试者交谈，让应试者自由地发表议论，尽量活跃谈话气氛，在闲聊中观察应试者的能力、知识、谈吐和风度。

4.压力式面试

由主试人有意识地对应试者施加压力，针对某一问题做出一连串的发问，不仅详细，而且追根问究，直到无法回答。甚至有意刺激应试者，看其在突如其来的压力下能否作出恰当的反应，以观察应试者的机敏程度和应变能力。

5.综合式面试

由主试人通过多种方式综合考察应试者多方面的才能。如用外语同应试者会话以考察其外语水平；让应试者写段文字以考察其书法；让应试者复述一段文章以考察其记忆能力,也许还会要求应试者现场操作计算机和打字机等等。

以上几种面试是根据面试的提问方式划分的。在实际面试过程中,主试人可能采取一种面试方式,也可能同时采用几种面试方式,以达到全面考察的目的。

■■■■二、面试各个阶段的准备

■(一)面试前的准备

1.调整心态

缓解紧张的心理压力,放松自己;同时积极、认真地进行准备。

2.着装

注意着装的式样、颜色,要正式,不显浮躁和轻浮。一般来说,风格比较保守的企业会希望你面试时穿正装。男生深色西装,女生深色西装套裙为宜。

3.面试前夜

一定要正常作息,保证足够的睡眠。失眠怎么办?可以试试这些办法:听一些轻松的乐曲、睡前散步、洗一个热水澡、喝点啤酒或者牛奶、看一本平时你一看就头疼的书。

4.早餐

面试当天的早餐也要按平日习惯吃。食量不过多也不过少。一定不要将早餐带到面试现场边等候边发出不雅的声音。

5.提前到达

最好比额定时间早到10~15分钟,向前台人员作自我介绍(或告知你是来面试的),并遵循他们的安排耐心等待。过早地来到面试现场会让你在长时间等待中增加紧张焦躁情绪。

6.通讯

手机最好24小时开机,出门较长时间可准备一块备用电池,必须保证HR能够随时通知你面试。

■(二)面试中的准备

1.备用简历

面试单位有时会将简历丢失或者混淆应聘者的情况。

2.纸笔

随身携带一个小巧灵便的本子和笔备用。但不要显得过于死板、规矩。

3.证明材料

身份证和学生证是必需的。带上其他与应聘职位相关的证书、已发表文章、学术论文等的原文和复印件备用。复印件最好带两份以上。

4. 索要名片

有礼貌地向你的面试官索要名片,以获得继续与面试官保持联系的机会。

5. 时刻留心

留心记住面试中谈论过的细节,面试后一旦被问起可以从容应对。

三、面试一般要考察的能力

(一)分析能力

定义:面对复杂困难的环境能够做出准确客观的评估。

问题:

1. 请讲一个事例,表明你在面对情况非常复杂的局面时是如何分析和评估的?

2. 当你面对一个有着矛盾冲突的问题时,你会怎么做?

(二)市场敏感度

定义:预测、理解并致力于消费者和客户不断变化的需求。了解外部世界其他业务组织的发展。

问题:

1. 你最近的一次创新活动是什么?

2. 请给出一个你满足消费者或客户的需要变化的例子。

3. 你是否提供过超过客户需要的服务? 是什么样的服务?

(三)创造力

定义:表现出思维的灵活性,创造新颖的理念,并能使之转化为切合实际的计划。

问题:

1. 请给出一个你用创造性的方案解决企业问题的例子?

2. 请描述一个你最近的创新或新开发的事物?

3. 你做过大家都觉得很有创造性的事情吗? 什么样的事情?

(四)清晰的目的性

定义:了解事物的全局,清晰地洞察什么事情需要做,以及怎么样完成。

问题:

1. 什么时候你处理过一个在最终期限前你无法完成的项目?

2. 请给出一个你必须在同一时间完成很多项任务的事例?

3. 你对你的未来 3~5 年有什么样的职位规划?

(五)学习能力

定义:长期持续、积极地从自己和他人的成败经验中学习。

问题：

1.请给出一个最近你从别人的错误中有所学习的例子？

2.你认为你最需要发展的专业方向是什么？

3.能告诉我你最失败的一件事情吗？你从中得到了什么样的教训？

（六）结构化的思维能力

定义：给予的解决方案、表达对于问题的看法都能够运用非常结构化的、有逻辑的思维方式。

问题：

1.某快速消费品公司最近遇到了利润下降的问题，请你分析一下可能的原因？

2.某美国地铁公司希望投资中国地铁，希望5年收回投资，请你做一个可行性分析？

3.你觉得中国的教育体制存在什么样的问题，怎么能够改善？

（七）领导力

定义：激励他人达到更高的绩效标准；能够组织各类项目、活动的完成。

问题：

1.请给出一个你必须展示你的领导能力的例子？

2.你怎么运用目标和目的来驱使团队达到卓越的绩效？

3.你曾经让下属发生过冲突吗？

（八）沟通影响力

定义：有效的沟通，为自己的观点寻求支持。在同事、顾客和客户间建立有效的关系。

1.请给出一个最近你培训和指导他人的例子？

2.你具有那些辅导或给予他们反馈的经验？

3.你有影响过别人的决定吗？

（九）团队合作能力

定义：作为团队的一员，采取合作的态度进行工作，关注团队的整理目标，而非个人利益。

问题：

1.请给出一个你在非常有效的团队里工作的例子。

2.什么时候你的目标和你的团队不是很吻合？

3.你的同事给予过你工作上的帮助吗？

（十）客户服务能力

定义：全心全意服务于客户，为其解决问题并提供超值服务。

问题：

1.请给出一个你主动了解客户需求，从而提供服务并获得认可的例子。

2.请给出一个你虽然遇到了困难但仍然有效为客户解决问题的事例。

3.通常什么样的客户会让你生气？

（十一）开拓能力

定义：勇于接受挑战、超越自我，改进现有的工作方法。

问题：

1.请给出一个你改进现有工作方法或流程的事例。

2.请给出一个你面对非常具有挑战性的目标，但是仍然通过个人努力最终达成目标的例子。

3.有一些现有的工作方法和习惯会阻碍我们做好工作，你有这样的感受吗？

（十二）诚信正直

定义：以企业的道德规范正直处世，遵守各种规章制度，并抵制不道德的行为。

问题：

1.你曾经站出来坚持你认为正确的事情吗？

2.你怎么理解职位道德标准？

3.你以前的公司有什么样的规章制度是不合理的吗？

（十三）职业化的行为

定义：能够为客户提供最专业化的服务，并确保任务能够按照所承诺的完成。

问题：

1.请给出一个与客户发生冲突的例子，你是如何处理的？

2.什么样的情况下，你会愿意改变你的想法？

3.你认为作为一个成熟的、职业的工作人员应该具备哪些条件？

（十四）高效的工作能力

定义：能够进行科学的管理，养成高效的工作习惯。

问题：

1.如果某件事预计需要3天的时间，而其实只需要1天就能完成，你会如何处理？

2.请给出一个你管理项目的例子。

3.你通常怎么安排自己的工作？

（十五）计划与自我管理能力

定义：有效管理个人工作时间，有效规划工作所需资源。

问题：

1.请给出一个你同时面临几项工作，但经过合理规划最终有效完成的事例。

2.你在工作中拥有哪些资源？你怎么来合理规划和利用这些资源？

3.你有在工作中遇到同时需要做好几件事的时候吗？通常你会怎么安排呢？

（十六）充满工作激情

定义：积极、执著地为改善企业营运成效而努力，采取主动，即使需要承担适度的风险。

问题：

1. 你在工作中遇到过什么样的挫折？

2. 请给出一个最近你运用创新的方法来改善工作绩效的事例。

3. 通常怎么样的工作情形会让你情绪低落？

■■■四、面试常常测试的问题

问题一：请你自我介绍

常规思路：①介绍内容要与个人简历相一致；②表述方式上尽量口语化；③要切中要害，不谈无关、无用的内容；④条理要清晰，层次要分明；⑤事先最好以文字的形式写好背熟。

点评：在回答这个问题的时候一定要想好细节，考官在这个时候一般都会追问几个细节。一般编造的简历和经历在这个过程中都会"穿帮"。

问题二：谈谈你的家庭情况

常规思路：①对于了解应聘者的性格、观念、心态等有一定的作用，这是招聘公司提问的主要原因；②简单地罗列家庭人口；③宜强调温馨和睦的家庭氛围；④宜强调父母对自己教育的重视；⑤宜强调各位家庭成员的良好状况；⑥宜强调家庭成员对自己工作的支持；⑦宜强调自己对家庭的责任感。

点评：这个问题一般很少问，因为毕竟牵涉到个人隐私。国企和部分民营企业喜欢问，主要是了解社会关系。

问题三：你有什么业余爱好？

常规思路：①业余爱好能在一定程度上反映应聘者的性格、观念、心态，这是招聘单位提问的主要原因；②最好不要说自己没有业余爱好；③不要说自己有那些庸俗的、令人感觉不好的爱好；④最好不要说自己仅限于读书、听音乐、上网，否则可能令面试官怀疑应聘者性格孤僻；⑤最好能有一些户外的业余爱好来"点缀"你的形象。

点评：这个问题一般也问的不多，在面试大学生时提问的概率高些。如果在面试有工作经验人士的时候，主要目的是为了消除紧张感，使对方放松，这个问题本身没有什么特别意义。

问题四：你最崇拜谁？

常规思路：①最崇拜的人能在一定程度上反映应聘者的性格、观念、心态，这是面试官的主要目的；②不宜说自己谁都不崇拜；③不宜说崇拜自己；④不宜说崇拜一个虚幻的、或是不知名的人；⑤不宜说崇拜一个明显具有负面形象的人；⑥所崇拜的人最好与自己所应聘的工作能"搭"上关系；⑦最好说出自己所崇拜的人的哪些品质、哪些思想感染着自己、鼓舞着自己。

点评：这个也最多是面试应届生时候的问题，对经验人士从来不用，否则会显得考官比较傻。

问题五:你的座右铭是什么?

常规思路:①座右铭能在一定程度上反映应聘者的性格、观念、心态,这是面试官问这个问题的主要原因;②不宜说那些易引起不好联想的座右铭;③不宜说那些太抽象的座右铭;④不宜说太长的座右铭;⑤座右铭最好能反映出自己某种优秀品质;⑥参考答案——"只为成功找方法,不为失败找借口"。

点评:此问题回答同上。

问题六:谈谈你的缺点

常规思路:①不宜说自己没缺点;②不宜把那些明显的优点说成缺点;③不宜说出严重影响所应聘职位的缺点;④不宜说出令人不放心、不舒服的缺点;⑤可以说出一些对于所应聘职位"无关紧要"的缺点,甚至是一些表面上看似"缺点",从工作的角度看却是优点的"缺点"。

点评:这个问题上是各种教人面试技巧中最"害人"的。考官问这个问题,是想测试一个人的成熟度、对自己的判断、和学习改进能力。说出自己有什么缺点,其实一点都不重要。

问题七:谈一谈你的一次失败经历

常规思路:①不宜说自己没有失败的经历;②不宜把那些明显的成功说成是失败;③不宜说出严重影响所应聘职位的失败经历;④所谈经历的结果应是失败的;⑤宜说明失败之前自己曾信心百倍、尽心尽力;⑥说明仅仅是由于外在客观原因导致失败;⑦失败后自己很快振作起来,以更加饱满的热情面对以后的工作。

点评:上面所谓的经典思路,在这个问题上又一次误判了考官的目的。考官在问这个问题的时候,他的目的仅仅是想知道你做事的手法,而并不是想知道你失败的事情。这个问题会经常变为你成功的经历、工作中最难忘的一件事等等。考官一般在这个时候会重点了解三个方面,当时的背景和资源、应聘者处理事情的手法、应聘者当时反思的结果。通过这三点了解一个人的做事手法和学习能力。上面的所谓思路,纠集于解释失败上面,纯粹是中了考官的圈套。

问题八:你为什么选择我们公司?

常规思路:①面试官试图从中了解你求职的动机、愿望以及对此项工作的态度;②建议从行业、企业和岗位这三个角度来回答;③参考答案——"我十分看好贵公司所在的行业,我认为贵公司十分重视人才,而且这项工作很适合我,相信自己一定能做好。"

点评:如果有人问此问题按照思路中作答尚可。

问题九:对这项工作,你有哪些可预见的困难?

常规思路:①不宜直接说出具体的困难,否则可能令对方怀疑应聘者不行;②可以尝试迂回战术,说出应聘者对困难所持有的态度——"工作中出现一些困难是正常的,也是难免的,但是只要有坚忍不拔的毅力、良好的合作精神以及事前周密而充分的准备,任何困难都是可以克服。"

点评:一般问这个问题,面试者的希望就比较大了,因为已经在谈工作细节。但常规思路中的回答,又被面试官"骗"了。当面试官询问这个问题的时候,有两个目的。第一,看看应聘者是不是在行,说出的困难是不是在这个职位中一般都不可避免的问题。第二,是想看一下应聘者解决困难的手法对不对,及公司能否提供这样的资源,而不是想了解应聘者对困难的态度。

问题十:如果我录用你,你将怎样开展工作?

常规思路:①如果应聘者对于应聘的职位缺乏足够的了解,最好不要直接说出自己开展工作的具体办法;②可以尝试采用迂回战术来回答,如"首先听取领导的指示和要求,然后就有关情况进行了解和熟悉,接下来制定一份近期的工作计划并报领导批准,最后根据计划开展工作。"

点评:这个问题的主要目的也是了解应聘者的工作能力和计划性、条理性,而且重点想要知道细节。如果向思路中所讲的迂回战术,面试官会认为回避问题,如果引导了几次仍然是回避的话。此人绝对不会录用了。

问题十一:与上级意见不一时,你将怎么办?

常规思路:①一般可以这样回答:"我会给上级以必要的解释和提醒,在这种情况下,我会服从上级的意见。"②如果面试你的是总经理,而你所应聘的职位另有一位经理,且这位经理当时不在场,可以这样回答:"对于非原则性问题,我会服从上级的意见,对于涉及公司利益的重大问题,我希望能向更高层领导反映。"

点评:这个问题的标准答案是思路1,如果用2的回答,必死无疑。你没有摸清楚该公司的内部情况,先想打小报告,这样的人没有人敢要。

问题十二:我们为什么要录用你?

常规思路:①应聘者最好站在招聘公司的角度来回答;②招聘公司一般会录用这样的应聘者:基本符合条件、对这份工作感兴趣、有足够的信心;③如"我符合贵公司的招聘条件,凭我目前掌握的技能、高度的责任感和良好的适应能力及学习能力,完全能胜任这份工作。我十分希望能为贵公司服务,如果贵公司给我这个机会,我一定能成为贵公司的栋梁!"

点评:按思路中的回答还可以。

问题十三:你是应届毕业生,缺乏经验,如何能胜任这项工作?

常规思路:①如果招聘单位对应届毕业生的应聘者提出这个问题,说明招聘公司并不真正在乎"经验",关键看应聘者怎样回答;②对这个问题的回答最好要体现出应聘者的诚恳、机智、果敢及敬业;③如"作为应届毕业生,在工作经验方面的确会有所欠缺,因此在读书期间我一直利用各种机会在这个行业里做兼职。我也发现,实际工作远比书本知识丰富、复杂。但我有较强的责任心、适应能力和学习能力,而且比较勤奋,所以在兼职中均能圆满完成各项工作,从中获取的经验也令我受益匪浅。请贵公司放心,学校所学及兼职的工作经验使我一定能胜任这个职位。"

点评:这个问题思路中的答案尚可。突出自己的吃苦能力和适应性以及学习能力(不是学习成绩)为好。

问题十四:你希望与什么样的上级共事?

常规思路:①通过应聘者对上级的"希望"可以判断出应聘者对自我要求的意识,这既是一个陷阱,又是一次机会;②最好回避对上级具体的希望,多谈对自己的要求;③如"作为刚步入社会的新人,我应该多要求自己尽快熟悉环境、适应环境,而不应该对环境提出什么要求,只要能发挥我的专长就可以了。"

点评:这个问题比较好的回答是,希望我的上级能够在工作中对我多指导,对我工作中的错误能够立即指出。总之,从上级指导这个方面谈,不会有大的纰漏。

五、招聘会上面试要注意的事项

(一)注意个人形象,不要不拘小节

面试时未请先坐,坐姿懒散;去招聘会之前喝酒或吃一些造成口腔异味的食品,这会令人反感;面试时嘴里不做无用的口腔运动,如嚼口香糖或泡泡糖;手指乱动,如啃指甲、抓头发,四处张望等;穿着邋遢或者过于前卫。以这些形象示人的求职者都将是被快速淘汰的一员。

(二)树立信心,不要给 HR 一种缺乏信心的印象

诸如,"你们要几个?""要不要女性?""要不要应届生?""外地人要不要?"这些问法是要尽量避免的,只要职位要求上面没有对这几方面的因素要做出规定,你就不需要再向 HR 询问这些内容,这样只会给 HR 造成一种缺乏自信的感觉。

(三)做一份合适的简历,不要让简历成为 HR 淘汰你的理由

不要将简历做成繁历,尽量不超过两张纸,在招聘会上,HR 一般都是先通过快速浏览简历来了解求职者的基本的情况,恐怕不会有时间去看十几页纸的鸿篇巨制,当然也不要太简单,简历上除了个人的基本资料再也找不到相关的信息,这让 HR 无法找到自己想要找到的信息。一般而言,简历中的学历、工作经历、个人专长等方面是 HR 比较关心的,不要忽略这几部分的内容。

(四)诚信求职,不要弄虚作假

作假体现在多方面,比如假学历、假证书,比如在简历中杜撰工作经验,夸大个人成绩,每一个 HR 都见识过成百上千的求职者,识别作假并不是难事,基本上不会有 HR 会信任一个弄虚作假的求职者,对于个人的一些工作经历进行适当的修饰应该是不算在弄虚作假范围之内的。

(五)注意时机,不要一开口就询问待遇事宜

报酬是可以问的,但得讲究时机和氛围,如果刚一交谈,就开门见山、直奔主题

地问起薪酬待遇,会让 HR 认为你是一个只重视收入的人,这样可能无法取得 HR 的好感。

■■■(六)注意语言表达技巧,不要冗繁琐碎、结结巴巴、自吹自擂

介绍自己时结结巴巴,不合逻辑,回答问题让人摸不着头脑,声音低得像蚊子叫,一个简单的自我介绍都冗繁琐碎,说不出重点,这样的求职者知识再扎实也很难打动 HR,同样无论你是一个多么优秀的人,不要在 HR 面前摆出一副天下第一的样子,自信变成了自大,张开嘴滔滔不绝。

■■■(七)求职时要表现出一定的诚意,不要让 HR 认为你是一个对职位并不专

有的求职者一边表达进入公司的渴望,一边又在言论中暗示自己在等待其他公司的结果,或者透露自己有考研之类的其他打算,在这样的情形下面,HR 是宁愿选择一个条件差一点但是比较有诚意、用心专一的人。

■■■(八)端正个人态度,不要横向攀比、以上压下

有求职者为了表现个人的优势,在面试时提到别家单位,说那家企业如何之好,也有的求职者在 HR 没有询问的前提下,透露自己的良好的家庭背景或者暗示自己与招聘公司的管理层有如何关系,不将 HR 放在眼里,这样的求职者无疑会被 HR 快速从意向者名单中剔除,面试时最有权威的只能是 HR,不可能是你的父母,或者是你的朋友。

■■■(九)在面试中保持自我,不要鹦鹉学舌、唯唯诺诺

一般而言,企业是希望招聘到专业能力好、沟通能力强、有自己见解的人,在招聘会上不是一味迎合 HR 就可以获得更多的机会的,HR 要面对众多的求职者,如果你不能给他留下深刻的印象,而只是一个跟屁虫,恐怕机会不会青睐于你。

■■■(十)注意身份,不要反客为主

一些求职者在与 HR 的交流中感觉不错,最后却留下一个败笔,比如通知 HR 说"能不能在 X 月 X 日之前通知我面试的结果",这种说法虽然表面客气,可实际上是在限定对方的时间,好像是在给 HR 下命令,企业招聘都遵循一定的流程,不可能会为某一个求职者而改变,除非你是企业急需要的人才,否则,如果这样给企业设定时间的结果只能让你失去机会。

还有的求职者,在面试中画蛇添足询问一些不应该询问的公司情况,如"贵公司投资规模有多大?""公司的发展趋势如何?"参加求职面试,一定要摆正自己的位置,切不可反客为主,使 HR 产生反感。

温馨提示：面试时十个可反问主考官的问题

在面试结束前，大多数的主考官都会丢问题给求职者，最常见的就是："你有没有什么问题或疑问，想要提出来的?"无论求职者是否提出问题，其实，这个问题背后的真正含意通常是主考官用来测试你对这份工作有多大的企图心、决心和热情。

因此，如果你害怕发问不妥当，或是不知道该从何问起，甚至回答没有问题时，都很可能会让主考官认为，你想要这份工作的企图心、决心还不够强。

相反的，求职者应该更积极、主动地利用面试最后一关的机会，适时地提出问题，这不但有助于主考官加深对你的印象，而且你也能趁此机会进一步了解这家公司的背景、企业文化是否适合你。

最重要的是，如果能够在面试时提出漂亮的问题，录取的概率将会大大提高。所以，无论如何，前往面试前，先谨记 10 个可以反问主考官的问题，以便到时候可以提出。

1.贵公司对这项职务的工作内容和期望目标是什么？有没有什么是我可以努力的地方？

2.贵公司是否有正式或非正式的教育训练？

3.贵公司的升迁管道如何？

4.贵公司的多角化经营，而且在海内外都设有分公司，将来是否有外派、轮调的机会？

5.贵公司能超越同业的最大利基点是什么？

6.在项目的执行分工上，是否有资深的人员能够带领新进者，并让新进者有发挥的机会？

7.贵公司强调的团队合作中，其他的成员素质和特性如何？

8.贵公司是否鼓励在职进修？对于在职进修的补助办法如何？

9.贵公司在人事上的规定和作法如何？

10.能否为我介绍一下工作环境，或者是否有机会能参观一下贵公司？

至于薪水待遇、年假天数、年终奖金、福利措施等问题，有些公司的主考官在面试时，会直接向求职者提出。如果对方没有提及，对社会新鲜人来说，在找第一份工作时，比较不适合提出，除非你有对方不得不录取你的条件。

■■■六、国企与外企面试策略分析

■■(一)国有企业:关注你的忠诚与踏实

国有企业多年来一直是毕业生就业的主渠道。由于国有企业本身的特点,使其在招聘毕业生时有其明显的国企特色。其中最重要的还是其自上而下的人事制度,使其在招聘面试中过于中规中矩,因此许多国企面试时一般对毕业生并不特别苛刻,但应聘者自由发挥的余地也不大。

近年来随着国有企业改革的进一步深化,国企在人才引进上也逐步与市场接轨,人事制度的进一步完善使招聘人才的手段也日趋科学合理。

总的来说国有企业在招聘人才特别是高校应届毕业生时主要还是注重学生的在校成绩与表现,如有良好的计算机技能、英语至少过四级、计算机要过二级等,曾经担任过学生干部、是党员以及曾在校获得奖学金的学生往往更受国有企业的关注。

在面试过程中,国有企业一般都会重点考察学生的政治素质与思想品德,了解应聘者是否能够踏踏实实在国有企业做一番事业。

国有企业面试相对于其他性质企业来说其挑战性往往并不大,只要毕业生认真准备,不犯一些典型性错误,能够参与国有企业的面试,最后过关还是有很大希望的。

以应聘我国著名的国有企业长虹为例,几乎所有的长虹主考官在面试时都会问这样的问题:你在学习方面有哪些优势? 你了解长虹吗? 对于学习优势,主考官会根据应聘者所应聘的职位具体问基础课和技术课方面的情况;而如果应聘者对长虹的各方面资料相当熟悉,在面试中会很容易引起主考官的注意。

1.国企面试的特点

总结一些国有企业招聘程序,对国企面试的特点可以归纳为以下几方面:

(1)面试人员往往由企业的人事主管参加,而由于国有企业体制的原因,人事主管往往就能决定应聘者的取舍。因此能够通过第一批简历的淘汰之后闯入面试阶段,说明人事主管已对应聘者的素质进行了肯定,面试只是去进一步证实他们的这种判断。

(2)国有企业面试相当直接,许多问题都是直接切入主题,重点对面试者的专业能力进行考察,因此毕业生在面试前应该做好充分的准备,特别是对应聘企业从事的业务应该有充分的认识,避免面试时给人留下专业知识不好的印象。

(3)国企面试的问题常常会夹杂一些个人家庭背景等问题,比如是否是独生子女、父母工作情况等,应聘者只要如实回答就行。

(4)国有企业的面试往往是一对几的面试,采取一问一答式,问题也是程式化,但由于面试人员多,有时会让人应接不暇,因此集中注意力听每一位面试人员的问题非常必要,如果来不及回答,也应向提问者有所表示,以示尊重。

（5）国企很少用英语来面试,虽然现在许多国企也很在意应聘者的英语水平,但他们大多数看重其是否拥有国家英语四级或六级证书。

2.国企面试的注意事项

国有企业面试一般还要注意以下几点:

（1）举止得当。国有企业一般来说不太喜欢面试中个性张扬的人,中规中矩,举止行为朴实的求职者更容易得到招聘人员的青睐。在面试时毕业生穿着应以平实普通为标准。

（2）礼貌细心。应聘者所表现出来的良好教养与必要的礼貌和细心往往会使自己在国企面试人员心目中占有一定的心理优势。

（3）政治素质。国有企业一般对学生党员和学生干部比较感兴趣,因此在面试过程中毕业生如果本身的政治素质过硬,就很容易让招聘人员另眼相看。

（4）专业成绩。面试中恰当地表现自己的专业素质,往往要比空洞地强调自己的综合素质更容易引人注目。

（5）良好品质。面试中突出自己能够踏实肯干,一向遵纪守规的良好品质也是国有企业普遍认同的价值观。

（6）多才多艺。许多应聘者在应聘国企时并不因为专业能力出众而脱颖而出,却是以一技之长而得到招聘人员的赞赏。比如棋琴书画皆会、球技出众等。

（7）少谈报酬。国有企业更乐于看到一个有甘于奉献精神的员工,因此在提到薪酬待遇时如果应聘者很在意这个职位,就不妨将薪酬要求放低一些。

（二）外资企业:重视潜质与创新能力

1.外企面试重视的素质

一般来说,外资企业在招聘人才时主要还是强调个人素质与潜质,注重团队的参与能力与创新能力,特别在意诚信以及经历,注重个人的职业发展与规划。而面试的程序和方式主要是围绕考察应聘者的这些素质展开。

（1）学历水平:相对于学历,外资企业对求职者的经验更为在意,因为个人能力是外资企业判断人才的标准。因此对于应聘者来说,个人经历和能力往往在求职过程中具有决定性作用。但随着市场和企业发展的要求,外资企业对学历的要求也逐渐提高,一些关键岗位一般都要求求职者必须具备较高学历。

（2）英语水平:外资企业对外语水平要求都很高,许多外企日常办公用语、阅读文件、撰写报告等都是以英语为主。对于求职者来说,通过国家四级、六级只是一个资格证书,而是否具有良好的听说读写能力才是能否被录用的关键所在。

（3）计算机应用能力:对于外资企业来说,计算机水平不要求有多精有多高,只需要能够满足相应工作岗位的需要就可,像 office、ms－project 等。

（4）互联网应用能力:会利用互联网进行基本的信息检索等。

除此之外,外资企业亦十分注重员工的品质,在面试过程中大多会重点考察应聘者的责任感、团队意识、沟通能力等素质。

2.外企面试的注意事项

外企面试有哪些需要注意的事项呢？

(1)与考官握手时应坚定有力。与考官握手时应用力,即使考官是一位女士,你是一位先生。因为没有人会喜欢软弱无力的握手,但也不要来回晃动对方的手。握手时,应介绍自己,并始终正视对方。

(2)面带微笑。再没有比面试者的沮丧或冷漠的表情更为糟糕的事情了。试想一下,你愿意同一位总是耷拉着脸的人一起共事吗?

(3)要始终正视对方。对自己以及自己的能力应该充满自信。比如说,不要观望窗户外面,也不要玩弄手中的铅笔。考官与你谈话时,你应全神贯注。

(4)谈吐要清晰。在谈话时,不要含糊其辞,这会显得你缺乏自信。

(5)应与考官保持良好的互动关系。假如他开了个玩笑,要向他微笑,表示你听到了他所说的内容并且挺感兴趣,即使事实上那个笑话不是十分有趣。

(6)回答问题之前应认真听。要确信你已经明白了他听说的问题。假如你没有明白,可以请他说清楚。然后,再回答问题。

(7)回答问题应简明扼要。迅速、机智回答问题。但是,当问到类似是与非的问题时,应阐明你的理由。

(8)对于薪金应使其留有谈判余地,除非对方明确表示反对如此。根据自己的经验来设定薪水的标准。

(9)要向考官提问。即使考官没有提问你:您还有什么疑问吗?也应提些问题。

(10)向考官表示感谢。一定要记住向考官表示感谢,感谢他为自己花费的宝贵时间。

(11)假如需要提交申请表,应该努力做到整洁、完整。不能指望自己已经填写的申请表或者简历能够完全替你说明一切。面试官希望你能够当场介绍自己。

(12)如果你能够确认面试者的姓名,应以其姓氏向其问候 如果不能确定,可以请考官重复一次。走路时应精神抖擞,面带微笑。总体上来说应对面试官彬彬有礼。

(13)不要抽烟。即使考官抽烟并且向你谦让,也不要嚼口香糖。

(14)不要撒谎。回答问题应诚实、直率,并且不要对自己当前的单位或以前的老板作不必要的评论。很显然,有一些原因使得你要离开原来的公司或者老板,但是,当解释你要离开的原因时,应对离开的理由作必要的评论。

(15)在初次面试时,除非你能确认老板对聘用你感兴趣,否则不应询问薪水、假期、奖金、退休等等。假如考官询问你希望的薪金时,应表示你对工作机会的兴趣要大于对具体的薪水,当然你要说明你的期望薪水。

七、面试中的禁忌

(一)忌不善于打破沉默

面试开始时,应试者不善"破冰",而等待面试官打开话匣。面试中,应试者由于出于种种顾虑,不愿主动说话,结果使面试出现冷场。即便能勉强打破沉默,语音语调亦极其生硬,使场面更显尴尬。实际上,无论是面试前或面试中,面试者主动致意与交谈,会留给面试官热情和善于与人交谈的良好印象。

(二)忌与面试官"套近乎"

具备一定专业素养的面试官是忌讳与应试者套近乎的,因为面试中双方关系过于随便或过于紧张都会影响面试官的评判。过分"套近乎"亦会在客观上妨碍应试者在短短的面试时间内,作好专业经验与技能的陈述。聪明的应试者可以列举一至两件有根有据的事情来赞扬招聘单位,从而表现出你对这家公司的兴趣。

(三)忌为偏见或成见所左右

有时候,参加面试前自己所了解的有关面试官,或该招聘单位的负面评价会左右自己面试中的思维。误认为貌似冷淡的面试官或是严厉或是对应试者不满意,因此十分紧张。还有些时候,面试官是一位看上去比自己年轻许多的小姐,心中便开始嘀咕:"她怎么能有资格面试我呢?"其实,在招聘面试这种特殊的采购关系中,应试者作为供方,需要积极面对不同风格的面试官即客户。一个真正的销售员在面对客户的时候,他的态度是无法选择的。

(四)忌慷慨陈词,却举不出例子

应试者大谈个人成就、特长、技能时,聪明的面试官一旦反问:"能举一两个例子吗?"应试者便无言应对。而面试官恰恰认为:事实胜于雄辩。在面试中,应试者要想以其所谓的沟通能力、解决问题的能力、团队合作能力、领导能力等取信于人,唯有举例。

(五)忌缺乏积极态势

面试官常常会提出或触及一些让应试者难为情的事情,很多人对此面红耳赤,或躲躲闪闪,或撒谎敷衍,而不是诚实的回答、正面的解释。比方说面试官问:您为什么5年中换了3次工作?有人可能就会大谈工作如何困难、上级不支持等,而不是告诉面试官:虽然工作很艰难,自己却因此学到了很多,也成熟了很多。

(六)忌丧失专业风采

有些应试者面试时各方面表现良好,可一旦被问及现所在公司或以前公司时,就会愤怒地抨击其老板或者公司,甚至大肆谩骂。在众多国际化的大企业中,或是在具备专业素养的面试官面前,这种行为是非常忌讳的。

(七)忌不善于提问

有些人在不该提问时提问,如面试中打断面试官谈话而提问。也有些人面试前对提问没有足够准备,轮到有提问机会时不知说什么好。而事实上,一个好的提问,胜过简历中的无数笔墨,会让面试官刮目相看。

■（八）忌对个人职业发展计划模糊

对个人职业发展计划,很多人只有目标,没有思路。比如当问及"您未来5年事业发展计划如何"时,很多人都会回答说"我希望5年之内做到全国销售总监一职"。如果面试官接着问"为什么?"应试者常常会觉得莫名其妙。其实,任何一个具体的职业发展目标都离不开你对个人目前技能的评估以及你为胜任职业目标所需拟定的粗线条的技能发展计划。

■（九）忌假扮完美

面试官常常会问:您性格上有什么弱点? 您在事业上受过挫折吗? 有人会毫不犹豫地回答:没有。其实这种回答常常是对自己不负责任的。没有人没有弱点,没有人没有受过挫折。只有充分地认识到自己的弱点,也只有正确地认识自己所受的挫折,才能造就真正成熟的人格。

■（十）忌被"引君入瓮"

面试官有时会考核应试者的商业判断能力及商业道德方面的素养。比如:面试官在介绍公司诚实守信的企业文化之后或索性什么也不介绍,而问你:您作为财务经理,如果我(总经理)要求您1年之内逃税1 000万元,那您会怎么做? 如果你当场抓耳搔腮地思考逃税计谋,或文思泉涌,立即列举出一大堆方案,都证明你上了他的圈套。实际上,在几乎所有的国际化大企业中,遵纪守法是员工行为的最基本要求。

■（十一）忌主动打探薪酬福利

有些应试者会在面试快要结束时主动向面试官打听该职位的薪酬福利等情况,结果是欲速则不达。具备人力资源专业素养的面试者是忌讳这种行为的。其实,如果招聘单位对某一位应试者感兴趣的话,自然会问及其薪酬情况。

■（十二）忌不知如何收场

很多求职应试者面试结束时,因成功的兴奋,或因失败的恐惧,会语无伦次,手足无措。其实,面试结束时,作为应试者,你不妨表达你对应聘职位的理解,充满热情地告诉面试官你对此职位感兴趣,并询问下一步是什么,面带微笑和面试官握手并谢谢面试官的接待及对你的考虑。

> **案例**
>
> **细节决定成败——椅子搬回原位工作到手**
>
> 　　北京××大学的刘××毕业后在一家外企工作,这也是她应聘的第一份工作。和求职中屡屡受挫的同学相比,她几乎算一次成功。当别人向她讨教经验时,她说,"细节决定成败"的道理在找工作时也适用。

案例

刘××应聘的第一家单位是美国一家保健品企业。那时,公司只招聘客服助理一人。为顺利进入面试,小刘开始做简历准备。她说,现在很多大学生从网上下载简历,没有新意,容易被企业冷落。为此,她写简历时,结合招聘职位沟通能力要强的特点,强调自己食品专业出身,性格开朗,尤其突出曾任校园就业指导服务中心助理、外联部部长、副主席职位等诸多细节,表明自己沟通能力强,适合客服岗位。

1周后,小刘和20多名应聘者一道顺利过关。复试时,刘××特意找件整洁的衣服穿上,"穿衣问题虽是小节,却体现了对他人的尊重"。她还特地提前半小时到达,"守约不是大事,却能给人严谨的好印象"。复试由总经理亲自主持,是一对一的交谈,刘舒颜刚开始也很紧张,因为与她一起前来的应聘同学相比,她的优势并不特别突出。当主考官要求她"介绍下你自己有什么特点"时,刘舒颜冷静下来。她拿实例回答考官:大三下学期,一边准备六级英语和期末考试,每天还要抽两小时到社团工作,由于合理安排工作和学习时间,在完成工作的同时,英语六级考试也顺利通过。在学校担任社团工作期间,她负责联系用人单位来学校举办讲座和招聘活动,这对没有任何"关系"的她是一种挑战。她经常从网上挑选、联系、邀请用人单位,在这个过程中,虽遭遇挫折,却在很大程度上锻炼了她较强的抗挫折能力。

面试完毕时,她把椅子轻轻搬回原位。这时,主持面试的总经理脸上产生了微妙的变化,并热情地说再见。

因为这个细节,她成为唯一被录用的应届毕业生。招聘经理后来告诉她,面试时,考官都会观察应聘者是否迟到。那天她不但没有迟到,还是应聘人员中唯一一个把椅子搬回原位的应聘者。这个小小的举动决定了她最后的胜出。

案例

压力问题险失上海大众

人物姓名:Sea　学校:××大学　专业:机械工程设计制造与自动化

大众的第一场面试比较轻松。考官给了我一个很空的题目——用英语展望一下20年后的汽车行业。范围这么大,本来就比较难谈,更别说用英语了。我想还是找个切入口,选了环保和能源这个角度谈未来汽车业的发展趋势。

案例

　　大众的第二场面试,还是有些惊险的。考官给了我这样一个假设:你是大众的一名老员工,某天你突然发现3年前你参与的一个项目设计存在隐患,你会怎么办? 我当然回答,把情况如实汇报给我的上级,然后赶紧想办法弥补。

　　考官又问:假如你的上级认为时过境迁,就不要揭过去短,小事化了,你会怎么办? 我只好回答,如果这个错误影响到行车安全,那么我会汇报上司采取行动,他反对的话,我就只有向生产安全或者其他部门汇报。

　　"你这是越级汇报!"一听考官的结论,我就很担心,觉得他是否定我的看法。我只有稍稍调整态度,解释:作为领导,我的上司一定比我懂得多,如果他认为这个错误无伤大雅,那么我就听他的。但是,如果的确是安全隐患,我会坚持。

　　考官还不满意,继续追问:如果上司一直坚持,就是说算了,你该怎么办? 对方接二连三地坚持问,我有点搞不清她的态度,有点动摇,是不是该说就听领导的? 但是,想到大众的品牌口碑,我还是坚持安全隐患不能放的底线。

　　后来我想,考官一个劲三番五次追问我,未必就是看我选择听老板还是坚持己见,更多地或许是观察我的抗压能力,看我在强大压力下的反应和表现。

　　大众第三场面试:大众采取的是外企较流行的小组讨论形式。不同于别人讨论商业案例,在大众讨论的是"逃生"问题。8个人一组,30分钟,在一个房间,3个考官在边上观察。我们小组的情景是:2×××年11月×日,我们8人乘坐的飞机失事,8个来自不同国家的人侥幸活了下来,但却身在荒岛。我们身边可利用的东西有12样:瑞士军刀、面包、塑料布、绳子、打火机、药品、指南针、镜子、一本德法字典等等(还有几样东西已经记不太清楚)。要求是小组讨论后,将12样东西按照重要程度排序,并给出理由。

　　知道小组讨论考官看的是你是否有思路有想法。所以,我首先提议大家先花5分钟,自己列表,然后讨论。讨论的时候,我发现大家都是一样一样列。我觉得这样很难把排序的理由说清楚。我想到的办法是将12样物品分类,分成3大类:基本的生存必需品、向外求救的物品、帮助我们逃离荒岛的自救物品。大家对我分类的提议和3个类别表示赞同。继而进一步讨论12件物品该如何归入3类。集思广益的结果比我预先的分类好。例如,镜子,小组成员提出可以归入向外求救,因为可以利用反光。最后的总结发言是我做的。这次表现,我自认为还是很不错。事实证明,最后我们组8个人留下了3个,其中我在内。

　　点评:很多公司会考查应聘者应变、实际操作、公关协调、解决问题、创新思维、为人处世等方面的能力。应聘者平时应积累这些方面的经验。

案例

抢风头让我错失良机

叙述人：李魁，男，23岁　　专业：国际贸易　　应聘岗位：营销企划

参加学校里的招聘会时，我杀入了一家国内知名企业的面试现场，据说投简历的就有数百人，最后杀进面试的只有30多人。当时我们被分成三人一组回答面试官的问题，我觉得要脱颖而出必须表现得更积极。所以在回答问题的时候，我总是抢在别人前面，比别人多说两句。

面试官问："如果你的同事中有不好沟通的人，你怎么办？"别人还没有说话，我就抢着回答："最重要的是工作，每个人都有自己的个性，不需要去勉强。"整个面试下来，有2/3的问题都是我回答的，而且越说越顺根本忘了要收敛。一个星期后我收到通知，被客气地告知不需要参加复试了。因为公司觉得我不注重团体合作精神，太急于表现自己，不是他们需要的人才。

点评：自信和骄傲有时就在一线之间，骄傲的人令人生厌，没有团队合作的概念，不合群，用人单位绝不会喜欢一个单打独斗的独行侠。

■■八、面试后，自行测验成功率

面试之后，回想一下自己的表现如何，回答下述十个问题，可以大致测验自己面试成功率有多大。方法：回答时用1～10来代表你曾做到的程度，每题最高分10分，总共十题，总分100分，得分越高，说明成功的可能性越大。假如得分不理想，则说明需要不断提高自己的面试技巧。

(1)我是否曾尽可能地让自己的外表看起来舒服？

(2)面谈后我对这家公司的了解与先前的了解，相符合的程度有多大？

(3)我在面试时是否保持状态轻松并对自己控制自如？

(4)我在回答问题时，是否在强调三件事：我的能力、我的意愿与我对工作的适应性？

(5)我是否一直在专心倾听面试官说话？

(6)我是否能将问题引导到我想强调的重点上？

(7)我察言观色做得如何？

(8)面试官对我的回答是否引起兴趣并积极参与？

(9)我是否将回答的内容加以修正，以配合面试官个人的调查？

(10)我是否将自己的能力和优点精确并正面地描述出来？

■■九、面试后会被录用的前兆

递交了应聘资料，接受了面试考核，如何预测录用情况？

出现以下几种情况，大多有"戏"：

(1)对方频频颔首赞同你的回答,并表示由衷敬佩。

(2)主考官对你的某一方面特长表现出浓厚兴趣,并就此与你进行深入交谈。

(3)主考官就公司某一问题现场向你讨教解决方法。

(4)连续接待几个表现一般的求职者,就在主考官们无精打采、昏昏欲睡之际,你的应聘回答使他们神情为之一振,现场气氛顿时活跃起来。

(5)仔细探询你目前薪酬及岗位情况,并询问你对本公司薪酬及岗位期望值。

(6)主考官询问你递交辞呈是否会顺利,与公司有无保密协议及扯不清的关系。

(7)意外得知对方向你周围熟悉的人打听你工作、生活及个人情况。

(8)送你到电梯口或公司大门,主动与你握手,并递上自己的名片,希望日后多加联络。

(9)表示自己不能现场确定,需由老总定夺,并安排与老总会面时间。

(10)将你向公司其他同事介绍,并当面盛赞你的为人及优点。

温馨提示:面试提示 24 则

1. 没有比当被要求提供多一份简历而你却没有更能显示你缺乏准备的事了。多带几份简历,面试你的人可能不止一个,预先料到这一点并准备好会显得你做事正规、细致。

2. 留心你自己的身体语言,尽量显得机警、有活力、对主考人全神贯注。用眼神交流,在不言之中,你会展现出对对方的兴趣。

3. 初步印象和最后印象。最初和最后的五分钟是面试中最关键的,这段时间决定了你留给人的第一印象和临别印象以及主考人是否欣赏你。最初的五分钟内应当主动沟通,离开的时候,要确定你已经被记住了。

4. 完整地填妥公司的表格。即使你带了简历来,很多公司都会要求你填一张表。你愿意并且有始有终地填完这张表,会传达出你做事正规、做事善始善终的信息。

5. 谨记每次面试的目的都是获聘。你必须突出地表现出自己的性格和专业能力以获得聘请。面试尾声时,要确保你知道下一步怎么办,雇主什么时候会做决断。

6. 清楚雇主的需要,表现出自己对公司的价值,展现你适应环境的能力。

7. 要让人产生好感,富于热情。人们都喜欢聘请容易相处且为公司自豪的人。要正规稳重,也要表现你的精力和兴趣。

8. 要确保你有适当的技能,知道你的优势。你怎么用自己的学历、经验、受过的培训和薪酬与别人比较。谈些你知道怎么做得十分出色的事情,那是你找下一份工作的关键。

9. 展示你勤奋工作追求团体目标的能力,大多数主考人都希望找一位有创造力、性格良好,能够融入到团体之中的人。你要必须通过强调自己给对方带来的好处来说服对方你两者皆优。

10. 将你所有的优势推销出去,营销自己十分重要,包括你的技术资格、一般能力和性格优点,雇主只在乎两点:你的资历凭证、你的个人性格。你能在以往业绩的基础上工作并适应公司文化吗?谈一下你性格中的积极方面并结合例子告诉对方你在具体工作中会怎么做。

11. 给出有针对性的回答和具体的结果。无论你何时说出你的业绩,举出具体例子来说明更有说服力。告诉对方当时的实际情况,你所用的方法,以及实施之后的结果。一定要有针对性

12. 不要害怕承认错误,雇主希望知道你犯过什么错误以及你有哪些不足。不要害怕承认过去的错误,但要坚持主动地强调你的长处,以及你如何将自己的不足变成优势。

13. 过去的成绩是对你未来成绩最好的简述。如果你在一个公司取得成功,也意味着你可以在其他公司成功。要准备好将你独有之处和特点推销出去。

14. 面试前要弄清楚你的潜在雇主的一切,尽量为其需要度身定做你的答案,关于公司的、客户的,以及你将来可能担任的工作,用对方的用词风格说话。

15. 面试前先自己预演一下,尝试你会被问及的各种问题和答案,即使你不能猜出所有你可能被问的问题,但思考它们的过程会让你减轻紧张而且在面试时心里有底。

16. 知道怎么回答棘手的问题,大部分的主要问题事前都可以预料到。但是,总会有些让你尴尬的问题以观察你在压力下的表现。应付这类问题的最好情况就是有备而战,冷静地整理好思路并尽量从容回答。

17. 将你的长处转换成有关工作业绩和效益以及雇主需要的用语。如果你对自己和工作有关的长处深信不疑的话,重点强调你能够给对方带来的好处,在任何可能的情况下,举出关于对方需要的例子。

18. 说明你的专长和兴趣。对雇主最有利的事情之一就是你热爱自己的业务,面试之前要知道你最喜欢的工作是什么,它会给雇主带来什么利益。

19. 清楚自己的交际用语,对大部分的雇主而言,交际的语言技巧十分有价值,是受过良好教养和有竞争力的标志。清楚你自己是如何交际的,并且配合其他人一起联系你从最好方向努力去展现自己。

20. 不要准时到达——要提早到!不管你的主考人多么谅解你在路上碰到的意外情况,要克服负面的第一印象几乎是不可能的。尽一切能力准时,包括预先给可能发生的意外留下时间。

21. 把你碰到的每一个人都看成是面试中的重要人物,一定要对每一个你接触的人都彬彬有礼,不管他们是谁以及他们的职务是什么,每个人对你的看法对面试来说都可能是重要的。

22. 用完整的句子和实质性的内容回答问题。紧记你的主考人都想判断出你能为公司带来什么实质性的东西,不要只用"是的""不是"来回答问题,给出完整的答案让人知道你和公司的要求有什么联系,让他们知道你是什么人。

23. 用减轻紧张的技巧来减少你的不安,公众人物有很多舒缓压力的方法会帮助你进行面试。在面试临近时练习一下如何放松自己,譬如放慢语速,深呼吸以使自己冷静下来。你越放松越会觉得舒适自然,也会流露出更多的自信。

24. 一定要准备好问问题,准备几个和工作、雇主以及整个机构有关的问题,这些问题应该能够获取有效信息,表达你对工作的兴趣以及智慧和热情。

思考与讨论

1. 笔试有哪些注意和技巧?
2. 面试的作用和技巧是什么?
3. 面试后应该怎么办?

第七章 签约、离校、报到

★ ★ ★

1. 熟悉签订就业协议的基本要求;
2. 了解毕业生离校、报到的规定与流程。

第一节 签订就业协议

一、就业协议简介

(一)就业协议的概念

就业协议是明确大学毕业生、用人单位和学校在毕业生就业工作中权利和义务的书面表现形式。

我国目前高校毕业生通用的就业协议是由国家教育部制订,省、自治区、直辖市就业主管部门印制的《高等学校毕业生就业协议书》。协议书包括以下内容:

(1)毕业生基本情况及意见。包括:姓名、性别、年龄、民族、政治面貌、培养方式、健康状况、专业、学制、学历、家庭住址、应聘意见等。

(2)用人单位情况及意见。包括:单位名称、单位隶属、联系人、联系电话、邮政编码、通信地址、所有制性质、单位性质、档案转寄地址、用人单位意见、用人单位上级主管部门意见等。

(3)学校意见。包括学校联系人、联系电话、邮政编码、学校通信地址、院系意见、学校毕业生就业部门意见等。

随着毕业生就业制度改革的深化,毕业生就业协议的内容也在进一步规范化、法制化,目前,一些用人单位或学校在就业协议书上已经附加上了有关劳动合同的内容,以保证毕业生的权益,进一步明确用人单位与毕业生之间的权利和义务。这些内容包括:服务期、工作岗位和工作内容、劳动保护和工作条件、工资报酬和福利待遇、劳动纪律、协议终止的条件、违反协议的责任等。

(二)签订就业协议的作用

就业协议作为学校、用人单位及大学毕业生之间三方的一份意向性协议,不仅能为大学毕业生解决工作问题,保障大学毕业生在寻找工作阶段的权利与义务;同时,也保障了用人单位能够从不同学校找到合适、优秀的大学毕业生。签订就业协议的作用具体为:

（1）保障大学毕业生在寻找工作阶段的权利与义务，约束签订劳动合同的时间、劳动合同的内容等。当发现所要签订的劳动合同与就业协议不一致，特别是出现对维护大学毕业生权益不利的情况时，大学毕业生应该要求用人单位按照已经签订生效的就业协议，制定新的劳动合同，使其内容符合就业协议。

（2）保障用人单位能方便地直接从学校方面调出该大学毕业生真实的档案、资料，用人单位能够方便、清楚地了解大学毕业生的真实情况。

（三）就业协议与劳动合同的关系

就业协议与劳动合同是用人单位录用大学毕业生时所订立的书面协议，但两者分处两个相互联系的不同阶段，表现在：

（1）毕业生就业协议是大学毕业生在校时，由学校参与见证的、与用人单位协商签订的，是编制大学毕业生就业计划方案和大学毕业生派遣的依据；劳动合同是大学毕业生与用人单位明确劳动关系中权利义务关系的协议，学校不是劳动合同的主体，也不是劳动合同的见证方，劳动合同是上岗大学毕业生从事何种岗位、享受何种待遇等权利和义务的依据。

（2）大学毕业生就业协议的内容主要是大学毕业生如实介绍自身情况，并表示愿意到用人单位就业、用人单位表示愿意接收大学毕业生，学校同意推荐大学毕业生并列入就业计划进行派遣。劳动合同的内容涉及劳动报酬、劳动保护、工作内容、劳动纪律方方面面，更为具体，劳动权利义务更为明确。

（3）一般来说就业协议签订在前，劳动合同订立在后，如果大学毕业生与用人单位就工资待遇、住房等有事先约定，亦可在就业协议备注条款中予以注明，日后订立劳动合同对此内容应予认可。

（4）就业协议是大学毕业生和用人单位关于将来就业意向的初步约定，对于双方的基本条件以及即将签订劳动合同的部分基本内容大体认可，并经用人单位的上级主管部门和高校就业部门同意和见证，一经大学毕业生、用人单位、高校、用人单位主管部门签字盖章，即具有一定的法律效力，是编制大学毕业生就业计划和将来可能发生违约情况时的判断依据。

案例

就业协议书和劳动合同，哪个管用？

北京某大学毕业生李某，在2006年毕业前与一所高校签订了由教育部统一印制的就业协议书，高校人事处在协议书上签署了意见并加盖了人事处印章。但李某毕业后到该高校报到时，却被告知要与自负盈亏的后勤集团签订劳动合同。后勤集团的劳动合同规定，李某的服务期限为3年，如果未满3年辞职，需支付1万元违约金。此外，劳动合同对工资的规定也比就业协议书的约定少。那么，就业协议书和劳动合同，哪个管用？

案例剖析

　　应届大学毕业生与用人单位签订的就业协议是学校、用人单位、毕业生三方签订的协议。在大学毕业生到用人单位报到之前，就业协议书是一份约束用人单位和大学毕业生的民事合同，受《合同法》调整，双方都应该遵守协议书规定的权利、义务以及责任。如果大学毕业生与用人单位签订了劳动合同，双方就受劳动合同的约束，就业协议书自动失效。如果双方没有签订劳动合同，那么自大学毕业生到用人单位工作之日起，协议书就被视为一份简单的劳动合同，受《劳动法》调整并继续有效。

　　当就业协议书与劳动合同约定的内容发生冲突时，用人单位应与大学毕业生在协商的基础上调解冲突。如果协商不成，导致双方不能签订劳动合同，大学毕业生不能按时、正常到用人单位工作，可以依据就业协议书的约定向用人单位主张违约责任。

　　该案例中，学校在与李某签订了就业协议书后，又要李某与后勤集团签订劳动合同，这就违反了就业协议书，因为学校不能单方面改变用人单位。小李最后与后勤集团签订了劳动合同，就视为双方协商变更了用人单位，所签订的劳动合同生效，就业协议书失去法律效力。

二、就业协议订立的原则、程序和内容

(一)就业协议订立的原则

　　就业协议订立的原则是指三方在订立就业协议时必须遵循的基本准则。

1. 主体合法原则

　　签订就业协议的当事人必须具备合法的主体资格。

　　对大学毕业生而言，就是必须要取得毕业资格，如果学生在派遣时未取得毕业资格，用人单位可以不予接收而无须承担法律责任。

　　对用人单位而言，用人单位必须具有从事各项经营或管理活动的能力，单位应有录用大学毕业生的计划和录用自主权，否则大学毕业生可解除协议而无须承担违约责任。

　　对高校而言，高校根据用人单位的要求如实介绍大学毕业生的在校表现，也应如实将所掌握的用人单位的信息发布给大学毕业生。高校是大学毕业生就业协议的一个重要组成部分。

2. 平等协商原则

　　就业协议的三方在签订就业协议时的法律地位是平等的，一方不得将自己的意志强加给另一方。学校也不得采用行政手段要求大学毕业生到指定单位就业(不包括有特殊情况的大学毕业生)，用人单位亦不应在签订就业协议时，要求大学毕业生承担过高数额的违约金，更不能要求大学毕业生交纳就业保证金。三方当事人的权

利义务应是一致的。除协议书规定内容外,三方如有其他约定事项可在协议书"备注"内容中加以补充确定。

(二)订立的步骤

就业协议的订立一般要经过两个步骤,即要约和承诺。

1. 要约

大学毕业生持学校统一印制的就业推荐表(或复印件)参加各地供需洽谈会(人才市场),进行双向选择,或向各用人单位寄发书面材料,应视为要约邀请,用人单位收到大学毕业生材料,对大学毕业生进行考察后,表示同意接收并将回执寄到高校大学毕业生就业工作部门或大学毕业生来人,应为要约。

2. 承诺

大学毕业生收到用人单位回执或通过其他方式得到用人单位答复后,从中作出选择并到学校大学毕业生就业工作部门领取就业协议书,与用人单位签订协议,即为承诺。

由于大学毕业生就业工作比较繁琐、具体,有时很难明确分为要约和承诺两个步骤。比如:有的大学毕业生参加公务员考试,达到面试线后,到用人单位参加面试、体检,用人单位也对大学毕业生进行政审、阅档,表示同意接收,在这种情况下,大学毕业生应与该用人单位签订就业协议,而不应再选择其他单位。

又如,用人单位到学校挑选大学毕业生,大学毕业生自己主动报名,经学校积极推荐,用人单位也表示同意接收,但要回到单位后再正式发函签协议,在这种情况下,大学毕业生也应安心等待与用人单位签约,而不能出尔反尔,以未正式签协议为由,置学校信誉于不顾,在这过程中与其他单位签约,这样也浪费了其他大学毕业生的就业机会。

(三)签订就业协议的程序

(1)大学毕业生和用人单位达成协议并在就在协议书上签名盖章,用人单位应在协议书上注明可以接收大学毕业生档案的名称和地址。

(2)若用人单位有上级主管部门,则要求其上级主管部门批准盖章。

(3)大学毕业生必须在与用人单位签订协议书后,应在学校规定的时间内,将协议书送学校就业主管部门审核。

(4)学校同意盖章,并及时将协议书反馈用人单位。

(四)签订就业协议的基本要求

(1)大学毕业生应向用人单位如实介绍自己的情况,了解用人单位的使用意图,表明自己的就业意见,在规定的时间内到用人单位报到,若遇到特殊情况不能按时报到,需征得用人单位同意。

(2)用人单位要如实介绍本单位的情况,明确对大学毕业生的要求及使用意图,做好各项接收工作。

(3)学校要如实向用人单位介绍大学毕业生的情况,做好推荐工作,用人单位同意录用后,经学校审核列入建议就业计划,报主管部门批准,学校负责办理派遣手续。

(4)各方应严格履行协议,任何一方若违反协议,应承担违约责任。

(5)其他补充协议。

■■■ 三、无效就业协议

无效协议是指欠缺就业协议的有效要件,或违反就业协议订立的原则,从而不发生法律效力。无效协议从订立之日起就无效。

(1)就业协议未经学校同意视为无效。如有的协议经学校审查认为对大学毕业生显失公平,或违反公平竞争、公平录用的原则,学校可不予认可。

(2)采取欺骗等违法手段签订的就业协议无效,如用人单位未如实介绍本单位情况,根本无录用计划而与大学毕业生签订就业协议;大学毕业生伪造学历或技术等级证等,无效协议产生的法律责任应由责任方承担。

■■■ 四、就业协议的解除

案例

单方解除就业协议,是否承担违约责任?

2008年2月4日,福建某大学学生林某看到福建某公司的一则招聘启事后,就寄了一份"个人求职材料"给该公司。2月12日,在未面试的情况下,便接到对方2月6日签发的《接收函》,并于2月5日双方签订了《全国普通高等学校毕业生就业协议书》。3月12日,福建某公司单方提出解除就业协议,为此,双方产生纠纷。问:单方解除就业协议,是否承担违约责任?

案例剖析

就业协议是一份约束用人单位和大学毕业生的民事合同,受《合同法》调整。一经依法签订,就具有法律约束力,双方均应严格履行合同。对此,我国《全国普通高等院校毕业生就业协议书》第六条明确规定:"本协议经各方(毕业生、用人单位、学校)签字、盖章后生效。三方都应严格履行本协议,若有一方提出变更协议,须征得另两方同意违约,由违约方承担违约责任。"本案中,福建某公司单方提出解除就业协议,其行为显属违约行为,应依法承担违约责任。

就业协议的解除分为单方解除和三方解除。

■ (一)单方解除

包括单方擅自解除和单方依法或依协议解除。单方擅自解除协议属违约行为,解约方应对另两方承担违约责任。单方依法或依协议解除,是指一方解除就业协议有法律上或协议上的依据,如学生未取得毕业资格,用人单位有权单方解除就业协议,大学毕业生录用之后,可解除就业协议,或依协议规定,大学毕业生未通过用人单位所在地组织的公务员考试,用人单位有权解除协议,此类单方解除,解除方无须对另两方承担法律责任。

■ (二)三方协商解除

三方协商解除是指大学毕业生、用人单位、学校三方经协商一致,消除原订立的协议,使协议不发生法律效力。此类解除因是三方当事人真实意思表示一致的体现,三方均不承担法律责任,三方解除应在就业计划上报主管部门之前进行,如就业派遣计划下达后三方解除,还须经主管部门批准办理调整改派。

■ 五、违约责任及大学毕业生违约的后果

就业协议书一经大学毕业生、用人单位、学校签署即具有法律效力,任何一方不得擅自解除,否则违约方应向权利受损方支付协议条款所规定的违约金,从实际情况来看,就业违约多为大学毕业生违约。

大学毕业生违约,除本人应承担违约责任、支付违约金外,往往还会造成其他不良的后果,主要表现在:

(1)就用人单位而言,用人单位往往为录用一个大学毕业生做了大量的工作,有的甚至对大学毕业生将要从事的具体工作也有所安排。同时大学毕业生就业工作时间相对比较集中,一旦大学毕业生因某种原因违约,势必使用人单位的录用工作付之东流,用人单位若另起炉灶,选择其他大学毕业生,在时间上也不允许,从而给用人单位的工作造成被动。

(2)就学校而言,用人单位往往将大学毕业生的违约行为认为是学校的行为,从而影响学校和用人单位的长期合作关系。用人单位由于大学毕业生存在违约现象,而对学校的推荐工作表示怀疑。从历年的情况来看,一旦大学毕业生违约,该用人单位在几年之内不愿到学校来挑选大学毕业生。面对激烈的就业竞争,用人单位的需求就是大学毕业生择业成功的前提,如此下去,必定影响今后学校的大学毕业生就业工作。同时影响学校就业计划方案的制定和上报,并影响学校的正常派遣工作。

(3)就其他大学毕业生而言,用人单位到校挑选大学毕业生,一旦与某大学毕业生签订就业协议,就不可能再录用其他大学毕业生。若日后该大学毕业生违约,有些当初希望到该用人单位工作的其他大学毕业生由于录用时间等原因,也无法补缺,造成就业信息的浪费,影响其他大学毕业生就业。因此,大学毕业生在就业过程应慎重选择,认

真履约。

▉▉▉ 六、签订就业协议应注意的问题

大学毕业生在与用人单位签订一份就业协议时,应该注意的是,协议虽然不是劳动合同,但也是一个法律行为,因此,在签订协议之前也要三思而后行。

▉▉ **(一)签协议前,大学毕业生一定要全方位地了解用人单位的相关情况**

如企业的发展趋势、企业招聘的岗位性质、企业的员工培养制度、待遇状况、福利项目等系列内容,不但要掌握资料,更要实地考察。另外,还需要重点了解单位的人事状况,了解企业是否具有应届大学毕业生的接收权。

▉▉ **(二)大学毕业生在签约时要按照正常程序进行**

就业协议书的签订方法:

(1)学生本人签字。

(2)接收单位及主管部门或人事代理部门签署意见。

(3)学校大学毕业生就业主管部门签署意见。

(4)接收单位同级大学毕业生就业主管部门鉴证。

具体来说,先由大学毕业生、院(系)在协议书上签署意见后交用人单位,由用人单位签署意见后交学校签字,然后再交给接收单位同级大学毕业生就业主管部门进行鉴证,最后交给学校并纳入就业计划,协议书生效。有的大学毕业生为省事,要求学校先签署意见,但这样做使学校无法起到监督、公正的作用,最可能受害的将是大学毕业生本人。

▉▉ **(三)签署协议书时,一定要认真、真实地填写协议书内容**

如果报考了研究生或准备出国,应事先向用人单位说明,并在协议书中注明。以往有大学毕业生向用人单位隐瞒这些情况,而后遭到违约处理。

▉▉ **(四)大学毕业生在签约时也要考虑对自身权益的保护**

协议具有双向约定的作用,如果有双方需要相互承诺的部分,一定要在协议书或补充协议上加以说明。就业协议中可以规定违约金的数额,根据现行劳动法规中规定的上限是12个月的工资总和。

▉▉ **(五)大学毕业生在签约中,一定要注意条款的合理性**

我国劳动法明确规定,用人单位不得以任何理由,向大学毕业生收取报名费、培训费、押金、保证金等,并以此作为是否录用的决定条件。

▉▉ **(六)大学毕业生、用人单位双方应及时签约**

大学毕业生遇到问题而犹豫不决时,最好能够及时咨询学校大学毕业生就业部门负责老师,以求得指导和帮助。

▉▉ **(七)在毕业后,一定要签署劳动合同**

正式的劳动合同可能是学生毕业前签订、毕业后生效的,也可能是毕业后签订、立即生效的。一般就业协议书在劳动合同生效后,而终止其效力。

温馨提示：

(1)推荐表、省教育厅下发的协议书和单位(聘)用毕业生审核备案表要保管好，不得遗失，倘若遗失，须登报挂失，然后到学校毕业生就业指导办公室申领补办；

(2)未签约前，不要把推荐表原件随便给招聘单位或其他的人，可多印一些复印件以备用；

(3)与招聘单位签约时，一定要把协议的内容认真地研究几遍，按照毕业生就业的相关规定，违约是要负责任的；

(4)未在规定时间内找到工作的毕业生，由学校统一派至当地人才服务中心，此类毕业生必须在学校规定时间内，到学校领取报到证，然后到当地政府主管部门报到；

(5)离校前，必须留下详细的通信地址和家庭的电话号码，包括手机和小灵通等；

(6)凡在离校时有就业愿望但未落实就业单位的毕业生，均应在本校进行待就业登记，填写《毕业生待就业登记表》。

第二节 毕业生离校、报到的规定与流程

一、相关规定

(一)毕业生就业工作方针、政策、原则及对毕业生的要求

普通高等学校毕业生凡取得毕业资格的，在国家就业方针、政策指导下，按有关规定就业。毕业生就业工作中，要贯彻"统筹安排、合理使用、加强重点、兼顾一般"和"面向基层，充实生产、科研、教学第一线"以及"学以致用、人尽其才、择优推荐"的原则。毕业生要正确处理个人利益与国家利益的关系，树立根据社会需要就业，到基层建功立业的思想，主动到祖国需要的地方干一番事业。

(二)对毕业生不服从就业方案的有关处理规定

不服从就业方案，是指已列入国家就业方案而毕业生拒不执行，拒绝领取报到证或领取报到证后不去单位报到的情况。对于有下列情形之一的毕业生，学校不再负责其就业，由学生本人缴纳全部培养费和奖(助)学金后，学校将其户籍关系和档案转至家庭所在地，按社会待业人员处理：

(1)不顾国家需要，坚持个人无理要求，自派遣之日起3个月内不去工作单位报到的；

(2)报到后，拒不服从安排或无理要求用人单位退回的；

(3)其他违反毕业生就业规定的。

(三)对结业生就业的规定

结业生由学校向用人单位推荐或自荐,找到工作单位的,可以派遣,但必须在《报到证》上注明"结业生"字样;在规定时间内无接收单位的,学校将其档案、户籍关系转至家庭所在地(家居农村的保留非农业户口),自谋职业。结业生如在规定时间内经过补考,成绩合格者,虽准予换发毕业证书,但学校不再负责为其办理就业事宜。

(四)对毕业生改派的规定

国家下达的毕业生就业方案,用人单位和学校不得随意改变,无特殊原因,一般不予改派,如有特殊原因需要调整改派的,按下列原则和规定办理:

(1)在本省(自治区、直辖市)内用人单位之间调整的,由地方主管毕业生调配部门审批并办理改派手续。

(2)跨部委、跨省(自治区、直辖市)调整的,由学校主管部门审核同意后,统一报教育部审批并下达调整方案,学校所在地方主管毕业生调配部门按照调整方案办理改派手续。

(3)毕业生调整改派须在规定的时候内办理,逾期不再办理有关调整改派手续。毕业生就业报到后的调整按在职人员有关规定办理,学校不再受理调整改派事宜。

温馨提示:

1. 已落实单位的毕业生因特殊情况需要改派的,由学生本人提出书面申请,由原接收单位及其上级主管部门出具同意改派公函,新的接收单位及其主管部门出具同意接收的公函,经所在学校毕业生就业指导中心审核同意,将有关材料上报教育部、所在省教育厅,在教育部、所在省教育厅审批并下达调整方案后重开报到证。

2. 未落实具体就业单位的毕业生,可于毕业后两年内继续在生源所在地区或跨地区择业。在生源所在地区跨县(市)落实单位的,凭已签订的就业协议书及所在省教育厅签发的报到证到当地毕业生调配部门办理调整手续;跨地区落实单位的,由毕业生本人持已签订的就业协议书及所在省教育厅签发的报到证到所在省教育厅高校毕业生就业办公室办理调整手续。

(五)报到证、户口迁移证和党组织关系介绍信要求学生妥善保管

报到证遗失不再补发,由学生自行办理登报挂失手续后,凭登报的收据由学校开具证明,到接收单位从档案中查对报到通知单,然后报到。

毕业生党员应妥善保管好本人的组织关系介绍信,并在介绍信上注明的有效期内亲自将组织关系转至所去单位党组织。介绍信遗失不补。

■■■ 二、流程

■■ (一)毕业生办理离校手续的流程

毕业生办理离校手续的大体流程可用图 7－1 表示,各校可能有些调整。

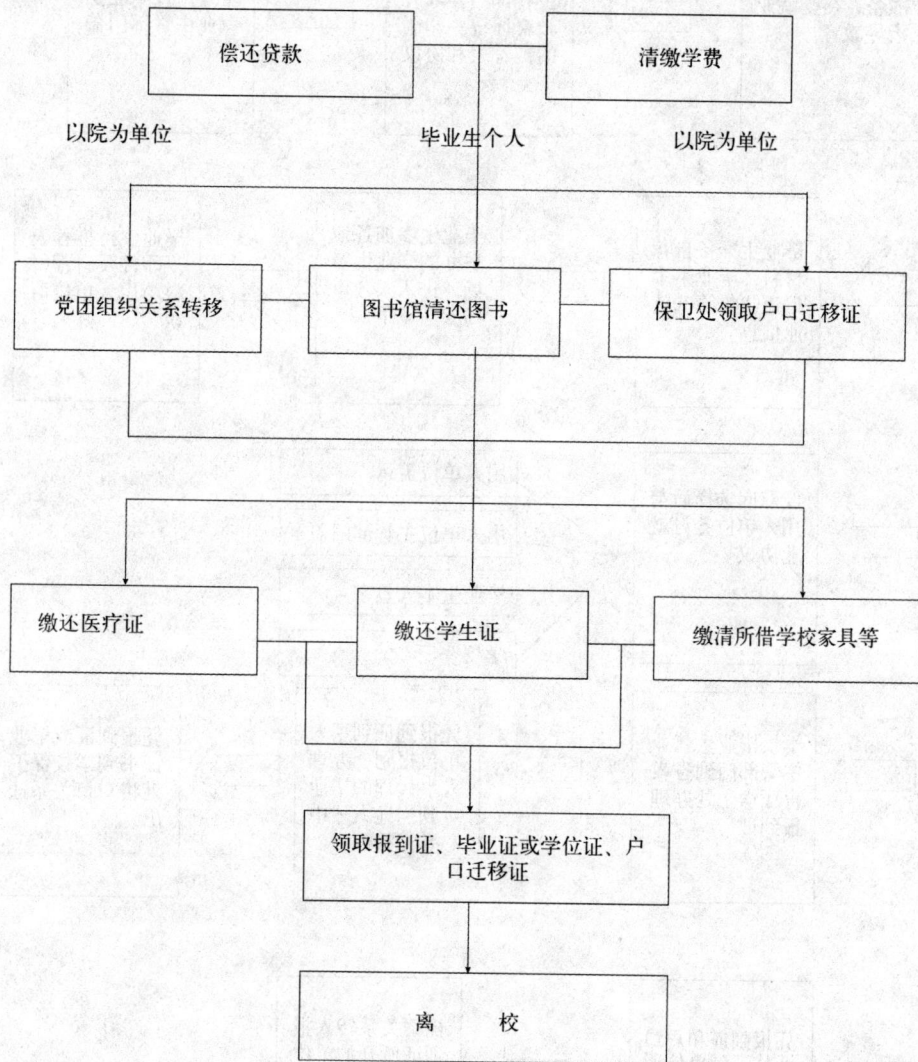

```
┌─────────────┐              ┌─────────────┐
│   偿还贷款   │              │   清缴学费   │
└─────────────┘              └─────────────┘

  以院为单位          毕业生个人          以院为单位

┌─────────────┐  ┌─────────────┐  ┌──────────────────┐
│党团组织关系转移│  │图书馆清还图书 │  │保卫处领取户口迁移证│
└─────────────┘  └─────────────┘  └──────────────────┘

┌─────────────┐  ┌─────────────┐  ┌──────────────────┐
│  缴还医疗证  │  │  缴还学生证  │  │  缴清所借学校家具等│
└─────────────┘  └─────────────┘  └──────────────────┘

        ┌──────────────────────────┐
        │领取报到证、毕业证或学位证、户│
        │        口迁移证          │
        └──────────────────────────┘

        ┌──────────────────────────┐
        │      离       校         │
        └──────────────────────────┘
```

图 7－1　毕业生办理离校手续流程图

(二)毕业生就业报到流程

毕业生就业报到流程各省有自己的规定,但大体流程如图7-2所示。

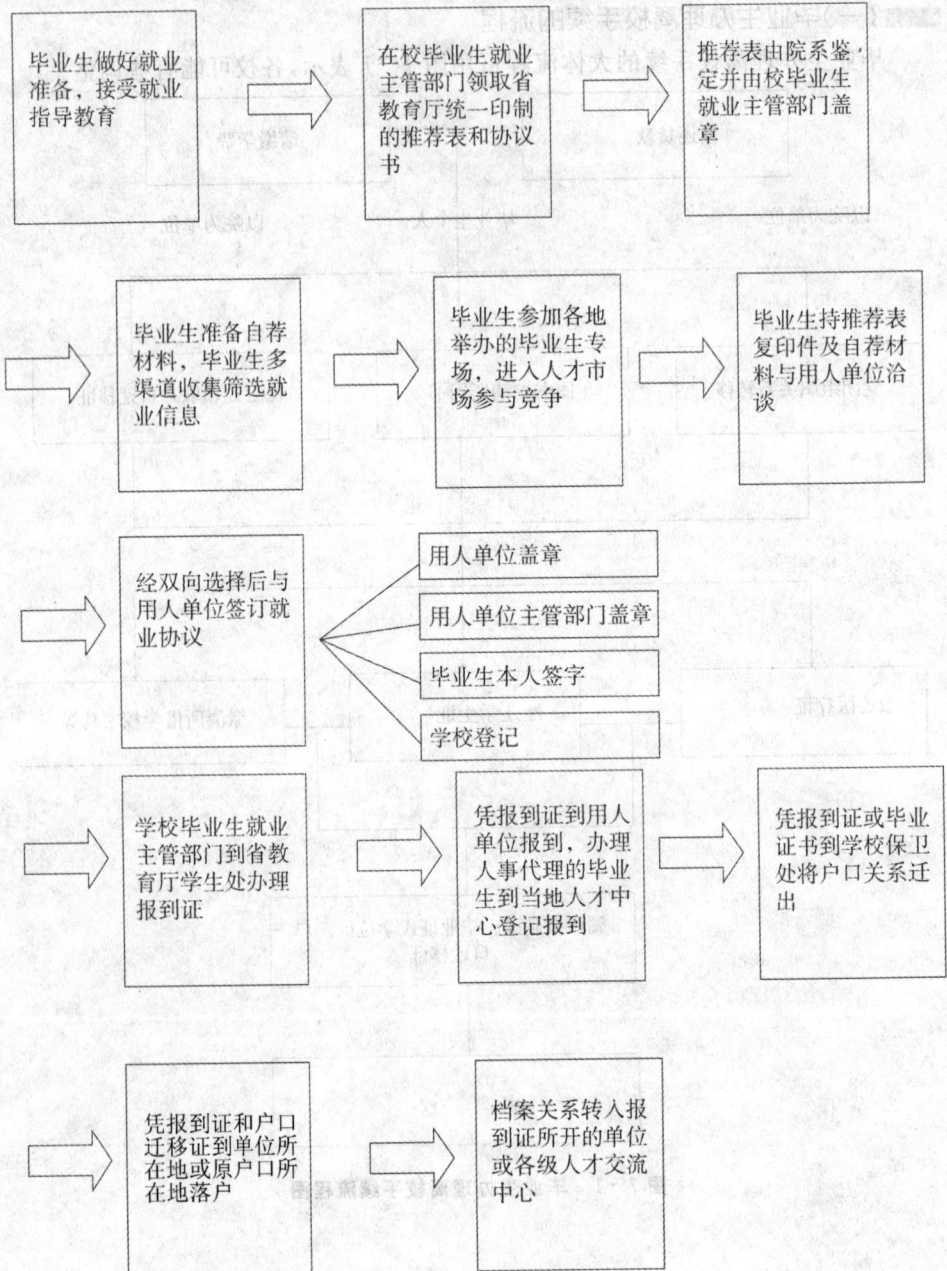

毕业生做好就业准备,接受就业指导教育

→

在校毕业生就业主管部门领取省教育厅统一印制的推荐表和协议书

→

推荐表由院系鉴定并由校毕业生就业主管部门盖章

→

毕业生准备自荐材料,毕业生多渠道收集筛选就业信息

→

毕业生参加各地举办的毕业生专场,进入人才市场参与竞争

→

毕业生持推荐表复印件及自荐材料与用人单位洽谈

→

经双向选择后与用人单位签订就业协议

→
- 用人单位盖章
- 用人单位主管部门盖章
- 毕业生本人签字
- 学校登记

学校毕业生就业主管部门到省教育厅学生处办理报到证

→

凭报到证到用人单位报到,办理人事代理的毕业生到当地人才中心登记报到

→

凭报到证或毕业证书到学校保卫处将户口关系迁出

→

凭报到证和户口迁移证到单位所在地或原户口所在地落户

→

档案关系转入报到证所开的单位或各级人才交流中心

图7-2 毕业生就业报到流程图

（三）普通高校毕业生调整改派流程（见图7-3）

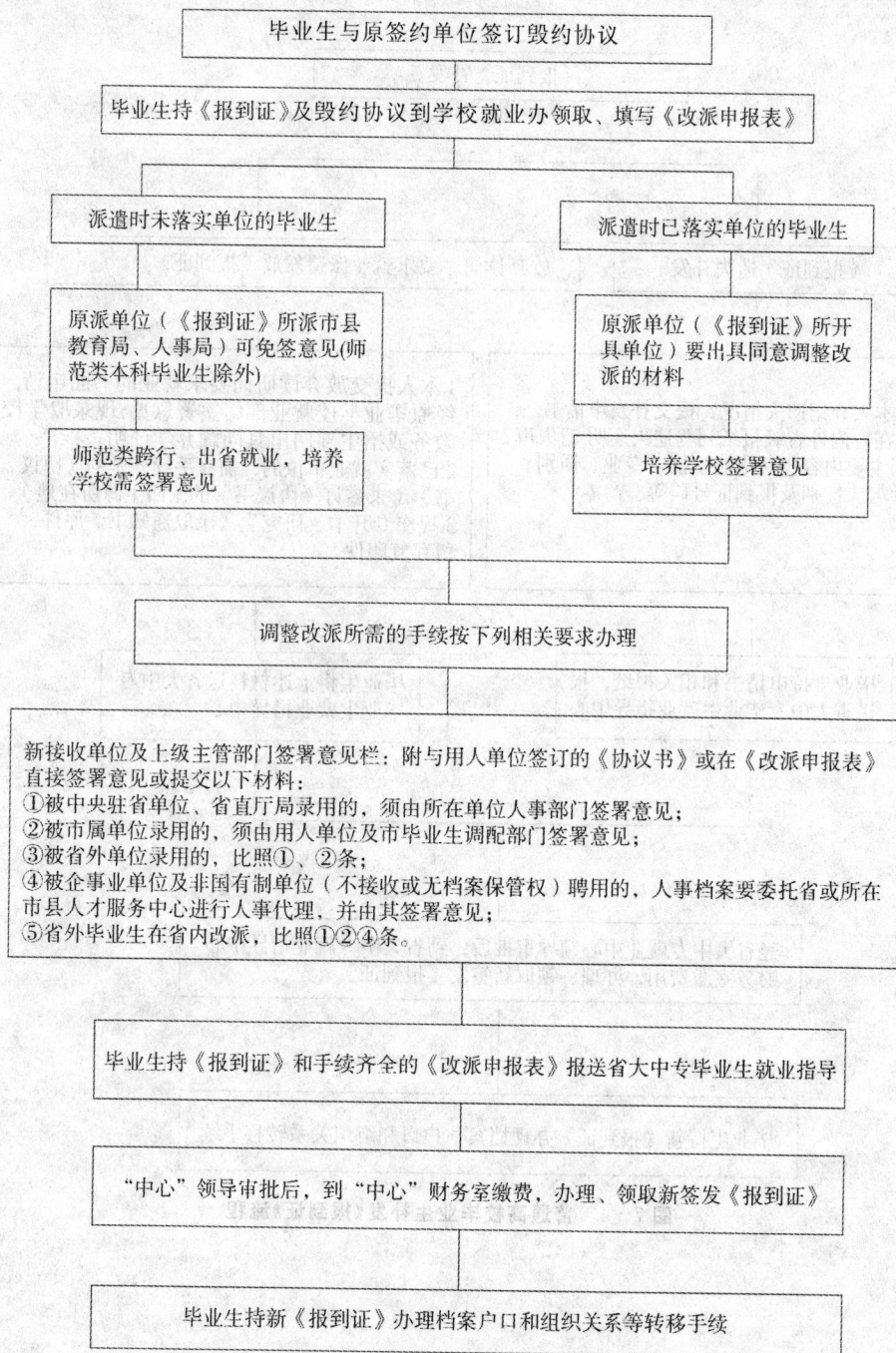

毕业生与原签约单位签订毁约协议

毕业生持《报到证》及毁约协议到学校就业办领取、填写《改派申报表》

派遣时未落实单位的毕业生

派遣时已落实单位的毕业生

原派单位（《报到证》所派市县教育局、人事局）可免签意见(师范类本科毕业生除外)

原派单位（《报到证》所开具单位）要出具同意调整改派的材料

师范类跨行、出省就业，培养学校需签署意见

培养学校签署意见

调整改派所需的手续按下列相关要求办理

新接收单位及上级主管部门签署意见栏；附与用人单位签订的《协议书》或在《改派申报表》直接签署意见或提交以下材料：
①被中央驻省单位、省直厅局录用的，须由所在单位人事部门签署意见；
②被市属单位录用的，须由用人单位及市毕业生调配部门签署意见；
③被省外单位录用的，比照①、②条；
④被企业事业单位及非国有制单位（不接收或无档案保管权）聘用的，人事档案要委托省或所在市县人才服务中心进行人事代理，并由其签署意见；
⑤省外毕业生在省内改派，比照①②④条。

毕业生持《报到证》和手续齐全的《改派申报表》报送省大中专毕业生就业指导

"中心"领导审批后，到"中心"财务室缴费，办理、领取新签发《报到证》

毕业生持新《报到证》办理档案户口和组织关系等转移手续

图7-3 普通高校毕业生调整改派流程

(四)普通高校毕业生补发《报到证》流程图(见图7-4)

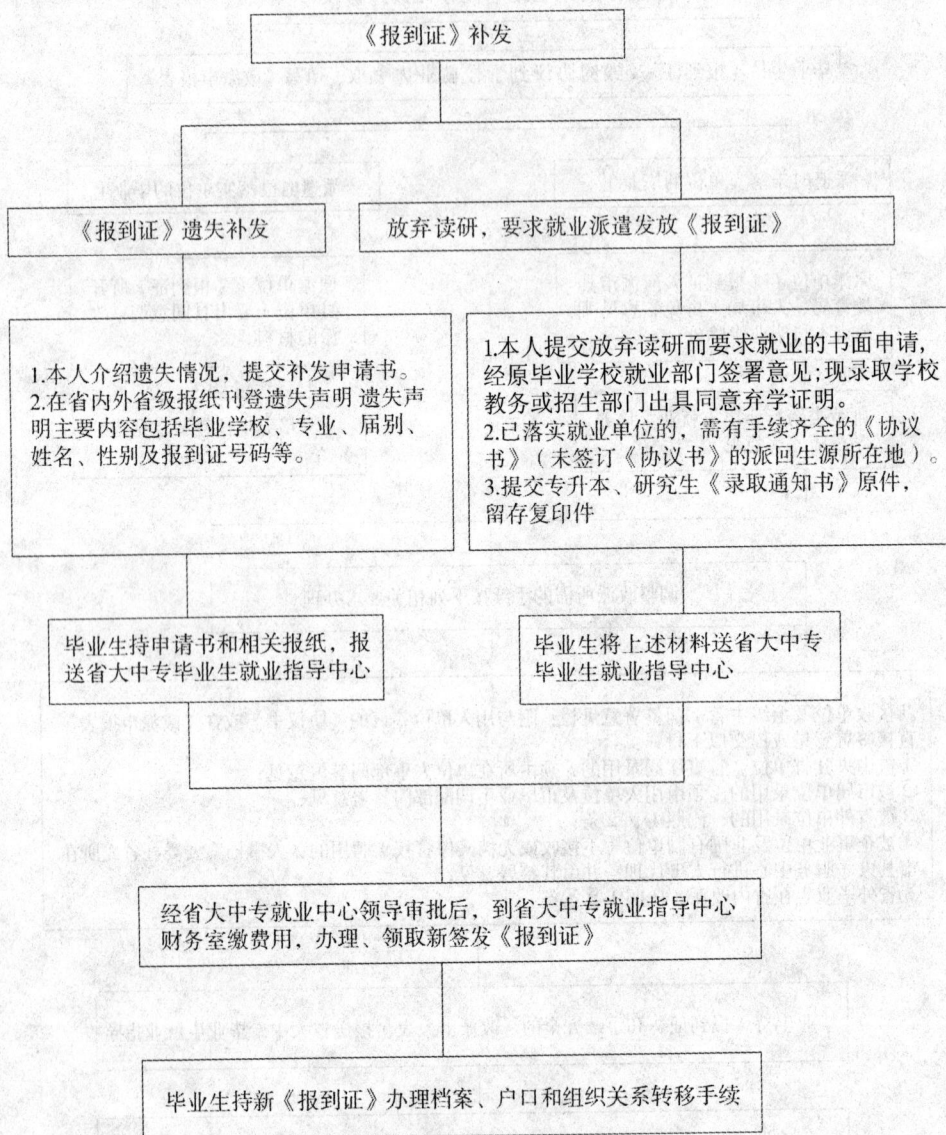

```
┌─────────────────────┐
│   《报到证》补发      │
└─────────────────────┘
```

```
┌──────────────────┐        ┌────────────────────────────┐
│ 《报到证》遗失补发 │        │ 放弃读研,要求就业派遣发放《报到证》│
└──────────────────┘        └────────────────────────────┘
```

```
┌────────────────────────┐   ┌──────────────────────────────────┐
│ 1.本人介绍遗失情况,提交 │   │ 1.本人提交放弃读研而要求就业的书面申请,│
│ 补发申请书。            │   │ 经原毕业学校就业部门签署意见;现录取学校│
│ 2.在省内外省级报纸刊登遗 │   │ 教务或招生部门出具同意弃学证明。        │
│ 失声明 遗失声明主要内容 │   │ 2.已落实就业单位的,需有手续齐全的《协议│
│ 包括毕业学校、专业、届别、│   │ 书》(未签订《协议书》的派回生源所在地)。│
│ 姓名、性别及报到证号码等。│   │ 3.提交专升本、研究生《录取通知书》原件,│
│                        │   │ 留存复印件                          │
└────────────────────────┘   └──────────────────────────────────┘
```

```
┌────────────────────────┐   ┌──────────────────────────┐
│ 毕业生持申请书和相关报纸,报│   │ 毕业生将上述材料送省大中专│
│ 送省大中专毕业生就业指导中心│   │ 毕业生就业指导中心        │
└────────────────────────┘   └──────────────────────────┘
```

```
┌──────────────────────────────────────────────────┐
│ 经省大中专就业中心领导审批后,到省大中专就业指导中心│
│ 财务室缴费用,办理、领取新签发《报到证》            │
└──────────────────────────────────────────────────┘
```

```
┌──────────────────────────────────────────────────┐
│ 毕业生持新《报到证》办理档案、户口和组织关系转移手续│
└──────────────────────────────────────────────────┘
```

图7-4 普通高校毕业生补发《报到证》流程

思考与讨论

案例一

2003 年 10 月,周某与某公司签订了为期 1 年的劳动合同。合同约定,实行计件工作制,每件产品 0.5 元,日定额 80 件。不能完成定额,将从已经加工的件数中扣除相当件数的加工费。由于周某没有加工该产品的经验,不了解加工每件产品需要花费的时间,公司招聘人员也没有做相应的解释,便草草地签订了合同。在工作过程中,周某发现加工每件产品至少要花费 10 分钟,每天工作 8 小时根本无法完成定额。周某向公司提出降低劳动定额并适当增加每件产品的加工费,遭到公司拒绝。周某遂向公司提出终止劳动合同。公司告知周某,违反劳动合同必须支付违约金。双方经多次协商未果,2004 年 1 月,周某向当地劳动争议仲裁委员会提出仲裁申请,要求终止该合同的效力。

问:1. 劳动合同关系是否属于合同法中所称的合同关系?

2. 本案是否显失公平?

3. 显失公平的合同应向谁提出?

案例二

张某于 1998 年 6 月受聘于某公司,双方签订了为期 2 年的劳动合同。2000 年 6 月,劳动合同到期。由于公司业务较为繁忙,双方没有解除劳动关系,同时也没有续订劳动合同。2000 年 8 月,某公司向张某下发了《终止劳动合同通知书》,张某在通知书上签了字。此后,张某在办理工作移交手续期间,因病住院治疗。张某向某公司提出:暂缓解除劳动关系,顺延至医疗期满。某公司认为,张某已经在《解除劳动合同通知书》上签字,双方的劳动合同关系已经解除。张某在劳动合同关系解除后患病,与公司无关,公司不能给予其医疗期待遇。张某向当地劳动争议仲裁委员会提请仲裁,请求依法维护其合法权益。

问:1. 有固定期限的劳动合同期满后,因用人单位方面的原因未办理终止或续订手续而形成事实劳动关系的法律是如何规定的?

2. 张某在接到某公司下发的《解除劳动合同通知书》后,在通知书上签字,并随后办理工作移交手续,是否表明双方的劳动合同关系自张某在通知书上签字时起就已经解除?

3. 哪些情况下用人单位不得解除劳动合同?

第八章　新角色、新环境

★　★　★

学习目标

1. 区别学生角色与社会职业人角色；
2. 了解新入职场会遇到的困难；
3. 掌握走向职业成功的方法。

大学生完成了学业，选择了自己理想或较理想的职业，开始步入社会，无疑是人生的一大转折。上岗就业，标志着一个新的人生阶段的开始。如何从单纯走向成熟，顺利地完成从大学生到职业人的社会角色转换，并尽可能地缩短这个转变的过程，是适应职业环境、实现职业生涯目标的一个关键。因此，每一个即将上岗的大学毕业生，必须对这种社会角色转变过程有一个清楚的了解，以便及早做针对性的准备，尽快适应社会，迈好走向成功的第一步。

第一节　转换角色

人的一生，经历着多次不同社会角色之间的转换。大学毕业走向社会，就是一种典型的社会角色转换，这个转换在其一生中十分重要。大学毕业生能够顺利地实现角色转换，可以促进大学生尽快地适应新的环境，缩短磨合期。

■■■ 一、实现从大学生到职业人员的角色转换

所谓社会角色，简单地说是一个人的身份，也就是其所处的相应社会关系的反映。由于不同的社会关系有与其相适应的社会规范，因此，对于不同的社会角色就会有不同的行为规范和要求。例如，在就业前，青年人的社会角色常常是学生，社会就会以对学生的要求衡量和评价其行为，而就业以后，青年的角色就是各种社会职业人员，社会就会以职业人员的行为规范和要求去衡量和评价他们。所以，社会角色是由人们所处的特定社会地位和身份所决定的一整套规范系列和行为模式，是人们对具有特定地位的人的行为的一种期望，是社会群体的基础。社会角色的本质是社会赋予人的社会权利与社会义务的统一体。

角色对于每个人来说都是相对的，人们总是扮演着各种不同的角色。例如一位大学生，在学校对教师而言是学生，在家里对父母而言是子女，在社会对于商店营业员来说是顾客等等，但其主要任务是学习，因此他在社会中扮演的主要角色便是学生。

每个人在社会中扮演的主要角色并不是固定不变的，往往会发生多次角色转换。角色转换的根本变化是社会权利和社会义务的变化。大学生圆满完成学业，走向社会，开始新的工作，承担新的任务，从求职成功起，他们由原来的学生角色变为一个新的社会角色——职业人。

■■■（一）大学生角色与职业角色的区别

社会角色由角色权利、角色义务和角色规范三要素组成。角色权利，就是角色依法享受的权益，或应取得的精神和物质报酬；角色义务就是角色的社会责任；角色规范就是社会提供的行为模式。学生角色与职业角色的根本区别就在于社会权利、社会义务和社会规范的不同（见表8—1）。

表8—1 学生角色与职业角色的区别

	学生角色	职业角色
社会责任不同	学好科学文化知识，掌握为人民服务的本领，使自己德、智、体全面发展。大学生是以学习、探索为主要任务。整个角色过程是一个受教育、储备知识、锻炼能力的过程	以特定的身份去履行自己的职责，依靠自己的本领或技能去为社会和他人服务，完成某项工作，通过对工作对象的履行情况来体现的。作为职业人必须适应社会，服从领导和管理，适应上级的管理风格，在工作中犯了错误，必须承担成本和风险的责任，并承担相应的社会责任
社会规范不同	主要反映在国家制定的《大学生行为准则》和各学校制定的《大学生手册》之中，告诉学生怎样做人、如何发展等。因为学生是受教育者，在违反角色规范时，主要还是以教育帮助为主	对职业角色的规范因职业的不同而不同，但肯定是更严格，违背了就要承担一定的责任，甚至法律责任
社会权利不同	接受外界的给予，即接受和输入，主要是要求理解，其角色的权利主要是依法接受教育，并取得经济生活的保证或资助	依法行使职权，开展工作，运用自己的知识和能力，向外界提供自己的劳动，即运用和输出，要求结合实际创造性地发挥水平，并在履行义务的同时取得报酬
面对的环境不同	寝室—教室—图书馆—食堂四点一线的简单而安静的生活方式，单纯而简单的校园文化气氛。学习时间可弹性安排，少许逃课没人管你，有较长的节假休息日，教学大纲提供清晰的学习目标，学术上多鼓励师生讨论甚至争论；布置作业或工作规定时间完成	面临的社会环境是快速的生活节奏、紧张的工作和加班，在单位里，规定上下班时间，不能迟到早退，经常加班加点，节假日很少，工作任务急又重；老板通常对讨论不感兴趣，多数老板比较独断；待职工不一定很公平；一切以经济利益为导向；要完成上司或老板交给一件的具体的实实在在的工作任务等。

（二）从大学生角色到职业角色的变化

1. 活动方式的变化

从学生到职业人员的角色转变，首先表现在活动方式的变化。学生以学习知识为主要活动。长期以来，学生角色使学生处在一种接受外界给予的方式。而职业角色则要求运用自己的知识和能力，向外界提供自己的劳动。这种从接受到运用，从输入到输出的转换，是一个重大活动方式的改变。接受和输入主要是要记忆和理解，运用和输出则要求结合实际创造性地发挥，因此，有些毕业生，甚至是学习成绩优秀的佼佼者也会感到一时难以适应。

2. 社会责任的增强

从学生到职业人员的角色转变，社会责任增强，社会对职业人员的责任感有更高的要求，社会评价也更加严格。因为，学生的主要社会责任通常是体现在学习过程中对自己的负责上；而职业人员的社会责任体现在对工作对象的责任中，他们的不负责将直接给社会造成损害。例如，一个学生学习得好不好，往往被说成聪明与否，即使不肯用功，也常被看作是个人和家庭的事；而职业人员工作质量的高低不再被简单地看作个人的事，往往要从其对社会责任的角度加以评判。商业人员在服务中对顾客冷漠，就会引起人们的不满和反感，甚至遭到公共舆论尖锐批评，人们不会将其与学生上课时心不在焉，说话幼稚相提并论。只要学生走上工作岗位，社会将以一个职业人员的评价标准来对其提出要求。

3. 全面独立的要求

这种独立性的要求是和经济生活的独立同时开始的。学生时代经济上主要依靠家庭的资助，进入职业生涯以后，有了劳动报酬，经济上逐步成为独立者。经济上的独立使得家庭和社会向其提出了全面独立的要求，即工作上能够独当一面，学习上自我发展提高，生活上自己照顾自己，在社会关系上充分履行自己的责任等等，这种全面独立的要求，一方面为青年的发展和自身完善提供了更广阔的空间和自由度，另一方面也对青年提出了自力更生、加强自我管理的人生新课题。对于多年来习惯于依赖教师和家长指教扶助的学生来说，是一种新的挑战。较快地适应独立的要求，对自身的发展和事业上的成功无疑会带来捷足先登的有利条件。

（三）自觉加快角色转换速度

角色转换的过程，通常包括角色领悟、角色认知、角色实现三个方面的内容。学生角色向职业角色转换的实现，虽然只是两字之差，但却是一个艰苦的过程，需要坚持不懈的努力，毕业生从踏上新的工作岗位时起，自觉主动地促使这种转变的进行，尽可能快速地完成转变。在角色转换过程中注意以下几点：

1. 正确认识新的角色

转换角色首先要了解新的职业角色的性质、社会意义、工作要求、劳动条件、行业规范（包括技术规范、职业道德、纪律等），从思想感情上重视它、接受它、热爱它。

应当确信,一个人只要具有良好的综合素质,富有进取精神,无论在什么行业,都会干出成绩的。"三百六十行,行行出状元",在不同的行业里,一批批的事业成功者名扬四海,一个个的碌碌无为者屡见不鲜,其关键在于个人。

2. 安心本职,脚踏实地

安心本职是角色转换的基础。刚走上工作岗位的毕业生,应尽快从大学的学习生活模式中解脱出来,尽快全身心地投入到新的工作中去。许多毕业生工作几个月后,还不能静下心,"人在曹营心在汉",三心二意,不安心本职工作,这对角色转换的实现是十分不利的。多数职业都有一定程度的重复性、单调性,使人感到机械,没兴趣。应当明白,一名新职工往往都是先安排在基层工作,先干一些简单的事务性工作,只有当你适应了本单位的运作,并被上司发现你有更大的潜能时,才会安排你承担责任更大,比较复杂而富有创造性的工作。因此,一开始工作务必脚踏实地,认真磨炼、培养兴趣、尽快适应、干好工作。

3. 虚心学习,勤于思考

事实表明,一个人在学校学到的东西毕竟是有限的,大部分知识和能力仍需在工作实践中学习、锻炼和提高。尽管毕业生在校期间已经学到了一定的知识,但在陌生的职业面前,还是一个新手,一切都要从头开始。要根据岗位工作的实际需要,通过向有经验的技术人员、领导、师傅、同事请教和自学,补充一些实践知识和技能,尽快地熟悉有关业务,掌握和提高观察问题、分析问题、解决问题的方法和能力,早日胜任本职工作。完成本职任务是每个职工应当达到的起码标准,但是要想自己的工作卓有成效,依靠这点还很不够,还需要发挥才智、开动脑筋、勤于思考。勤于思考,就能发现问题,并运用自己所学得的知识努力去解决问题;勤于思考,才能真正掌握职业对象的内部规律,提高工作质量和效率;勤于思考,在工作中才会有自己的见解,逐步具备独立开展工作的能力,为进一步发展创造了良好条件。

4. 甘于吃苦,乐于奉献

有的大学生缺乏吃苦耐劳的锻炼,在工作岗位上拈轻怕重,怕苦怕累,斤斤计较,一遇到困难便退缩避让,时常抱怨"工作劳累,工资又低",总想舒舒服服、轻轻松松地获得高薪报酬。甘于吃苦是角色转换的重要条件,只有甘于吃苦,才能面对现实,克服在角色转换过程中遇到的种种困难,及时进入角色。乐于奉献是完成角色转换的重要标志。毕业生奔赴工作岗位后,应当从一开始就严格要求自己,树立主人翁意识,增强社会责任感,培养积极奉献的精神,不计较个人得失,勤勤恳恳,任劳任怨,努力承担岗位责任,主动适应工作环境,促使自己更好、更快地完成角色转换。

▌▌▌ 二、建立和谐的人际关系

人际关系是社会关系的一种,人际关系是各种社会关系据以实现的基础,是人与人直接联系的媒介。一个人走上工作岗位后,能否获得发展和成就,主要取决于职业能力和人际关系两个因素。不少走上工作岗位的毕业生不重视人际关系,处理不好人际关系,犹如"孤鸟入寒林",以致影响职业发展。

案例

温馨提示:大学毕业生应尽快"心理断乳"

案例一:

在某机关工作的小王,去年毕业于某知名高校,一年中她几乎每个月都要回母校一趟。毕业初期,怀着对公务员工作的向往,小王干劲十足。可是她渐渐发现许多工作无法按照自己意愿进行,和领导、同事的关系,也远比学校里复杂。郁闷时,她更加怀念大学生活,感叹好日子一去不复返。

案例二:

去年毕业于北京某知名高校的小司在一家银行数据中心任职,每天和大量数据打交道,枯燥乏味的生活,和大学时代的理想相距甚远。他不甘于平庸,却又无法改变现状,变得焦躁不安。

案例剖析

大学毕业生在参加工作初期所反映的"心理未断乳"现象,在当前的大学生多是独生子女、从小到大的人生轨迹均由父母设计、独立处理问题的经验较少的情况下,显得比较普遍。这种现象无论是对大学毕业生还是对用人单位而言,都不是好事。因此,建议大学毕业生首先要"耐得住寂寞",它是每个独立的成年人必经的一关,刚参加工作时人人都有理想抱负,但真正成就大事业的,反而是最初沉得住气、甘当配角的人;其次通过努力工作改善自己和身边人的生活,在此基础上,保留一点纯真、一份个性,不在庸庸碌碌中随波逐流,才是真正成熟的表现。

(一)建立和谐的人际关系的意义

1. 尽快消除陌生感,适应新环境

毕业生到工作单位后,父母、亲人远在他乡,同学、朋友各奔东西,生活和工作环境发生了很大变化,人际关系比较陌生。如果毕业生一开始就注意建立良好的人际关系,主动交往,热情待人,豁达处世,尽快与大家融为一体,便可顺利打开局

面,消除陌生感,摆脱孤独的笼罩,顺利渡过适应期。

2. 工作顺心,生活愉快

人际交往能协调人们的行动,避免冲突,提高活动效率。良好的人际关系可以使人感到工作顺利,生活愉快。当你对工作还不熟悉的时候,有人会热情地给予帮助;当你工作之中不慎失误的时候,领导、同事会理解、安慰并及时指导;当你在工作和生活中遇到困难时,朋友会给你温暖和帮助,给你信心和勇气。良好的人际关系让你感受到集体的力量和他人的关爱,觉得生活在文明的群体里,不断地从中汲取营养,充实自己,高效率而愉快地工作、成长。

3. 保持心情舒畅,心理健康

人际关系的适应是人类心理适应的重要内容。人际交往对个人身心健康十分重要,因为人有强烈的合群需要,通过彼此间相互交往,增进情感交流,在心理上产生亲密感和归属感。尤其是当人处在危急、孤独、焦虑的情况下,特别需要人际沟通,消除负面情绪造成的心理压力,保持心理健康。一些毕业生工作后感到不顺心,其中一个原因就是人际关系紧张。同事之间相互猜疑,工作中矛盾丛生,在心理上与大家产生隔膜,思想包袱沉重,时间久了,孤独郁闷,愁苦不堪。良好的人际关系,可以消除隔阂,打破封闭,使大家处于一种相互理解、相互尊重、平等友好的关系之中,不必相互提防,从而保持心情舒畅,身心健康。

4. 增进团结,有利发展

良好的人际关系是团结、发展的基础。人际关系状况从一定程度上反映出一个单位的精神文明状况,显示其是否具有团队精神和凝聚力,也决定了其发展的潜力。人际关系好,这个单位就团结,同事之间、上下级之间齐心协力,工作高效而愉快,每个人都能最大限度地发挥自己的才能,实现自我价值的同时也促进集体的发展;反之,必然内耗严重,涣散无力,死气沉沉,抑制每个成员工作的热情,削弱大家的积极性,降低工作效率,阻碍了个人及集体的发展。良好的人际关系,需要每个人的奉献和努力,只有大家都为集体添砖加瓦,才会形成整个单位的和谐的人际关系氛围,利于团结,利于集体,利于发展。

(二)建立和谐的人际关系

1. 建立良好的人际关系,注意克服以下不良心理品质

(1)沉默寡言,性格内向。具有这种性格的人,不大愿意主动与人交往,很容易给别人一种高傲、冷漠、难以接近的感觉,所以,很难引起别人与你交往的兴趣。这样,你与同事之间的关系必然会冷漠、疏远。

(2)多疑,自我保护意识过强。这种人心理不够成熟,缺乏安全感,常常觉得自己容易受到别人的伤害,把注意力都集中在对外界的防卫上。你不信任别人,别人同样难以信任你。没有信任就没有沟通,没有沟通自然就难以建立良好的人际关系。

（3）心胸狭窄，嫉妒心重。具有这样品质的人，缺乏自知之明，又容不下别人超过自己，心理上很难平衡。而这种不平衡往往反映在言谈举止中，不知不觉断送了朋友和友谊。

（4）狂妄自大，瞧不起别人。这种人非常容易引起别人反感。"人际交往，有来有往"。你对他人尊重、友好，会引起他人的积极情绪，以同样的态度回报，反之，则引起消极的情绪，使你与同事、朋友间的心理距离拉大。

2. 建立良好的人际关系，要做到以下几个方面

（1）尊重他人。尊重是每个人都有的心理需要。尊重包括尊重自己和尊重他人。尊重自己就是在各种场合自重自爱，维护自己的人格。尊重他人就是尊重他人的人格、习惯与价值，承认人际交往双方的平等地位。尊重是相互的，只有尊重他人的人，才能得到他人的尊重，也才谈得上自尊。毕业生到了新单位，尽管每个人秉性各异，爱好不同，但每个人都是自己的老师，因为他们有丰富的工作经验和娴熟的业务技能，因此，要像尊重老师那样尊重他们，尊重他们的劳动和劳动成果，尊重他们的人格和感情，尊重他们的习惯和价值。对人的尊重，不以财富的多少、年龄的大小、分工的不同而有所区别。不嘲笑、歧视他人，不以己之长比他人之短，谦虚待人。如果自满自大，轻视他人，就会损伤他人的自尊心，造成人际关系的疏远。尊重他人，同时也尊重自己，才容易建立和谐的人际关系。

（2）平等待人。人们在职务、能力、才学、气质、性格诸方面的差别是客观存在的，但人们在人格地位上是平等的。在工作单位，应当以平等的态度对待每一个同事。不要以职务的高低、权力的大小来决定对待他人的态度；不要亲近一部分人，故意疏远另一部分人；不要认为某人对自己有用就打得火热，某人暂时无用就避而远之；不要见了领导就低三下四，满脸堆笑，见了群众就"置之不理，冷若冰霜"；不要卷入是非、拉帮结派搞小团体，而应该注意对领导和同事一视同仁，尽力与所有同事发展平等互助的友好关系。

（3）诚实守信。诚实就是真心实意，实事求是，表里如一，不三心二意，口是心非，不当面一套，背后一套。诚实是做人的基本要求，也是建立良好的人际关系的重要条件。守信，就是恪守信用，言行一致，说到做到，不做语言的巨人，行动的侏儒。在人际交往中，只有诚实守信，才能相互理解、接纳、信任，在感情上引起共鸣，使交往得到巩固和发展。即使发生了一些误会和矛盾，只要诚实守信，彼此真诚意善，误解也会烟消云散，矛盾也能冰雪消融，互相谅解，和好如初。

（4）律己宽人。律己，就是要严格要求自己，以各种道德规范和行为准则严格要求自己。宽人，就是宽以待人，宽厚包容。在现实交往中，确立了平等友好的人际关系，但仍然存在着矛盾和许多不和谐的地方。"金无足赤，人无完人"，我们正确地对待自己和他人，坚持以严格的规范要求自己，宽容的态度对待别人，就一定能建立和谐的人际关系。不利于团结的话不说，不利于团结的事不做，不挑拨是非，不猜疑嫉妒，堂堂正正做人，踏踏实实干事。当自己受到委屈或误解时，要胸怀

宽广,克制自己的感情,冷静处理。当工作出现失误或过错时,更要勇于剖析自己,承担责任。别人做错了事或造成一些失误,要善意地指出,多给些帮助、关心,少一些指责。

3. 正确处理好与领导和同事之间的关系

职场工作关系主要是与领导和同事之间的关系。任何一个职业人,在工作单位与同事相处的时间往往比他与家人在一起的时间还要长,而领导直接管理和评价下属人员的工作,对下属的职业发展和职位升迁有一定程度的裁决权,所以处理好与领导和同事之间的关系是十分重要的。

(1)与领导相处,不要单单为"套近乎"、"留好印象"而与之交往,要以建立正常的工作关系为目的。对领导既要尊重坦诚、实事求是,又要不亢不卑、交往得当。对领导庸俗的巴结奉承,一味的讨好献媚,不但有损于人格,而且会引起同事的反感和讨厌;但敬而远之,我行我素,或冷眼相对、傲慢无礼,甚至顶撞不尊,锋芒毕露都是不应有的态度。在任何时候,都要想到将工作干好,在工作方面与领导形成"共识",学会适应领导,保持与领导同步。工作中注意正确领会领导的意图,对领导安排的工作兢兢业业,积极肯干,努力完成,这样也就具备了与领导建立良好关系的基本条件。

此外,还要注意维护领导的权威,不在背后贬低领导,不当众指责领导,愿意接受领导的批评指正,对他的工作只能补台不能拆台。对同一单位领导,不要有亲疏远近之分,都应当尊重。巴结一个,疏远其他,不仅会显出自己的势利轻薄,有时会给自己长期的工作和生活造成麻烦。

(2)要处理好与同事之间的关系。同事之间,是天然的合作者,又是客观的竞争者。这种微妙的关系,必然产生既渴望合作又警觉竞争的复杂心理。要处理好这种关系,首先要以诚相待,互相支持;其次要严于律己,宽以待人,学人之长,补己之短;再次在竞争中学先进,帮后进,领先时不骄傲自满,落后时不灰心气馁,一如既往,积极进取。

毕业生在与同事相处中,要坦诚承认自己的不足,以期得到帮助。在日常工作中要注意培养自己与同事之间的感情,尽量去适应同事们,把自己看成他们中的一员,与他们保持步调一致,多听取和接受他人的意见,时间久了,你就能获得他人的接纳和支持,相处就会融洽起来。同事之间难免发生一些纠葛、摩擦,甚至冲突,对此要冷静而友善地处理,要敢于承认错误,承担责任,接受批评,切忌尖酸刻薄,背后损人。对同事在工作、生活中遇到困难,应给予同情、关心和行动上的帮助,以促进同事间的友好关系。

(3)要注意方法和技巧,把握好语言的分寸和处世的尺度。要在交流中学习经验,提高自己的心理素质,培养自己的观察力、思维力和语言表达能力,掌握一些技巧,使自己不断走向成熟。

温馨提示:大学毕业生进入工作岗位前的八项准备

对于将要进入工作岗位的大学毕业生,建议最好做以下的八项准备工作:

1. 心理和态度准备:放低身份,从学徒做起。

许多大学生因为在家是独生子女,在学校是优秀学生,一直被宠着,习惯了以自我为中心,自我感觉良好。但是,他们没有社会阅历和工作经验,到一个新岗位后,往往需要很长时间才能做好心理调整。

如果每个大学生在就业前,清楚了解自己的知识技能并不足以马上胜任任何一项简单工作的要求,能够放低身段,从小事做起,从学徒做起就会少许多挫折感。

2. 技能准备:英语和电脑技能必不可少,电话沟通技巧非常重要。

一般公司对新员工的这些技能要求都是必不可少的,所以在工作前如果有机会实习,就能很快掌握这些基本技能。21世纪,英语作为国际通用语言,无论什么岗位,如果你的英语听说读写能力越好,获得好的职位和晋升的机会就越大,在公司里,电脑操作是必不可少的,一般的WORD文档编写、PPT编辑、EXCEL表格制作是最基本的要求,所以实习应该是每个大学生在假期应该做的。有些大学会要求学生在暑假去找公司实习,这是对学生负责任的态度。

3. 工作方法准备:虚心请教,及时反馈,科学安排时间,不断总结。

大学毕业生对公司来说,就是一张白纸。所以无论在什么岗位,你们首先是来学习的,凡事不能自以为是,一定要问清楚后再去做,以免走弯路,做错事,浪费时间。你的上级工作比你忙,你不主动去向他请教,等他找你时,可能已经是你出错的时候。

对于上级安排的工作,一定要及时反馈,让上级知道进度和完成情况。因为你认为正确的方法可能不是最好最快的方法,你的上级经验阅历比你丰富很多,他会给你及时修正方向。

许多大学生甚至工作多年的人都有一个通病,就是不知道如何科学管理自己的时间,许多工作不能在规定的时间内完成。所以学会科学管理时间是很重要的课题。管理规范的公司会要求员工每周、每月、每个季度、半年一年都要写工作计划,完成情况总结,以帮助员工科学把握时间,提高工作效率。

总结应该每天都做,一天下来,自己做了些什么,学到些什么,哪些做得好,哪些做错了,哪些可以做得更好。不积跬步,无以致千里。就是这个道理。

4. 身体准备：最好不吸烟，不熬夜，少生病。

有了健康的身体，才能更好地工作。许多大学生养成不好的生活习惯，如抽烟。现在大部分公司对办公室环境都有明确要求，不允许吸烟。所以经常吸烟的人，要到处找地方"换气"，会影响工作效率。

如果休息不好，第二天很影响工作。另外，因为一般公司的办公室都使用空调，只要有一个同事感冒，许多人都会被污染。所以加强锻炼，增强体质，减少生病的机会也是非常重要的。

5. 理财准备：省钱就是赚钱。

许多大学生在校基本上还是靠父母供应生活费用，这几年听说许多刚工作的大学生都成了"月光族"，第一次拿到自己赚到的工资，开心之余应该有一套很好的理财计划。

无论收入是多是少，应该把钱分成三份。一份是生活必需开支，如房租水电费、交通费用、日常生活费用，最好这些费用占三分之一到二分之一。如何节省费用是有很多窍门的，如先住公司宿舍，或几个朋友分租二房或三房，比自己租单身公寓要省不少钱；自己买菜做饭比吃快餐省钱；装饰性的好玩的东西尽量不要花钱去买。

第二份是充电费用。现在工作中对人的要求越来越高，大学学到的东西往往不能适应时代要求，专业知识技能的提升非常重要，所以要准备一笔钱，在适当的时候去进修，以提高自己的竞争力。

第三份是应急和储备的钱。如家中亲友有病或其他急需用钱时，如为了将来买房结婚的钱，都要从刚工作的时候就开始积蓄。这是"集腋成裘"的道理。

6. 为人处事的准备。

情商对于人的成功起着比智商更加重要的作用。

早在二千多年前，孔子不仅极力推崇"智者乐水、仁者乐山"的个人信条，而且在"自省、克己、忠恕、慎独、中庸、力行"六个方面也给后人以深刻的教诲和警醒。对于习惯把自己定位于"天之骄子"的大学生，学会为人处事是非常重要的。

情商是复杂的，是指一种挖掘情感潜能、运用情感能力影响生活各个层面和人生未来的关键性品质。它主要是指人在情绪、情感、意志、耐受挫折等方面的品质。这在很大程度上是因为它的衡量标准是一些相当不明确的变量——其中包括与同事的相处与合作。学会做人，才能把事情做得更好。

7. 情感处理的准备。

爱情与婚姻对个人的事业发展有很大的影响。

　　无论是已经有男女朋友还是孤独一人进入工作岗位的大学毕业生,如何处理好情感问题,如何协调和爱情与工作、朋友与同事、家庭与事业的关系,将是伴随一生的课题。

　　首先我们要心怀感激,对于领导给你的工作机会,对于同事给你的帮助和协助,对于朋友给你的关爱,对于父母的无私奉献,都要有一颗感恩的心,同时尽量从别人的角度出发去考虑问题,不要激化矛盾。面对问题要冷静去解决,适当向周围你信任的人寻求帮助,相信所有的问题都会有三个以上的解决方式,选择最适合的方法去处理。

　　8. 服装服饰的准备。

　　装扮要干净得体,不要太时髦,也不要太老土。

　　俗语说,"人要衣装,佛要金装"。新参加工作的年轻人,对自己的衣着打扮要非常注意。女孩一般要准备至少三套比较职业的套装,每天上班前要把头发梳理整齐,最好化淡妆。鞋子和包也很重要,包不能太小,要能装下两本书最好,款式色彩不要太花哨,不方便搭配服装,也显得拿包的人太活泼。鞋子款式尽量简洁,最好走路不会发出声音,以免走动时影响其他同事。

　　男孩最好有两件不同色彩的净色衬衣,一套西装。不要买太贵的,但一定要保持整洁。头发不能太长,最好不要剪太新潮的发型。除了手表,男生最好不要佩戴手链、项链、戒指等首饰,过于注重打扮容易引起误会。

第二节　适应新环境

　　大学生过惯了相对单纯、清静、被动的校园生活,投身社会走上工作岗位后,一接触实际,常常会感觉到自身与社会之间存在着一些矛盾,工作当中有许多的困难。这些矛盾和困难导致了大学生对社会、对工作的不适应。在这些矛盾和困难面前,是面对现实、不怕挫折、积极适应,还是逃避现实、一蹶不振、消极退缩,这是大学生踏上工作岗位后首先应该思考的一个问题。

■■■ 一、尽快融入团队

　　一份新的工作,一种新的经历,一个新的环境。当你刚刚走出校门,踏入社会的时候,展现在你面前的是一个几乎完全陌生的环境。这时,如果你能客观地审时度势,尽快地完成从大学生到工作人员的角色转换,顺利地渡过这个转换的适应期,得心应手地展开工作当然最好。

　　根据自己的具体情况,冷静地分析一下自己不能适应工作环境的原因。一般情况下,这不外是生理上的、心理上的和知识技能方面的原因。

工作太紧张,快速的工作节奏和繁重的工作任务难免会给刚走出校门的你带来身体疲累的感觉。做到有张有弛、忙而不乱、有条不紊,自然能消除忙乱,适应工作。

也许你是因为十几年的求学,接受正面教育,接触的也都是简简单单的同学间的人际关系。一旦涉足社会,社会是个大课堂,有各种各样的人,各种各样的事,你的人生观和价值观受到考验和冲击,如果你的不适应是来自于新的复杂的人际关系,那也不必过于烦恼,重要的是你要把握住自己,既不要恃才傲物、自视清高,也不必缩手缩脚、羞于见人。尤其在处理同事间的关系上,要尽量做到以诚待人、热情得体、不卑不亢。对每个同事都要同等对待,不要冒失地卷入人事纠纷中去。切忌搞小圈子,与部分人拉帮结派,而应尽力与所有同事发展团结互助的良好关系。

注意有宽广的胸怀,容人的雅量,只要不是原则问题,让他三分又何妨,不必为一些小事搞得睚眦必报、恩恩怨怨。把自己的主要精力用在工作上,必定会使你的工作更加出色;而开朗的性格、坦诚的为人、广泛的兴趣爱好,也一定会有助于你在新的工作环境中进行广泛的交流,建立起融洽的同事关系。

如果你是因为一时不能胜任工作而感到不适应,那你就应该正视问题,面对社会,认真认识仅有一张大学毕业文凭是远远不够的。大学毕业生不等于人才,有知识还必须实践,踏实地锻炼自己的业务能力,尽快熟悉业务工作。

▓▓▓ 二、理智面对冷遇

大学毕业生走上社会,要想得到社会承认,仅有一张大学毕业文凭是远远不够的。部分大学毕业生走上社会后遭到冷遇,是经常发生的现象。要从冷遇的困境中挣脱出来,就要学会清醒分析,正确对待。

当受到冷遇时,首先要从主观上找原因。一般来说,主要有以下几方面的原因:

(1)自以为满腹经纶,好高骛远,小事不愿做,大事做不来,领导难以安排合适的工作。

(2)对工作挑肥拣瘦,拈轻怕重,这山看着那山高。

(3)工作责任心不强,马虎了事,不能完成领导交给的任务。

(4)自以为看破红尘,少年老成,对时事妄加评论,造成不良影响。

(5)过于看重个人得失,不思奉献,"有利可图就干,无利可图就算"。

(6)没有摆正个人与集体、事业与家庭的关系。上岗不久,即"卿卿我我"、"花前月下",忙于为自己营造安乐窝。

大学毕业生只要认真地剖析自己的言行,就一定能找出受冷遇的症结所在。不管是哪一种原因,如果遭到冷遇,首先都应从自身找原因,既不能怨天尤人、诅咒命运,更不能悲观失望、自暴自弃,要通过自身的努力,尽快使矛盾化解,使冷遇消除。可以通过以下三个途径消除或避免冷遇。

■(一)谦虚好学

应该说大学生确实比一般人掌握较多的知识,但并不是知识的全部,只不过是沧海一粟。现代社会知识爆炸,日新月异,据专家估计,大学所学的知识在毕业时有70%已经过时,只有30%还有用,加上你懂得的,不等于别人不懂;别人懂得的,不一定你都懂;更何况大学生在校学习的都是些理论知识,对新的工作单位来说只不过是个新手。所以,要虚心地向别人学习,绝不能自以为是,瞧不起别人。

■(二)踏实肯干

大学生到了工作岗位后,除了虚心学习以外,还要有实干精神。用人单位录用你,是为了解决工作、生产、科研中的实际问题,不是拿你作"花瓶"摆设。只要能苦干、实干,脚踏实地干出一番成绩来,领导、同事一定会投以赞许的目光,冷遇自然会消失得无影无踪。

■(三)豁达大度

大学生走上工作岗位后,由于经验不足等原因,工作中遇到挫折和冷遇是在所难免的,有时不一定是自己的原因造成的,但无论如何对待冷遇一定要沉着冷静,要豁达大度,多从自身找原因,认真总结经验教训,只有这样才有利于问题的解决,否则,只能使问题复杂化。

■■■ 三、正确看待挫折

心理学家认为:挫折是个人从事有目的的活动时,由于受到障碍和干扰,其需要不能得到满足时一种消极的情绪状态。受挫后会出现紧张、焦虑、苦闷的心理状态,心理失去平衡。

就业时,大学毕业生怀着憧憬和美好设想,想在工作中有一番作为,但现实往往与理想有较大差距。不论从事何种工作,遭受挫折总是在所难免。如果不能及时调整心态,正视挫折,便容易产生失落、消极情绪。有的人遭受挫折后,自责心理严重,垂头丧气,郁郁寡欢;有的人受挫后,不从主观找原因,把责任推卸给他人,为自己开脱辩解;有的人则将怨气发泄到别人身上,也不正确分析原因,总结教训,结果又重蹈覆辙;还有的人遭受挫折后万念俱灰、不能自拔。这些都是十分错误的。

正确的态度应当是:

■(一)采取积极的心理自我防卫,谋求心理平衡

比如将内心愤懑的消极情绪转化为奋发图强、力争上进的积极情绪,"化悲痛为力量",使心理得到升华;或"重振雄风",加倍努力工作,去实现目标;或改换工作方法另行尝试;或进行补偿,以期达到"失之东隅,收之桑榆"的效果。此外,解脱挫折感的方法还有很多种,如宣泄法、认识法、理性情绪法、心理咨询等等。

■■(二)正确认识工作的成败

一帆风顺固然可喜,遇到挫折也不要灰心,也许这一次挫折就是下一次成功的开始。只要看准目标,扎扎实实,一步一个脚印地走下去,就会成功。到那时,再回头来看走过的路,挫折失败也许是人生的财富。"谁笑到最后,谁笑得最好。"

■■(三)勇于面对问题

遭受挫折并不可怕,怕的是不敢面对现实中的问题。战胜挫折的关键是把自己定位于解决问题而不是问题的一分子。有关专家建议在遭受挫折后,反问自己四个问题:①问题到底是什么?我足够了解吗?②问题的原因是什么?反思根源。③可能的解决方案有哪些?④什么是最佳解决方案?坚持以上四问,并努力去解决它,就能真正"笑到最后"。

案例

晋升

小赵和小李同年大学毕业,同是市场部的职员,都是搞市场营销的。两个人的能力不相上下,每月都能超额完成任务,有时候,小李的任务完成得比小赵的要漂亮得多。但平时很少见到小李笑的模样,工作一不顺利就大发牢骚,甚至冲同事发脾气。而小赵则为人乐观、爽快,有一种知足常乐的态度,他从不被困难吓倒,有时遇到难缠的客户,能自己解决就解决,同事中谁遇到不顺心的事儿,他也是个很不错的倾诉对象。在去年年底市场部经理的民主选举中,小赵就成为了理所当然的人选。

小李没有被选为市场部的经理,其原因是小李自恃业绩甚佳,动辄大发脾气和牢骚。除了这一原因外还有一个原因就是缺乏"合作精神"。所以在职场中,要想顺利升迁,走上仕途,千万要引小李为戒,视小赵为榜样。

与周围的同事或领导和谐相处,与大家轻松愉快地交谈,是一个具备升职潜力的人必需的特质。只有与你周围的人保持良好关系,乐观开朗地待人处事,才能得到领导赏识,同事拥护,也才有更多晋升机会。

■■■四、虚心接受批评

以什么样的态度对待批评,反映着一个人的修养和思想道德水平,也对他的人际关系和工作绩效产生一定的影响。不同的人有着截然不同的态度。有的人勇于承认自己的错误,并诚恳地接受批评,总结教训并及时加以改正;有的人受到批评则丧失信心,萎靡不振,甚至自暴自弃;还有的人"老虎屁股摸不得",一听到批评便怒火中烧,使领导和同事"敬而远之",无疑后两种态度是不可取的。对刚刚参加工作的大学毕业生来说,单位的领导一般轻易不会对你提出批评意见的,如果批评了你,大多是因为你的错误比较明显。"有则改之,无则加勉","只要你说得对,我就照你说的办",应该是对待批评的基本态度。而笑纳批评则是对初涉职场的大学生一个更高的要求。对待批评,如何能够微笑面对,虚心接受,这不仅是态度认真与否,还要有正确的方法,才能收到好的效果。正确方法:

■ **(一)静静聆听**

尽可能地让批评者把意见表达完,如果听完了还不清楚错误所在,最好再问一句:"你能说得更具体一点吗?"以帮助你找出受批评的原因,分析批评是否有道理。

■ **(二)坦然接受**

如果是自己错了,勇敢地说一声:"是我错了,谢谢你的批评,我接受你的意见,今后注意改正。"这是最好的办法。

■ **(三)推迟作答**

如果批评者自恃有理,态度蛮横,那不妨说一声:"你让我再想一想,明天再谈好吗?"这样可以控制自己的情感,以免引起冲突。

■ **(四)婉言解释**

如果批评者对事实原委了解不够,批评没有道理或纯属误会,你可以作些解释,以便让对方了解事实真相。"你误会了,事情是这样的,……"语言委婉一些,语气平和一些,对双方都有好处,尤其是对你自己。

总之,对善意的批评,不能反击。如果反击肯定会造成尴尬的局面,伤害感情;也不能找借口推脱责任,或默不作声。这两种态度似乎是"消极抵抗",而且也不利于批评者指出你的错误所在。无论你采取什么方法,都要认真诚恳,心平气和。语言上你接受了批评,接下来还要有实际行动。如果批评者没有道理,你也不应该"耿耿于怀",更不应"借机报复"。须知当面给你提意见多半是为了你好,希望你进步,即使是一场误会,谈开了也就没事了,挟嫌报复只会损害自己的人格。

■ **五、积极消除隔阂**

每个人在日常与人交往中都可能同他人产生隔阂。所以,如何消除隔阂,促进人际关系的不断发展,是每个大学毕业生都会遇到的问题。

人与人之间产生隔阂的原因是多种多样的。隔阂产生的原因不同,消除隔阂的方法也应有所不同。概括地说,产生隔阂的原因主要有三种:

(1)由于交往双方不愿或很少暴露真实的自我,从而引起双方对彼此交往的诚意产生怀疑而造成隔阂。

(2)交往双方因在某件事上误会而造成的隔阂。

(3)因一方损害了对方的利益,或伤害了对方的人格、感情,而产生隔阂。

当你与他人有隔阂的时候,应冷静分析,找出原因,然后对症下药。

如果是因为双方互相缺乏了解产生的隔阂,就应该坦诚相处,以心换心。在人与人交往的过程中,我们应该相信好人占大多数。你向对方暴露自己内心世界和真实的自我,不会对你造成任何损害。只要我们抛弃"遇人只说三分话,未可全抛一片心"的旧观念,与人真诚相处,经常交流思想感情,就一定能消除第一种原因引起的隔阂。

如果是由于双方误会造成隔阂,就应该以你的宽容大度进行善意的解释,消除误会。由于每个人的性格脾气、文化修养、价值观念等存在一定的差异,其观察问题、认识问题、处理问题的方法也各不相同。因此,在交际过程中出现一些误会是难免的。对此我们应该给予充分的理解,如果是你误会了别人,要耐心听取别人的解释,以消除误会,当真相大白之后,双方误会与隔阂自会云消雾散。

如果是由于自己的不慎损害了对方,要向对方诚恳道歉,请求原谅。每个人都有自身的人格尊严和自身利益,不容他人损害。在与人交往的过程中,如果你伤害或损害了对方的人格和利益,将会引起对方的不满,甚至出现矛盾冲突。这种情况如不及时正确地处理,两人轻则产生隔阂,重则产生积怨。出现这种情况,不管责任是否完全在你,也不论有意还是无意,你都应该真心实意、诚恳地向受害人道歉,以求谅解。"诚之所至,金石为开"。只要表现出足够的诚意和耐心,定会化干戈为玉帛,消除隔阂。

■■■ 六、努力钻研业务

对于涉世不深、经验不足的大学毕业生来说,工作中出现某些差错和失误是难免的。但这并不意味着就可以理所当然地出现差错或失误。在实际工作中还是应该尽可能地避免差错,或减少到最低限度。要避免工作中出现差错和失误,首先,要在现任职业岗位上钻研业务,履行职责,很好地完成任务。学历、知识不等于能力,只有把知识应用于实践,它才可能转化为能力,理论知识和业务实践不断的结合才会尽快地提高你的业务能力。

其次,要加强薄弱环节。正如每个人都有自己的优点和长处一样,每个人也都有自己的缺点和不足。而缺点和不足往往是造成工作失误的主要根源。因此在具体的工作中要注意弥补自己的缺点和不足。

再次,还要注意培养良好的职业品德,树立正确的职业理想和职业价值观,具有忠于职守、敬业乐业、献身事业的精神,坚持严肃认真、实事求是的劳动态度,保持一丝不苟、精益求精的工作作风,尊重他人,团结协作,牢记为人民服务的宗旨。这些品德不仅是做好工作、为自己开拓未来道路的需要,而且是能够处理好各种人际关系的必要条件,是取得群众认可和领导赏识的基本依据。

案例

经验之谈

王先生一脸真诚地叙述着他的经历和体会:大学毕业转眼已6年了。在这6年间,我先后应聘到民企、外企工作,并且每次都是从零起步做到高级职位。在这当中也遭遇一些挫折,其中滋味无以言表,即"受宠者有之,遭贬者有之,得意者有之,失意者亦有之"。根据我的亲身体会,现将新进一家公司,特别需要关注的几个重点问题,介绍给广大朋友,特别是那些刚从学校毕业尚没有工作经验的朋友们。

1. 多做事,少说话

新进公司伊始,因不知公司内幕的深浅,不知道说什么是对的或说什么是错的。有时往往会因一句话说出来就引来大祸,尽管是说者对公司抱的是善意的目的.但未必得到良好的结果,而一开始就拼命工作,坚持"沉默是金"的做法,就能得到上级或同事的认可,留下美好的第一印象,也会为以后的长期发展打下坚实的基础。

2. 与直接上级建立深厚的工作情谊

在公司里与直接上司搞好关系好处有许多,因为你的直接上司是你在公司中交往最多的人,你所做的工作由他(她)来安排,你所写的报告由他(她)第一个签批,并且人力资源部门对你的表现进行考评时,也是以你的直接上司的意见为主的。可见,与直接上司的关系搞好了,他(她)将成为你在公司里发展的"贵人"。你的试用转正、提薪晋职、福利好处全靠他(她)的一张嘴、一支笔了。如果你与直接上司的关系搞僵了,那就有你的好看了,正所谓叫你"吃不了兜着走"。不信,你就试试,轻则处处找你的茬儿,让你没有一天好日子过。重则让你卷铺盖走人,看看谁比谁厉害。总之,直接上司可能是你在公司里发展的"贵人",也有可能成为你的"祸人",至于二者你取哪种,选择权最终就在你的手里,就看你是怎样运用这个权力的。

3. 记住上司永远是对的,其他的都是这句话的注解

有人会说,这句话有些过激,事实上这句话很实际。想想看公司的上司为什么要请你来,是不是为了满足他(她)的需要?你在公司里的成长和发展都取决于上司的需求被满足的程度。上司对你的表现满意,就晋升或提薪,个人的前途无量灿烂似锦。如果上司对你说半个"不"字,不用说你就有大麻烦了。

很多在职场上摸爬滚打的朋友常常会犯这种错误,就是认为自己的意见和建议是对的,是符合科学逻辑的,但往往忽略了一个最重要的"逻辑",那就是"胳膊扭不过大腿"和"上司永远是对的"。这一法则对刚进公司的新人来说,也是很有警示意义的。或许此时你的上司不是真正的公司上司,而是你的直接上司或是公司里某些你所惹不起的人,面对此情此景,你所要做的就是只需放下。

第三节 新的工作岗位中应注意的事项

大学毕业生刚参加工作,会遇到一个与学校完全不同的环境,总结近些年大学毕业生所遇到的问题与困境,应该注意以下方面的事项:

一、积极主动

毕业前夕,大学生跨过了层层求职障碍,闯过了道道考核难关,落实了工作单位,签订了就业协议。落实工作单位后,多数同学能像以前一样认真学习,完成毕业设计、毕业论文,准备答辩。但是毕业生还可以充分利用高校得天独厚的信息资源优势,针对自己将来所从事的行业性质和工作方向,搜集和整理与工作内容相关的资料,关注这一领域国内外的发展水平和发展趋势。未雨绸缪,先对工作进行尽可能的细致了解,更有利于更快地融入工作。

一旦到了工作单位,就要处处把自己当职业人看待,努力学习实践知识,寻找、创造锻炼业务能力的机会。上班伊始,领导可能不会交给你过多的工作,这时千万不要呆坐不动,要尽量使自己忙碌,诸如翻阅一些与工作有关的文件资料,或主动请教一些工作问题,以展示你的工作热忱。要给同事和领导留下好印象,就要做到眼勤、手勤、腿勤,坚持做到"多想、多问、多做、少说"。

每天早上班,晚下班。尽量每天提前一点时间上班,推迟一点时间下班。即使你并没有任何特殊或太多的工作要做,也要利用办公以外的时间多做一些服务性的劳动,如打开水、打扫卫生、整理内务等。

完成领导交办的第一个工作任务对自己意义重大,因为这是领导观察你工作态度、工作能力及与别人合作精神的重要窗口,也是使自己的事业有个良好开端的契机。所以,第一个任务的完成你要多多花心思,要多注意这几个方面:

首先,明确工作的目标和要达到的效果。要仔细聆听领导指示,并领会其意图,没有听懂一定要虚心请教,直到弄清为止。了解完成工作任务所需要的条件并尽可能地创造条件;尽可能了解工作对象的情况和特点;多设想几种实施方案和对策。

其次,做好充分的准备工作,拟定工作计划后,就要踏踏实实,一步一个脚印地去实施。稳扎稳打,坚忍不拔。要相信"功夫不负有心人","有耕耘才会有收获";机智灵活,破千斤。坚韧不等于呆板,越是艰巨的任务,就越要实事求是,随机应变;虚心学习,求助于人。"三人行,必有我师"。当遇到困难和难以解决的问题时,虚心向其他人请教。"一个篱笆三个桩,一个好汉三个帮",作为刚上阵的新兵,求助于人,不会使你难堪,反而让别人看到你的谦虚好学;沉着冷静,不怕挫折。无论计划多么周密,也是"纸上谈兵",遇到挫折,不能乱了方寸,慌了手脚。"吃一堑,长一智",先冷静下来,分析原因,再思对策,仍然可以掌握主动权,取得最后成功;胜不骄,败不馁。成功时,切莫被胜利冲昏了头脑;失败时,更莫沮丧灰心,只要总结经验,发愤图强,也许失败本身也是一种收获。

最后,写总结报告。任务完成后,即使领导没有要求,写一份总结报告都是很有必要的。如果你圆满地完成了任务,此举会扩大"战果",不仅使领导和同事们了解你的工作成绩,也可以使自身得到提高。如果任务完成得不好,总结就更为重要。通过总结使大家了解你是一个善于反省的人,还可以找出失败的原因,吸取教训,在以后的工作中少走弯路。

积极主动的工作态度总是很受人欢迎的,同事和领导都喜欢工作积极,态度认真,学习刻苦的新同事新员工。

■■■ 二、诚信踏实

守时守信,主动工作,遵守时间,讲求信用,这既是人际交往中的一种美德,又是工作关系中的纪律要求。初到工作岗位,提前上班,稍晚下班,严格遵守单位的规章制度,积极主动地做好自己力所能及的工作,与人交往不失约、不失信,如此无疑会有助于树立良好的诚实守信的印象。相反,没有时间观念,不遵守劳动纪律,消极被动地等待工作,不守约,不守信,不可能赢得别人的信赖和尊敬。同时诚实守信还要做到严守秘密,真诚待人,现代企业信息竞争很激烈,在外对本单位的人事物严守秘密,对内真诚地对待本单位的事务,也是现代企业对员工的重要纪律要求。

诚信踏实还要做到爱岗敬业,服从安排。当今社会是竞争的社会,优胜劣汰、适者生存,而且大学生现在越来越多,就业机会一年比一年少,对人才的要求一年比一年高,所以大学生对待自己好不容易找到的工作要十分珍惜,要干一行爱一行,要意识到不敬业就会失业。工作中要努力,要谦虚为怀,少攀比,少计较个人利益得失。理解公司的安排、遵守公司的政策规定,服从调遣,摆好自己的位置。不过刚毕业的大学生最容易有的想法却是:只想做将才,不想到生产一线去,只想管别人,不想被人管。这种想法只会让他们眼高手低,纸上谈兵,得不到单位的信任和重用。曾有用人单位这样说:"一些毕业生身上有两大致命弱点:一是怕吃苦,二是缺乏实践。工厂是从实践中出效益的,但有些毕业生既缺乏实践,又怕苦怕累,不愿深入实际,大事做不来,小事不愿做,自命清高,期望值过高,这是不可能取得成就的。"还有不少企业家这样说:"毕业生只要有艰苦奋斗的精神,业务基础差一点也行,因为业务知识可以在实践中逐步提高,而艰苦奋斗才是成才的基础和捷径。"从这些说法我们可以看得到,用人单位只会欢迎不怕苦不怕累、踏实肯干、不挑不拣的大学生。

最后,毕业生为了能一步一个脚印地踏踏实实开展工作,要养成撰写工作计划的习惯,工作完成后要把工作完成情况认真向领导汇报。无论领导是否要求,建议你都要主动写一份书面总结报告,把成功经验和失败教训加以分析,以便于领导了解你的学习进展情况而有利于自己今后工作的进一步发展。

案例

不得志的陈小姐

陈小姐人虽年轻,却已经换了六种工作,人们都称她是水性杨花,不停地跳槽。其实她是被上司炒掉的,其中有三份工作是在试用期满后被迫离开的。

陈小姐从事过行政助理、行销人员、企划等工作,她应聘过中小企业、大公司和外资机构。虽然阅历很丰富,但是新上司一看她小小年纪,就如此的沧桑多变,反而有点疑虑了。另外,虽然她做过多种工作,拥有多样化的工作经验,但是,只有短暂的时间投入,并没有使她培养出专而精的工作技能。对此,陈小姐抱怨说:"似乎每一个工作都差不多,都只做一些打杂、琐碎的事情,没有什么东西好学。"单调、无聊、毫无挑战性的工作,使陈小姐心里一直有明珠投暗的感觉,于是心里先有了跳槽之意,不久,便真的让人赶出公司。

由于习惯性地换工作,陈小姐渐渐产生一种"比"的念头,经常会将目前的公司与过去的公司作比较,她有句口头禅是:"怎么你们公司的做法是这样,过去我呆过的公司是如何如何……"陈小姐把过去的经验"推广"为她的行为模式与价值评判尺,结果限制了自己的学习态度与能力,忽略了每个公司都有自己的个性和实际情况这一常识。

三、不斤斤计较

大学毕业生,刚开始工作要树立高远的理想,要正确处理好赚钱和锻炼能力的关系,成为合格的建设者和接班人。要不断地超越自我;要勇于超越各种错误价值观的侵蚀;超越权力、地位、金钱的诱惑;超越社会上不良风气的影响;超越前进道路上的各种阻力。在走向成功的过程中,要具备坚强的意志和品质,敢于面对任何艰难险阻,勇于接受各种命运的挑战,把握自己的命运,成为生活的强者。鼠目寸光,斤斤计较于眼前的小名小利,功利主义至上,而不是把主要的精力放在能力的锻炼和发展领域的拓展上,到一定时候,这样的人就会停滞不前,毫无前途可言。斤斤计较的员工在单位里是不受欢迎的。

大学毕业坐到一个新单位,要敬岗爱业,立足本职,不要"这山望着那山高",总是羡慕别人的工资比自己高,别的单位的待遇比自己的好,别的部门和职位比自己的有前途,不断的追求更好条件的,更高待遇的,更有前途的工作,极力推崇"人往高处走,水往低处流"哲学,把当前所在的单位和职位当跳板,所以总是处于挑选对比的"不稳定状态"。其实,任何用人单位绝对不会重用将单位当"跳板"的人。这样的人也不是会抓住机遇发展和提高自己的人。因为,工作有没有前途,必须经过一段时间的实践,入了门,学到了系统的知识,才看得出来,而这是需要沉下心花时间来学的。至于工作待遇,那更是对能力的奖励,越有能力的人,待遇越好,而能力照样需要安下心踏实学习,不断积累形成,急功近利,趋炎附势的心态是没办法看到前途,也没办法锻炼能力的。因此,刚毕业的大学生,不要过于功利,过于急躁,最好在本职岗位上踏实学习,积累经验,锻炼能力,积聚人脉,树立专业形象,这样才会有功成名就,前途无量的一天。不安于本分,时间和精力都放在寻找待遇更好,前途更好的工作上,既得不到现单位的认可,又找不到更好的单位,最后寻寻觅觅,忙忙碌碌到头来还是竹篮打水一场空,枉费时间和精力。

▓▓▓ 四、不损公肥私

工作要讲职业道德,在工作中要注意:①不把单位的一些东西据为己有;②不利用自己职务之便,牟取私利;③不占用办公电话说私人的事情;④不结党营私,搞小团体、小圈子;⑤不打击报复,划定地盘,拉帮结派,党同伐异;⑥不收受贿赂,贪赃枉法……

这些不讲职业道德的行为,小处可能只会让你受到同事的鄙视,领导的讨厌或者单位规章制度的惩罚,过错大就会追究法律责任。尤其在国家单位、公务部门工作的人员,损公肥私,自私自利的行为那是损害国家和人民的利益,那是要受到人民的监督和法律惩处的。到时不要说大好前途、美丽人生,就是人身自由,身家性命都会保不住。所以,大学生就业伊始,就要树立正确的职业道德观,遵纪守法,遵守单位的规章制度,爱护国家和单位的财产,不做损害国家和集体的事,不为自己的私利钻国家和单位的空子,不利用自己职务便利捞取好处,做一个有才有品有前途的人。

▓▓▓ 五、不找借口

大学生刚参加工作,工作不适应、工作中出点差错是难免的,但千万不要把不适应、刚来不熟悉当借口,要从自身主观方面找原因,不适应业务工作要学习,不适应人际关系要改善,不适应生活习惯和节奏要克服,不适应紧张压力要锻炼,不熟悉业务流程要尽快熟悉和掌握,只有这样你才可能把自己锻炼成为一个有发展前途的人。如果工作难了不能做,老说自己没做过没经验,工作麻烦不想做,说不会做,工作责任大利益小不想做,说工作忙推脱,工作紧张不想做,说不舒服不能做……任何机会都会在你眼前溜走,不仅锻炼不了自己,久而久之,同事领导就觉得你工作不积极主动,懒惰,没有责任心,没有追求,慢慢的也就当你不存在,不再给你任何机会。

■■■ 六、不抱怨

不要觉得自己是大学毕业生就心高气傲,抱怨让自己从事简单工作是大材小用;抱怨给自己的待遇不够没有体现你的价值;抱怨工作条件太差;抱怨要加班加点;抱怨福利太少;抱怨身边同事文化低素质低;抱怨没人理解你认识你;抱怨领导不是伯乐,发现不了你的"真才实学"和"鸿鹄之志"。抱怨是你自己的事,但关系的前途也是你自己的,领导和同事只会从你的抱怨中看出你的浅薄和无知,渐渐地疏远你,不重用你。

一个真正有远大志向的年轻人是不会挑剔工作的,不会提过高要求。对于组织分配的工作,不会挑三拣四。即使所分配的工作难以胜任或兴趣不浓,也会先接受下来,力争干好。对于生活、工作条件,也不会提过高要求或计较一时的个人得失,一切只会从长计议。这样的青年一定会树立主人翁意识,把单位当成自己的家,不会有临时"做客"想法,不会让别人把自己当客人相待。这样的年轻人也会随时保持年轻人应有的朝气和活力,精神饱满,性格开朗;既不冒失莽撞,又不木讷呆板。同时也会积极参加单位组织的各项活动,充分展现自己的才能和特长,不断加深同事对自己的印象。即使自己缺乏特长,也会向领导或组织者说明情况,并表示积极参与的态度和精神。

案例

"管理"人员

某日上班期间,几位商场管理人员在卖场巡场时,发现某专柜的衣裳正在进行特价促销。几个管理人员就不亦乐乎地挑了几件衣服试穿起来。事后,当她们离开时,就听见促销员在背后小声嘀咕:"还是管理人员呢,自己都不遵守公司的制度,还来管我们,真是!"

案例剖析

1."管理人员要以身作则",这是我们每个人都会说的话,但真正要落在实处,却并不那么容易。

2.有句古话"身正,不令,其属而从之;身不正,虽令,其属下而不从",意思是如果你行得正,就算不发号施令,下属也会服从你;但如果你行为不正,就算下命令,下属也不会服从。这句话是否值得我们每位管理人员好好思考?

3.在公司最近下发的"创建优质服务"的文件中有这样一句话"一线员工为顾客提供优质服务,管理人员首先要做好表率",其实我们每位管理者在公司扮演的职责就是一个好的服务者——在后方为我们的一线员工提供良好的服务,然后一线员工再向我们的顾客提供良好的服务,这是一个很好的良性循环。反之,也可以想象。

思考与讨论

1. 你认为从大学生转为职业人应该做好哪些思想准备?

2. 在处理职场人际关系时要注意哪些?

3. 了解新入职场会遇到的困难。

4. 掌握走向职业成功的方法。

第二篇
创业篇

第九章　大学生创业概述

★　★　★

创业,顾名思义是创立事业。"广义的创业"包含以下两方面的内容:一是指个人在集体的某一岗位上,按照岗位要求并结合自己的发展目标而努力的创业活动,就是通常所说的"岗位立业"。二是指个人设立公司、开办企业等这类个人色彩较浓、个体行为较强的创业活动,主要是通过发挥自己的主动性和创造性,开辟新的工作岗位,拓展职业活动范围,创造新的业绩的实践过程。我们称其为"狭义的创业",或者说"自主创业"。本篇我们论述的大学生创业就是指狭义的创业(自主创业)。

第一节　大学生创业的前期准备

俗话说:台上一分钟,台下十年功。自主创业是很艰难的,做好创业前的各种准备,这是创业成功者的一条重要经验。千万不要因为就业压力大,而临时决定创业。因为有准备的创业都有始料不及的困难,何况是没有准备的。我们常说,机会总是青睐有准备的人,大学生长期呆在校园里,对社会缺乏了解,特别在市场开拓、企业运营上,很容易陷入眼高手低、纸上谈兵的误区。如果缺乏必要的思想准备、物质准备和技能准备,不经过深入的市场调查就仓促上马,很容易导致重大损失,更为可惜的是贻误战机而遗憾终生。

具体说来,大学生创业前要从以下几方面做好充分的准备:

■■■ 一、了解国内外相关行业信息

行业一般是指其按生产同类产品或具有相同工艺过程或提供同类劳动服务划分的经济活动类别,如饮食行业、服装行业、机械行业等。

在选定自己想要创业的行业之前,一定要先估量自己的创业资金有多少。因为,各行业的总投资有高有低,每一种行业都不一样,所以,先衡量自己所拥有的资金能够做哪些行业,再来做进一步的规划。然后,再依据行业发展的前景、自己本身的兴趣、专长、倾向、过去相关的工作资历、行业竞争性等因素,加以评估,看自己

适合从事哪种行业，以及从事哪种行业最具有竞争优势。

虽然，如今创业市场商机无限，但对资金、能力、经验都有限的大学生创业者来说，并非"遍地黄金"。在这种情况下，大学生创业只有根据自身特点，找到适合自己的行业领域，找准"落脚点"，才能闯出一片真正适合自己的新天地。如果能从自己熟知的领域入手，就能避免许多"外行领导内行"的尴尬，大大提高创业的成功率。对于综合类院校的大学生而言，创业可以参考以下几个方向的行业领域：一是智力服务领域，例如，家教领域就非常适合大学生创业，一方面，这是大学生勤工俭学的传统渠道，积累了丰富的经验；另一方面，大学生能够充分利用高校教育资源，更容易赚到"第一桶金"。二是连锁加盟领域，统计数据显示，在相同的经营领域，个人创业的成功率低于20％，而加盟创业的则高达80％。对创业资源十分有限的大学生来说，借助连锁加盟的品牌、技术、营销、设备优势，可以较少的投资、较低的门槛实现自主创业。三是自己开店，大学生开店，一方面可充分利用高校的学生顾客资源；另一方面，由于熟悉同龄人的消费习惯，因此入门较为容易。

商场如战场，做到知己知彼，方能战无不胜。大学生在创业初期一定要了解市场，踏踏实实做好市场调研和行业分析，不能进行理想化推理。行业分析的内容包括行业的生命周期阶段、行业的进入与退出障碍、行业的需求及竞争状况、竞争对手政策与价行业主导技术的发展趋势及行业的发展前景。在创业前，对整个行业以及趋势了解得越多，就会对雇主需要什么样的人了解得越多，从而便于创业者权衡自己，如有的行业现在看并不壮大，却有良好的发展前景；相反，有的行业现在虽如日中天，却正在逐步萎缩。

因此，在创业前期，在对自身有着充分认识的前提下，确定好自己的创业方向后，必须对自己所要准备进入的行业有一定的了解和分析，才能为将来的成功打下良好的基础。

■■■ 二、了解创业的相关法律法规

法制社会里，每个人在创业过程中都会遇到一些法律问题，了解和学习相关的法律法规是成功创业的必要条件。中国人民大学法学院范愉教授认为，大学生受过高等教育，如果相对系统地学习了法律知识，就应当具有运用法律知识上的能力以及寻找法律资源的渠道。当今的大学生并不缺乏法律观念，但在创业前，却可能很少认真地了解与创业相关的法律知识，或者虽有所了解，但是在实践中却忽视法律。在风险和利益共存的情况下，以赌博意识、投机心理和冒险行为替代理性的法律思维，急功近利，以致付出一些惨痛的教训。

首先，创业者要了解企业创建的相关法规。依照《中华人民共和国公司法》、《中华人民共和国公司登记管理条例》、《中华人民共和国企业法人登记管理条例》、《中华人民共和国私营企业暂行条例》等法律、法规和规章，创立企业从事经营活动，必须到工商行政管理部门办理生产经营登记手续，领取营业执照。这是国家对

生产经营者所行使的管理职能之一,也是生产经营者确认自身合法地位的法律程序。我国实行注册资本制,法律规定开办不同规模的企业必须要有一定数额的注册资金,如果是以实物、知识产权等无形资产或股权、债权等出资,需要了解有关资产评估等法规规定。如果从事特定行业的经营活动,还必须事先取得相关主管部门的批准文件。设立特定行业的企业,还需要了解有关开发区、高科技园区、软件园区(基地)等方面的法规、规章、有关地方规定,如《关于高新技术成果出资入股若干问题的规定》、《关于放宽小企业登记注册条件的若干意见》、《个人独资企业法》等等,这样有助于创业者选择创业地点,享受各种优惠政策。

其次,创业者要了解企业纳税的相关法规。依法纳税是每个企业和公民应尽的义务,创业者学习和了解国家税收政策和有关规定对于确保合法经营和企业正常业务的开展都是十分有利的。现行各种税法都明确规定,纳税人在开业、歇业、合并、分设、迁移时,都应在工商行政管理部门批准之日起 30 日内,持有关证件向当地税务机关开业税务登记、变更税务登记和注销税务登记。目前,我国大多数企业所需交纳的税种大致可分为国税和地税两部分,国税局核定缴纳的主要是增值税(部分企业还要缴纳消费税等其他税种);地税局核定应缴税种主要为营业税、个人所得税、企业所得税、城建税、教育附加税等。各企业在行业、地区和企业类型等方面千差万别,具体的税收政策也有较大差异。

此外,企业在经营过程中,会涉及到生产经营者之间的相互关系,就需要按照《经济合同法》办事;需要聘用员工,就涉及劳动法和社会保险问题,需要了解劳动合同、试用期、服务期、商业秘密、工伤、养老金、住房公积金、医疗保险、失业保险等诸多规定;需要依照法律尊重他人的知识产权,也要利用法律武器来捍卫和保护自己的知识产权,这就需要了解以专利、商标、版权为三大支柱的知识产权法律体系;在创业中,还要了解《担保法》、《票据法》等基本民事法律以及行业管理的法律法规,等等。

创业者在创业过程中要自觉接受法律的约束,合法创业、合法经营、依法行事。以上这些都是简单列举创业常用的法律法规,然而,创业过程所涉及的法律法规又是十分具体而复杂的,这要求大学生既要在创业前和实践中应不断学习和理解,对这些法规有一些基本的了解和掌握,专业问题须由律师去处理。

附:创业常用法律一览

1.基本法律:民法通则、合同法、担保法、票据法

2.公司企业法律:公司法、合伙企业法、个人独资企业法、中小企业促进法、企业登记管理条例、公司登记管理条例

3.劳动法律法规:劳动法、地市劳动合同条例

4.知识产权法律:著作权法、商标法、专利法

5.公司企业税法:企业所得税暂行条例、增值税暂行条例、营业税暂行条例、税收征收管理法

■■■■ 三、做好创业的相关知识准备

创业是一个系统工程，它要求创业者在企业定位、战略策划、产权关系、市场营销、生产组织、团队组建、财务体系等一系列领域有一定的知识积累，大学毕业生要进行自主创业，平日所学都是书本知识，很多是无法直接用于市场实践的纯理念，理财、营销、沟通、管理方面的能力普遍不足，要想创业获得成功，创业者必须做好创业的相关知识准备。

■■ (一)管理知识

所谓管理，就是一个组织在其各种活动中，根据组织内部的活动规律，通过对组织活动进行有效的决策、计划、组织、指挥和协调，使组织内的人力、物力、财力等各种资源得以优化组合，充分发挥组织内资源的最大效用，从而有效实现目标的管理。

通过学习以下相关管理知识，改进管理方法，丰富管理经验，不断发掘新的管理资源，努力提高管理水平。

(1)人事管理。

(2)资金财务管理。

(3)物资管理。

(4)生产运营管理。

(5)市场营销管理。

■■ (二)资金及财务知识

如果一个创业家以自己心中的梦想来开创事业，就要找到企业管理会计的"数"，财务是一个企业很重要的部分，它能够帮助企业家用量化的角度来看待企业经营，让决策制定更为有效。创业者需要掌握以下几方面的知识：

(1)货币金融知识。

(2)资金筹措知识。

(3)核算及记账知识。

(4)信托及投资知识。

(5)财务会计基本知识。

(6)外汇知识 。

■■ (三)营销知识

营销是创造、沟通与传送价值给顾客，及经营顾客关系以便让组织与其利益关系人受益的一种组织功能与程序。它既是一种组织职能，也是为了组织自身及利益相关者的利益而创造、传播、传递客户价值，管理客户关系的一系列过程。学习有关营销的知识，分析环境，选择目标市场，确定和开发产品、产品定价、分销、促销和提供服务以及它们间的协调配合，进行最佳组合，可以更好地满足和引导消费者的需求，实现企业经营目标。营销所需要的知识大致有以下几点：

(1)市场预测与调查知识。

(2)消费心理、特点和特征知识。

(3)定价知识和策略。

(4)产品知识。

(5)销售渠道和方式知识。

(6)营销管理知识 。

（四）合法开业知识

(1)了解有关私营及合伙企业、有限公司的法律法规。

(2)怎样进行验资？

(3)怎样申请开业登记？

(4)哪些行业不允许私营？

(5)哪些行业的经营须办理有关行业管理手续？

(6)怎样办理税务登记？

(7)纳税申报有哪些规定和程序？

(8)如何领购和使用发票？

(9)了解银行开户程序和有关结算规定。

(10)成为一般纳税人有哪些条件？

(11)你应该交哪些税费，如何交纳？

(12)怎样获得税收减征免征待遇？

(13)怎样进行账务票证管理？

(14)国家对偷漏税等违法行为有哪些制裁措施？

(15)了解增值税率及计征方法。

(16)工商管理部门怎样进行经济检查？

(17)了解行业管理部门如何进行行业管理和检查？

（五）其他知识

作为一个经营者还应具备的其他基本商业知识：货物知识、服务行业知识、劳动用工及社会保障知识、公关及交际基本知识等等。

上述知识的取得，可以通过专业培训，就业指导咨询，广播电视讲座，自学或向相关专业人员临时咨询等多种方式获得；在校期间除了学习知识以外，还可寻找机会深入社会，了解相关行业的基本运作模式，学习管理知识，学会处理资源、信息。当前，在大学里老师还只能起到整体的引导作用，针对个体的引导比较少，这就要学生积极主动向相关专业老师请教。还可以边干边学，边学边干，从书本上学习，向创业成功的人士学习，带着问题学，学以致用，不断总结经验，积极实践，逐渐了解和掌握，努力在风险莫测的市场中站稳脚跟，在创业的过程中少走弯路、少犯错误，让自己的事业越做越强，越做越大。而且，对于创业者来说，上述知识不需要全部都掌握，只需掌握与你选择的挣钱方法有关的知识，各取所需，学以致用。另外还可以通过合作的方式,让你的合作伙伴与你的知识形成互补关系。

四、做好创业的融资准备

一项调查显示,有四成大学生认为"资金是创业的最大困难"。除了家庭资助外,绝大部分创业大学生没有其他经济来源。目前,也有一部分大学生通过勤工俭学积攒下来部分资金,但创业初期的花销,经常会远远超支。国内风险投资市场低调也成为了阻碍大学生创业的一大问题。的确,巧妇难为无米之炊,没有资金,再好的创意也难以转化为现实的生产力。因此,资金是大学生创业要翻越的一座山,大学生要开拓思路,做好创业的融资准备。

在获取资金前,首先得明白自己需要多少资金,如何获得资金,资金的来源渠道如何。创业者必须具备一定的商业概念,是选择债权作为资金来源还是选择股权作为资金来源,你选择什么东西给你的投资人作保障,这些基本问题将决定创业的前期是否成功。除了银行贷款、自筹资金、民间借贷等传统途径外,还可充分利用风险投资、天使投资、创业基金等融资渠道。

用智力换资本,这是大学生创业的特色之路。一些风险投资家往往就因为看中大学生所掌握的先进技术,而愿意对其创业计划进行资助。因此,打算在高科技领域创业的大学生,一定要注意技术创新,开发具有自己独立知识产权的产品,吸引投资商。

许多人在创业初期往往求"资"若渴,为了筹集创业启动资金,根本不考虑筹资成本和自己实际的资金需求情况。但是,如今市场竞争使经营利润率越来越低,除了非法经营以外很难取得超常暴利。因此,广大创业者在融资时一定要考虑成本,掌握创业融资省钱的窍门。

(一)巧选银行,贷款也要货比三家

按照金融监管部门的规定,各家银行发放商业贷款时可以在一定范围内上浮或下浮贷款利率,比如许多地方银行的贷款利率可以上浮 30%。其实到银行贷款和去市场买东西一样,挑挑拣拣,货比三家才能选到物美价廉的商品。相对来说,国有商业银行的贷款利率要低一些,但手续要求比较严格,如果你的贷款手续完备,为了节省筹资成本,可以采用个人"询价招标"的方式,对各银行的贷款利率以及其他额外收费情况进行比较,从中选择一家成本低的银行办理抵押、质押或担保贷款。

(二)合理挪用,住房贷款也能创业

如果你有购房意向并且手中有一笔足够的购房款,这时你可以将这笔购房款"挪用"于创业,然后向银行申请办理住房按揭贷款。住房贷款是商业贷款中利率最低的品种,如 5 年以内住房贷款年利率为 4.77%,而普通 3~5 年商业贷款的年利率为 5.58%,办理住房贷款曲线用于创业成本更低。如果创业者已经购买有住房,也可以用现房做抵押办理普通商业贷款,这种贷款不限用途,可以当作创业启

动资金。

■■■(三)精打细算,合理选择贷款期限

银行贷款一般分为短期贷款和中长期贷款,贷款期限越长利率越高,如果创业者资金使用需求的时间不是太长,应尽量选择短期贷款,比如原打算办理两年期贷款可以一年一贷,这样可以节省利息支出。另外,创业融资也要关注利率的走势情况,如果利率趋势走高,应抢在加息之前办理贷款;如果利率走势趋降,在资金需求不急的情况下则应暂缓办理贷款,等降息后再适时办理。

■■■(四)用好政策,享受银行和政府的低息待遇。

创业贷款是近年来银行推出的一项新业务,凡是具有一定生产经营能力或已经从事生产经营活动的个人,因创业或再创业需要,均可以向开办此项业务的银行申请专项创业贷款。创业贷款的期限一般为 1 年,最长不超过 3 年,按照有关规定,创业贷款的利率不得向上浮动,并且可按银行规定的同档次利率下浮 20%;许多地区推出的下岗失业人员创业贷款还可以享受 60% 的政府贴息;有的地区对困难职工进行家政服务、卫生保健养老服务等微利创业还实行政府全额贴息。

■■■(五)亲情借款,成本最低的创业"贷款"

创业初期最需要的是低成本资金支持,如果比较亲近的亲朋好友在银行存有定期存款或国债,这时你可以和他们协商借款,按照存款利率支付利息,并可以适当上浮,让你非常方便快捷地筹集到创业资金,亲朋好友也可以得到比银行略高的利息,可以说两全其美。不过,这需要借款人有良好的信誉,必要时可以找担保人或用房产证、股票、金银饰品等做抵押,以解除亲朋好友的后顾之忧。

■■■(六)提前还贷,提高资金使用效率

创业过程中,如果因效益提高、贷款回笼以及淡季经营、压缩投入等原因致使经营资金出现闲置,这时可以向贷款银行提出变更贷款方式和年限的申请,直至部分或全部提前偿还贷款。贷款变更或偿还后,银行会根据贷款时间和贷款金额据实收取利息,从而降低贷款人的利息负担,提高资金使用效率。

个人创业往往离不开融资,无论是投资还是融资都存在风险。资深律师熊斌认为,个人创业者在融资时应当注意四点法律问题,以免日后带来更多麻烦:一是投资人与融资人的法律主体地位。如矿产资源的开发,没有企业的授权或者国有资产管理部门的授权,开发者就无权与投资人就投融资问题达成任何协议。二是融资方式的选择,如债权融资、股权融资、优先股融资、租赁融资等,各种融资方式对双方的权利和义务的分配也有很大的不同,对企业经营的影响重大。三是回报形式和方式的选择。例如债权融资中本金的还款计划、利息计算、担保形式等需要在借款合同中重点约定。四是股权安排。股权安排是投资人和融资人双方在即将成立的企业中的权利分配的博弈,是需要慎重考虑的事项。

第二节 选择创业方向和项目

创业方向和项目选择，是大学生自主经营创业首先需要解决的问题，是根据自己的特长与爱好选择创业项目，还是根据市场的冷热程度选择创业项目，困惑着很多希望自主经营创业的大学生。如果能够理性认识分析自己具备的实际条件、并结合市场需求与地区经济特色，是可以找到适合创业运作的项目的。

一、选择创业方向

大学生创业有优势，也有局限性。大学生思维活跃、充满活力、喜欢接受新鲜事物，学校的学习使大学生具备了一定的专业知识，但由于没有进入社会，商业意识、社会经验、企业管理、财务及营销等方面都比较欠缺，因此大学生在创业方向的选择上应扬长避短，寻找适合自己发展的道路。

（一）科技服务

大学生根据自己兴趣爱好结合专业可以做出一些科研成果，但这些科研成果往往难以转化成商品，更无法将它们直接用于创业，而我们的一些企业，特别是一些大中型企业会有许多科技难题，大学生可以通过老师、学校加强与企业联系，将企业难题作为科研课题，为企业提供科技服务。如果某项科技服务成果，能成为大企业的一个长期的配套产品或服务，这就将为创业者奠定一个稳定发展的基础。

（二）科技成果应用

大学的许多科技成果是与我们的生活息息相关的，但缺少应用方面的开发，许多都束之高阁。大学生可以利用自身的知识及学校资源，进行科技成果的应用开发。这里不一定把眼光放在能改变社会生活的大项目上，只要能找到与人们日常生活相结合的一个点，小商品就可能做成大市场。

（三）智力服务

服务业随社会经济的发展，在我们的生活中已占有越来越重要的地位。大学生创业应发扬自己的知识优势，选择一些需要知识和专业的智力服务。

（四）电子商务

现在网络已变得日益普及，它已成为人们生活的另一个舞台。电子商务成本低，不受时间、空间限制，大学生从小就学习和使用计算机，他们可以用自己的知识技能进行网上创业，做电子商务。大学生创业从电子商务起步的趋势近几年更是如火如荼，最直接的当数 C2C 的网上开店了。阿里巴巴网络技术有限公司集团公关部经理哈辰提供的数据显示，淘宝网店主中，年龄在 19～24 岁的占 35.38%，其中大多数是大学生。

（五）连锁加盟

连锁加盟是一种成功的商业模式，发达国家的连锁加盟在商业经营中占有很高的比例,在我国连锁加盟的比例还不高,还有很大的市场空间。连锁加盟可以为加盟者提供成功的模式和经验。对大学生来说,通过连锁加盟形式创业,可以弥补自身的不足,快速掌握经营所需的经验和知识,降低风险,提高创业成功率。通过连锁加盟创业的关键,是要寻找一个连锁加盟体系相对完善,适合自己的项目。

以上所说的一些创业方向,比较符合大学生的特点。随着大学精英教育向大众教育转变,大学生的就业也将从学历就业转变成能力就业,创业也将成为就业的一种选择。生存型的创业也将逐步成为我们的一种选择,因此,为了明天更美好的生活,我们的大学生应做好全方位的准备。

■■■ 二、确定创业项目

大学生根据自己的特长、爱好以及对当前环境及形势进行分析后,选定创业方向,接下来就该确定创业项目。

■■(一)科技服务及科技成果应用方面

身处高新科技前沿阵地的大学生,在这一领域创业有着"近水楼台先得月"的优势。

推荐商机:科技发明、专利转让、网络服务、网页制作、软件开发等。

> **案例**
>
> 在中国地质大学(武汉),赵温才被同学们称之为发明"疯子"。大学四年,他的小发明、小创造不计其数,其中6项获国家专利。2007年1月12日,即将大学毕业的赵温才靠已有专利的转让收入和平时的积蓄,筹资10万元注册成立了武汉加权知识产权咨询服务有限公司。
>
> 作为一名疯狂的科技爱好者,赵温才看到许多学生因为不了解知识产权,或因为没有必要的条件,使许多富有创意的设想无法变为具体的模型,更无法申请专利;还有许多学生因为找不到可靠的平台,无法让自己的专利转化为生产力。于是,在和几个同学进行了周密的市场调研和相关的培训后,赵温才决定就此创业。
>
> 创业初期是艰辛的。为了不断开拓市场业务,他们经常到武汉各高校开展宣传,很快便赢得了别人的认同。在成立不到9个月里,公司共指导客户成功申报国家专利79项,其中有数项专利正在跟相关开发商洽谈转化事宜。而赵温才自己的发明专利"液态水瞬时加热技术"也在去年9月以14万元转让给商家。

在当今高校,一个学生拥有一到两项国家发明专利已不新鲜,而这其中社会效益较大的专利往往成为学生创业的重要出路:第一,他们出让专利获得可观的转让费,另辟创业之路;第二,他们以专利为核心技术,构建团队自主创业或以专利入股的方式吸引风险投资进行创业。而赵温才正是以发明和专利这两大法宝探索出一条创业道路来。

(二)智力服务领域

智力是大学生创业的资本,在智力服务领域创业,成本相对较低,更有利于大学生创业起步。

推荐商机:投资咨询、理财规划、营销策划、翻译培训等。

案例

　　小悦是个大学毕业生,原来学的是俄语。在她刚刚大学毕业后的那一年夏天,镇上一家公司里来了几位俄罗斯客户。巧的是,这几位俄罗斯客户都不会讲英语,也都不带翻译,是自己拿着厂家的名片、直接找上门来的,并不是通过正规的外贸公司介绍进来的。由于当地多数大学生学的都是英语,所以,要找一个俄语翻译真不容易。刚好小悦有一个阿姨在那家公司任办公员,就这么地把小悦介绍给了老总。老总自然是喜出望外,马上派车把失业在家的小悦接了过来,答应付她每天贰千元的报酬,条件是:小悦得陪着那几位俄罗斯客人好好吃、好好看、好好玩。用老总对小悦的话来说,叫做"要笑脸相迎"。就这么地,小悦强撑着笑脸整整陪了那几位俄罗斯客人三天,一下子挣了六千元钱。

　　自从第一次做俄语翻译出名后,小悦的生意就一下子好起来了。后来,来余姚采购的俄罗斯客人越来越多了,小悦也就越来越吃香了。因为小悦不但俄语讲得好,还练出了一套不管人家客人怎么骂、她都始终笑脸相迎的本事,所以,很多公司、工厂和宾馆,都喜欢找小悦去应急了。

　　小悦仿佛从这些零星的生意中看到了一个趋势,在她积累了20万资金后,就断然地注册了一个专业的俄语翻译中心,专门给那些公司、工厂、宾馆翻译俄语资料,提供俄语翻译陪同服务。随着业务的迅速增长,小悦发现自己一个人忙不过来了,就干脆地出高工资把大学里的一些同学都给叫来了。现在,她的公司里已经有五个专职的俄语翻译了。

　　为了提高服务质量,小悦她们几个女生专门参加了一期迎宾小姐礼仪培训班,专门练习笑脸相迎的技巧。因为对雇主来说,不但需要她们提供俄语翻译服务,更需要她们提供礼仪导购服务。所以,会不会笑、笑得好不好,那是很关键的一项技术。但大家千万不要误会了,小悦她们的"卖笑",与风流场上的"卖笑",可不一样噢,她们卖的是"微笑"哦。

　　听说,小悦现在每年大约能够挣50万左右。因为她脑子活,现在不但拿报酬,还提成;不但提中方老板的成,还提俄罗斯人的成。小悦说,她的成功,得归功于她所学的俄语。可实际上,还得归功于她的笑。所以只要你机会掌握得好,就连笑也一样能够创业的。

案例

大学还没有毕业，就拥有了自己的公司，这是大连理工大学电子与信息工程学院 08 届毕业生李克诚在大学"修"来的另一个成果。大学生们在艰难的就业之路中寻求突围。年轻、思想活跃、文化程度高、喜欢挑战、勇于探索……创业正成为大学生的选择。

尽管大学毕业才半年，可拥有自己的公司已经一年多了。作为学子业成人才服务有限公司的负责人，说起自己的公司，李克诚说，他的创业并不是一时兴起，而是历经 4 年的准备。

李克诚是大连理工大学电子与信息工程学院 08 届毕业生。大一时，李克诚偶然结识了一位做惠普高校市场推广的学长，当其他同学处于懵懂状态时，他却抓住了机遇，利用这次机会开始了大学兼职工作。

大学期间，他做过不少兼职工作。在电子城做兼职时，他发现笔记本电脑的需求远远没有小件数码类产品的需求量大，于是他便做起了小件数码产品的高校代理，在锻炼自己中积累了丰富经验。由于表现出色，2007 年，李克诚大三的时候，一家著名的网络公司要将他纳入旗下，月薪近万，可被李克诚婉言回绝了。因为他已经有了自己的想法——开办属于自己的公司。

2007 年 11 月份，他创办的学子业成人才服务有限公司在和平现代城成立了。"毕业生和企业需求脱节，是目前普遍存在的问题。"李克诚说，自己就是要搭建两者沟通的桥梁。他与阿里巴巴的大连分公司合作，为其公司组织人员技术培训，寻找合适的兼职人员，并为公司的未来发展储备人才；各高校各专业的学生可以通过公司相关培训选择合适的公司和有兴趣的行业。这是新兴的人力资源服务类行业，旨在满足企业和高校学生的双向需求。现在，每个月近 3 万的净收益让他的团队尝到了创业的甜头。

李克诚说，到目前为止，自己的创业并没有遇见大的困难。他认为这与他的长期积累、深思熟虑和善于抓住机遇有非常大的关系。他说，大学里面有很多发展机会，善于抓住机会，善于挑战自我，努力提升能力才是关键。

（三）电子商务

在这方面大学生不应仅停留在网上开店、买卖传统商品上，而应该结合自己的特点提供一些网上智力服务，或一些有创意的电子商务。比如学国际贸易的可以通过网络寻求国际订单；为传统行业提供网络销售；为要走出去的中小企业提供外部信息；建立虚拟办公服务等等。

案例

马青是04电子商务专业的毕业生,在校期间尝试着在淘宝网上卖手机配件获得成功一度让他"名声大振"。上大二时,马青开始接触电子商务的专业课。一次,授课老师张健给他们布置了"在网上申请店铺"的课堂作业。原本想"交差了事"的马青就把自己准备800元贱卖的手机放到了网上,没想到最后居然1000块成交了。

尝到甜头的马青从此全身心地投入到网上交易中。一番筹备后,他在淘宝网申请了新店铺名"诺西尔通信手机配件",并于2006年10月开张,目前信誉度已达到二钻级别。"刚开始我也比较盲目,以为低端产品进价低好销货,但网上需求的多是中高端商品,6000块钱进的第一批货到现在还有点积压",说起创业的摸索,马青颇有感慨。随着供货渠道的丰富和销售技巧的提高,他发现自己的兴趣爱好真正找到了落脚点。大三毕业时,他坚定地走上了创业道路。到今年9月份他的公司注册资金已经达到了50多万,每月纯收入已经达到5000多元。

今年7月15日,作为优秀毕业生的马青随学校到杭州阿里巴巴总部参观考察。他发现杭州很多电子商务公司都是做国际业务的,有的订单高达几十万美元,自己所接触的武汉同行大多是做国内贸易。

看到差距的马青回武汉后,下决心重新学英语,重点是攻克口语和听力。他说,想从事电子商务的同学,在校一定要把握机会把外语学好。

(四)连锁加盟领域

统计数据显示,在相同的经营领域,个人创业的成功率低于20%,而加盟创业的则高达80%。对创业资源十分有限的大学生来说,最好选择运营时间在5年以上、拥有10家以上加盟店的成熟品牌。

推荐商机:快餐业、家政服务、校园小型超市、数码速印站等。

(五)创意小店

大学生年轻有朝气、思维活跃、喜欢接受新鲜变化时尚的东西,小店的经营相对简单,对社会经验、管理、营销、财务要求不高。因此,大学生可以发挥自己的特点,开一些有创意的小店

大学生开店,还可以围绕高校做文章,一方面可充分利用高校的学生顾客资源;另一方面,由于熟悉同龄人的消费习惯,因此入门较为容易。正由于走"学生路线",因此要靠价廉物美来吸引顾客。此外,由于大学生资金有限,不可能选择热闹地段的店面,因此推广工作尤为重要,需要经常在校园里张贴广告或和社团联办活动,才能广为人知。

推荐商机:创新的蔬果店、甜品店、饰品店、工艺品DIY店、二手商品买卖或交换等

案例

　　小丽大学毕业后,在母校附近的商业街开了一家书店。不过,由于校区周围已有5家书店、3家书报摊,竞争非常激烈,所以小丽的书店开业3个多月,利润还不够支付房租。

　　有一次,一位从事直销的朋友向她提供了一个信息:几天后,著名直销公司安利的总部,将在本市一家剧场内举办直销与创富报告会,本地及周边城市有3000多人参加。如果利用这个机会在现场出售有关创业和直销书籍,这些舍得花钱买门票的人绝不会吝惜买书的小钱。换句话说,若能找到合适的图书品种,在会场门口设立书摊现场售书,肯定会有很好的销量。

　　小丽一听,立刻与剧场负责人取得联系。经协商,剧场方面答应以200元的价格出租入口处一块空地。接着,小丽制作了"创业书店让您早日走上致富路"的宣传横幅,然后购进了100多种以营销和创富为主的书籍和杂志。

　　报告会开始那天,数千名与会者一进剧场就看到这个特殊的书摊,一下子瞧见那么多创业书籍,就纷纷掏钱购买。等报告会结束,仍有许多顾客在挑选书籍。到收摊时,小丽准备的400多册图书几乎销售一空,当日营业额高达8000元,这可是她书店两个月的销售额。因为图书批零差价较大,很多书的进价仅是定价的6折,所以这一天她净赚了3000多元。

　　尝到甜头后,小丽从此一发而不可收拾。为减少经营成本,她将书店承包给别人,并另招了两名兼职大学生,密切关注各种会展信息,专门做起了会展流动售书。一次,她从报上得知当地将举办经济适用房供需见面会,于是专门购进了《银行按揭指南》《购房怎样避免陷阱》《怎样购买二手房》等书籍,在见面会上租赁场地,竖起广告牌,摆起流动书摊。因参会者都是来买房子的,见有这么全的房产图书,当然会顺手买上一两本作参考。有的房产商还在现场购买一些装修指南、居家设计之类的图书作为纪念品,送给签订购房合同的顾客。这样,让小丽的流动书摊销量猛增。

　　还有一次,北京举办国际理财博览会,小丽带着一名员工迅速赶至现场,先和一家经常合作的图书批发商达成协议,先赊销各种理财类书籍,如半月内卖不完的可退货。为吸引顾客,她在会展中重点推销各类理财畅销书。结果,一周时间内,她的流动书摊赚了2万多元。就这样,小丽不断让"流动会展书摊"延伸到更多的领域。在汽车展上,她设摊卖汽车书籍和杂志;在奇石收藏展上,她卖《奇石鉴赏》《古玩收藏指南》……在为别人提供方便的同时,小丽也实现赚钱的梦想。

　　毕业于山东经济学院计算机信息管理专业的刘春霞,前些年被分配到枣庄市山亭区的打火机厂。当时的打火机厂连一台微机都没有,她只能进车间做一名普通工人,所学专业基本没有用武之地。

案例

山亭区也是山东省的欠发达地区，当地经济社会发展比较滞后。刘春霞当时情绪很有些低落。但她没有怨天尤人，反而在当地的"落后"中发现了创业的机遇。

当时，山亭区没有一家打字社，一些单位打印材料须往返50多公里路到枣庄市区。刘春霞想，随着社会的发展，计算机的用途会越来越广泛，而最基础的文字处理也有着不错的商机，干脆就从开打字社开创自己的事业吧。但此时刘春霞身无分文。她四处奔波借钱，东挪西凑，终于筹集了两万元，租了一个面积仅10平方米的门面房。在采购了必需的设备后，刘春霞穷得连一张桌子也买不起了。不过不要紧，年轻的心敢于面对任何困难。她把机器的外包装纸箱用胶带封好当桌子，蒙上漂亮的金丝绒，上面放上打字机、油印机，便踏上了创业之旅。

白手创业之初，条件比较艰苦。一辆破旧的自行车是她唯一的交通工具，无论购买材料、联系业务还是买菜买饭，都骑着它。由于房子太小，晚上休息时就把沙发打开当床。房子里用着煤球炉子，为防止煤气中毒，冬天的夜里都要打开窗户睡，冻得她直哆嗦。

不过，艰苦归艰苦，凭着良好的技术、热情周到的服务，刘春霞的生意很快红火起来。两年后，原先10平方米的小打字社已经发展成为粗具规模的计算机服务中心。如今，刘春霞成了山亭区一位小有名气的个体老板，她先后被授予枣庄非公有制经济界优秀青年标兵、文明市民和山亭区首届"十大巾帼创业明星"等多种荣誉称号

第三节　编写创业计划书

创业计划书是创业者叩响投资者大门的"敲门砖"，一份优秀的创业计划书往往会使创业者达到事半功倍的效果。

▨▨▨ 一、制定创业计划书的基本步骤

制定一份完整的创业计划书，一般需经过以下阶段：

（1）第一阶段：经验学习。

（2）第二阶段：创业构思。

（3）第三阶段：市场调研。

（4）第四阶段：方案起草。

写好创业方案全文，加上封面，将整个创业要点抽出来写成提要，然后要按下面的顺序将全套创业方案排列起来：

(1)市场机遇与谋略；

(2)经营管理；

(3)经营团队；

(4)财务预算；

(5)其他与听众有直接关系的：信息和材料，如企业创始人、潜在投资人，甚至家庭成员和配偶。

第五阶段：最后修饰阶段

(1)首先，根据你的报告，把最主要的东西做成一个1～2页的摘要，放在前面；

(2)其次，检查一下，千万不要有错别字之类的错误，否则别人会怀疑你是否做事严谨；

(3)最后，设计一个漂亮的封面，编写目录与页码，然后打印，装订成册。

第六阶段：检查

在创业计划书写完之后，创业者最好再对计划书检查一遍，看一下该计划书是否能准确回答投资者的疑问，争取投资者对本企业的信心。通常，可以从以下几个方面对计划书加以检查：

(1)你的创业计划书是否显示出你具有管理公司的经验。如果你自己缺乏能力去管理公司，那么一定要明确地说明，你已经雇了一位经营大师来管理你的公司。

(2)你的创业计划书是否显示了你有能力偿还借款。要保证给预期的投资者提供一份完整的比率分析。

(3)你的创业计划书是否显示出你已进行过完整的市场分析。要让投资者坚信你在计划书中阐明的产品需求量是确实的。

(4)你的创业计划书是否容易被投资者所领会。创业计划书书应该备有索引和目录，以便投资者可以较容易地查阅各个章节。此外，还应保证目录中的信息流是有逻辑的和现实的。

(5)你的创业计划书是否在文法上全部正确。如果你不能保证，那么最好请人帮你检查一下。计划书的拼写错误和排印错误能很快就使企业家的机会丧失。

(6)你的创业计划书能否打消投资者对产品或服务的疑虑。如果需要，你可以准备一件产品模型。

■■■ 二、创业计划的框架结构

准备创业方案是一个展望项目的未来前景、细致探索其中的合理思路、确认实施项目所需的各种必要资源、再寻求所需支持的过程。一般来说，在创业计划书中应该包括创业的种类、资金规划及基金来源、资金总额的分配比例、阶段目标、财务预估、行销策略、可能风险评估、创业的动机、股东名册、预定员工人数、具体内容一般包括以下十一个方面。需要注意的是，并非任何创业方案都要完全包括以下框架结构中的全部内容。创业内容不同,相互之间差异也就很大。

■ (一)封面

封面的设计要有审美观和艺术性,一个好的封面会使阅读者产生最初的好感,形成良好的第一印象。

■ (二)计划摘要

计划摘要是创业计划书的精华。计划摘要涵盖了计划的要点,以求一目了然,以便读者能在最短的时间内评审计划并作出判断。计划摘要一般包括以下内容:

(1)公司介绍;

(2)管理者及其组织;

(3)主要产品和业务范围;

(4)市场概貌;

(5)营销策略;

(6)销售计划;

(7)生产管理计划;

(8)财务计划;

(9)资金需求状况等。

摘要要尽量简明、生动。特别要说明自身企业的不同之处以及企业获取成功的市场因素。

■ (三)企业介绍

这部分的目的不是描述整个计划,也不是提供另外一个概要,而是对你的公司作出介绍,因而重点是你的公司理念和如何制定公司的战略目标。在介绍企业时,首先要说明创办新企业的思路,新思想的形成过程以及企业的目标和发展战略。其次,要交代企业现状、过去的背景和企业的经营范围。最后,还要介绍一下创业者自己的背景、经历、经验和特长等。企业家的素质对企业的成绩往往起关键性的作用。在这里,企业家应尽量突出自己的优点并表现自己强烈的进取精神,以给投资者留下一个好印象。

■ (四)行业分析

在行业分析中,应该正确评价所选行业的基本特点、竞争状况以及未来的发展趋势等内容。

关于行业分析的典型问题:

(1)该行业发展程度如何?现在的发展动态如何?

(2)创新和技术进步在该行业扮演着一个怎样的角色?

(3)该行业的总销售额有多少?总收入为多少?发展趋势怎样?

(4)价格趋向如何?

(5)经济发展对该行业的影响程度如何?政府是如何影响该行业的?

(6)是什么因素决定着它的发展?

(7)竞争的本质是什么？你将采取什么样的战略？

(8)进入该行业的障碍是什么？你将如何克服？该行业典型的回报率有多少？

■ (五)产品(服务)介绍

在进行投资项目评估时,投资人最关心的问题之一就是——风险企业的产品、技术或服务能否以及在多大程度上解决现实生活中的问题,或者,风险企业的产品(服务)能否帮助顾客节约开支,增加收入。因此,产品介绍是创业计划书中必不可少的一项内容。产品(服务)介绍部分,应提供所有与企业的产品或服务有关的细节,包括企业所实施的所有调查。这些问题包括:产品正处于什么样的发展阶段?它的独特性怎样?企业分销产品的方法是什么?谁会使用企业的产品,为什么?产品的生产成本是多少,售价是多少?企业发展新的现代化产品的计划是什么?把出资者拉到企业的产品或服务中来,这样出资者就会和创业者一样对产品有兴趣。在产品(服务)介绍部分,企业家要对产品(服务)做出详细的说明,说明要准确,也要通俗易懂,使不是专业人员的投资者也能明白。

一般地,产品介绍必须要回答以下问题:

(1)顾客希望企业的产品能解决什么问题,顾客能从企业的产品中获得什么好处?

(2)企业的产品与竞争对手的产品相比有哪些优缺点,顾客为什么会选择本企业的产品?

(3)企业为自己的产品采取了何种保护措施,企业拥有哪些专利、许可证,或与已申请专利的厂家达成了哪些协议?

(4)为什么企业的产品定价可以使企业产生足够的利润,为什么用户会大批量地购买企业的产品?

(5)企业采用何种方式去改进产品的质量、性能,企业对发展新产品有哪些计划等等。

■ (六)人员及组织结构

在企业的生产活动中,存在着人力资源管理、技术管理、财务管理、作业管理、产品管理等等。而人力资源管理是其中很重要的一个环节。因为社会发展到今天,人已经成为最宝贵的资源,这是由人的主动性和创造性决定的。企业要管理好这种资源,更是要遵循科学的原则和方法。管理者的职能就是计划,组织,控制和指导公司实现目标的行动。在创业计划书中,应首先描述一下整个管理队伍及其职责,然而再分别介绍每位管理人员的特殊才能、特点和造诣,细致描述每个管理者将对公司所做的贡献。创业计划书中还应明确管理目标以及组织机构图。此外,在这部分创业计划书中,还应对公司结构做一简要介绍,包括:公司的组织机构图;各部门的功能与责任;各部门的负责人及主要成员;公司的报酬体系;公司的股东名单,包括认股权、比例和特权;公司的董事会成员;各位董事的背景资料。

(七)市场预测

应包括以下内容:

(1)需求进行预测;

(2)市场预测市场现状综述;

(3)竞争厂商概览;

(4)目标顾客和目标市场;

(5)本企业产品的市场地位等。

(八)营销策略

营销是企业经营中最富挑战性的环节,影响营销策略的主要因素有消费者的特点、产品的特性、企业自身的状况以及市场环境等方面的因素。最终影响营销策略的则是营销成本和营销效益因素。在创业计划书中,营销策略应包括以下内容:

(1)市场机构和营销渠道的选择;

(2)营销队伍和管理;

(3)促销计划和广告策略;

(4)价格决策。

(九)制造计划

创业计划书中的生产制造计划应包括以下内容:

(1)产品制造和技术设备现状;

(2)新产品投产计划;

(3)技术提升和设备更新的要求;

(4)质量控制和质量改进计划。

(十)财务规划

财务规划需要花费较多的精力来做具体分析,其中就包括现金流量表,资产负债表以及损益表的制备。流动资金是企业的生命线,因此企业在初创或扩张时,对流动资金需要有预先周详的计划和进行过程中的严格控制;损益表反映的是企业的赢利状况,它是企业在一段时间运作后的经营结果;资产负债表则反映在某一时刻的企业状况,投资者可以用资产负债表中的数据得到的比率指标来衡量企业的经营状况以及可能的投资回报率。

财务规划一般要包括创业计划书的条件假设、预计的资产负债表、预计的损益表、现金收支分析、资金的来源和使用等。

可以这样说,一份创业计划书概括地提出了在筹资过程中创业者需做的事情,而财务规划则是对创业计划书的支持和说明。因此,一份好的财务规划对评估风险企业所需的资金数量,提高风险企业取得资金的可能性是十分关键的。如果财务规划准备的不好,会给投资者造成企业管理人员缺乏经验的印象,降低风险企业的评估价值,同时也会增加企业的经营风险,那么如何制订好财务规划呢? 这首先要取决于风险企业的远景规划——是为一个新市场创造一个新产品,还是进入一个财务信息较多的已有市场。

　　着眼于一项新技术或创新产品的创业企业不可能参考现有市场的数据、价格和营销方式。因此,它要自己预测所进入市场的成长速度和可能获得的纯利,并把它的设想、管理队伍和财务模型推销给投资者。而准备进入一个已有市场的风险企业则可以很容易地说明整个市场的规模和改进方式。风险企业可以在获得目标市场的信息的基础上,对企业头一年的销售规模进行规划。

　　企业的财务规划应保证和创业计划书的假设相一致。事实上,财务规划和企业的生产计划、人力资源计划、营销计划等都是密不可分的。要完成财务规划,必须要明确下列问题:(1)产品在每一个期间的发出量有多大? (2)什么时候开始产品线扩张? (3)每件产品的生产费用是多少? (4)每件产品的定价是多少? (5)使用什么分销渠道,所预期的成本和利润是多少? (6)需要雇佣那几种类型的人? (7)雇佣何时开始,工资预算是多少等等。

■■(十一)风险与风险管理

　　(1)你的公司在市场、竞争和技术方面都有哪些基本的风险?

　　(2)你准备怎样应付这些风险?

　　(3)就你看来,你的公司还有一些什么样的附加机会?

　　(4)在你的资本基础上如何进行扩展?

　　(5)在最好和最坏情形下,你的五年计划表现如何?

　　如果你的估计不那么准确,应该估计出你的误差范围到底有多大。如果可能的话,对你的关键性参数做最好和最坏的设定。

案例

花店商业计划书

目录:

一、项目背景

二、公司项目策划

1.公司使命

2.公司目标

三、经营环境与客户分析

1.行业分析

2.调查结果分析

3.目标客户分析

案例

四、经营策略

1. 小组成员：

2. 营销策略分析

3. 网上花店策略实施

五、营销效果预测与分析

1. 营业额收入

2. 支付方式

3. 订货方式

4. 客户特点

5. 消费特点

6. 信息基础设施

六、经营成本预估

七、系统开发计划

1. 系统开发计划

2. 系统逻辑方案

八、项目小结

1. 主要工作完成情况调查

2. 不足与困难之处

案例

一、项目背景

千姿百态的花朵述说着千言万语,每一句都解说着"美好",特别是现在。随着人们的生活水平不断进步,生活质量不断提高。对生活的追求!鲜花已经是人们生活不可缺少的点缀!花卉消费近年来呈越来越旺的趋势,除了花卉本身所具俏丽姿容,让人们赏心悦目,美化家居等功效外,它还可以开发人们的想象力,使人们在相互交流时更含蓄,更有品位。这样我们创办网上校园花店以鲜花专递为市场切入点,兼顾网站长期市场占有率和短期资金回报率以抢占市场,以满足个性消费为主题,以鲜花为试点带动其他产品,最终能形成具有"地质大学青鸟花店"品牌优势的市场,是十分可行的。

案例

二、公司项目策划

1. 提供鲜明,公司使命

有效、畅通的销售渠道,提供产品服务为根本,促进鲜花市场的大发展。我们的青鸟将成为一个可爱的信使,把祝愿和幸福送到千家万户。为人类创造最佳生活环境!

2.公司目标

立足地大,服务武汉,辐射华中,创建网上花店一流的公司。

本公司将用一年的时间在武汉的消费者中建立起一定的知名度,并努力实现收支平衡。在投入期仅选择网站总站所在地质大学西校区作为试点市场,该区市场容量在 3 000 人以上,较有代表性,试点时间为一个半月。当模式成功后,以 ASP 的形式在分站推广。经过 3 到 6 个月的运营后再扩张到其余的市场。

三、经营环境与客户分析

1. 行业分析

"地质大学青鸟花店"网站是由在校大学生推出的面向 650 万在校大学生的垂直网站,因此目标消费者定位为在校大学生。该网站除武汉地质大学的总站外,在湖北各高校设有分站,因此,暂定的目标消费群以湖北各高校大学生为重点,将来逐步扩大市场,以中国地质大学为例,各类在校生近 2 万人,则投入 8 校共有近 20 万的目标消费者,而最新的统计表明,全国在校大学生有 650 万左右,这样的市场规模是相当庞大的,而且考虑到将来在校生毕业后仍将成为网站的忠诚客户这一现实,目标市场的容量将是相当可观的。

2. 调查结果分析

本公司以武汉的各高校大学生为重点进行客户分析,主要采取问卷调查和个别访谈的方式.此次我们共发出问卷 50 份,收回 37 份。由于时间有限,问卷数量不多,但还是从一定程度上反映了广大消费朋友的消费心理和需求。

(1)有明显的好奇心理,在创新方面有趋同性,听同学或朋友介绍产生购买行为。

(2)购买行为基本上是感性的,但由于受自身经济收入的影响其购买行为又带有理性色彩,一般选择价位较低但浪漫色彩较浓的品种。

(3)在校大学生没有固定的购买模式,购买行为往往随心所欲。

(4)接受和吸收新事物的能力强,追求时尚,崇尚个性。

案例

(5)影响产品购买的因素依次为:价格,品种,包装,服务等。

(6)购买行为节日性很强,一般集中在教师节,情人节,圣诞节及朋友生日前后。

3.目标客户分析

在校大学生购买一般不问价格,但从网上订单来看侧重于中档价位。在订单数量上倾向于能表达心声,如大多数订购1支(你是我的唯一),3支(我爱你),19支(爱情路上久久长久),21支(最爱)等等,在教师节这一天往往以班级人数为单位订购鲜花。包装一般倾向于要求高档化,有向个性化方向发展的趋势,对鲜花的质量要求比较苛刻,如不允许有打蔫现象等。

四、经营策略

1.小组成员:

黄金金(组长)　主要负责网站的制作和维护

蒋文敏　主要负责开发计划

李　鑫　主要负责经营策略与项目规划

王　鹏　主要负责市场调查和结果分析

2.营销策略分析

2.1　品牌策略

网站建设初始,我们便非常重视品牌。在品牌包装上,由美工人员根据详细的市场调查和大胆预测,采取动态与静态页面相结合的设计方案,从视觉形象和文字字体都经过精心规划,力求具有独特创新。

2.2　价格策略

青鸟网上花店在原料,包装,服务等方面力求尽善尽美,努力给客户最大限度的享受和心理满足。既走价格路线,又走质量路线,满足不同层次消费者的需求。

2.3　促销策略

(1)宣传策略

利用学校广播站,报栏,宣传栏免费宣传另外利用网站本身信息流优势宣传和突出形象,并与各大报社,地方电台与电视台建立良好的关系,采取互惠互利双赢的战略模式。

(2)服务方面

网上花店的服务必须是一流的,对于配送队员而言,只要有订单,就必须按照订单要求按时按地送到,并且是微笑服务。在售后服务方面,由客户服务部负责采取以下几种方式:

案例

①打感谢电话或发 E-MAIL 进行友情提醒服务,并在客户重大节日时发电子贺卡。

②无条件接受客户退货,集中受理客户投诉。

③设立消费者调查表,附赠礼品,掌握消费者需求的第一手资料。

④第一次订购的客户将收到随花赠送的花瓶,并享受价格优惠,成为会员后享受会员价格。

⑤不定期的在网上或离线召开会员沙龙,交流信息,沟通感情,并解答客户最感兴趣的问题。

⑥建立客户数据库档案,客户重复订购时只要输入名字,客户的其他信息便自动调入系统。

2.4 渠道建设

就目前来看,网上花店主要是与一级批发商建立业务关系。选择批发商时,一般考察其经营业绩,信誉,合作态度,供货是否及时等方面,要求此批发商在同一城市有位于不同区域的几家营销网点,以便于各高校配送成员就地取花。通常与批发商签订合作协议,就价格与产品质量等问题达成一致意见。

3. 网上花店策略实施

3.1 市场范围选择 在投入期仅选择网站总站所在中国地质大学西校区作为试点市场,该区市场容量在 3 000 人以上,较有代表性,试点时间为一个半月。该模式成功后,以 ASP 的形式在分站推广。先在已经建成的另外 7 个分站试运营,经过 3 到 6 个月的运营后再扩张到其余的市场。

3.2 重点宣传客户,宣传对象以在校学生为主,他们对流行感兴趣,往往容易引领潮流。

3.3 现场促销选择每年 9 月 8 日和 9 月 9 日两天为重点宣传日期,在此之前,将宣传单分发至学生宿舍。宣传内容包括:

(1)悬挂统一的彩色横幅,位于校园主干道上,数量为 3—5 条,以"青鸟花店"网址和"校园花店隆重推出"为题搭配悬挂。

(2)在校园人流量较高的位置如宿舍门口和食堂附近搭一宣传台,摆放 3—5 台微机,可以上网查询并订购;放置一宣传板详细介绍花店内容,并摆放实物鲜花,在宣传当天将配送礼品现场送出。

(3)请学校广播站播发"青鸟花店"宣传部门拟定的宣传材料,在早、中、晚各一次,连续数日。

(4)为营造气氛,安排两名小姐佩带写有"青鸟花店"网址的绶带,进行解说,并组织抽奖活动,中奖者可以现场订购 20 元以下的鲜花,由网站付款。

(5)在宣传当天,请与学校有关的媒体到现场报道,如武汉晚报,各地方电视台等。

五、营销效果预测与分析

1.营业额收入

据调查分析,我们可以预测在主要节假日,每天销售额在1 000元以上。

2.支付方式

根据有关材料网上在线支付将会达到20%,我们正积极与招商银行等金融单位联系建立业务合作关系,促进在线支付。

3.订货方式

E—MAIL订单,直接进入"青鸟花店"网站校园花店订购,电话订购。另外,我们重点推出备受学生喜欢的短信订购。

4.客户特点:年轻化。100%为青年人,以男性学生为主;他们信誉高,文化素质高,无坏账现象。

5.消费特点:60元以下的鲜花最受欢迎。

6.信息基础设施

公司网站主要是以虚拟主机的形式存在的,故公司暂时不需要具备信息方面的硬件设施。对于信息软件的开发和网站的建设,公司将通过内部成员中计算机较好的同学和招聘有这方面特长的成员来共同完成。B2C网站虽然在理论上可以实现零库存,但是现实中要达到这一点却很困难。

六、经营成本预估

1.原则:把每一分钱用在刀刃上,充分发挥每一分钱的价值

2.初期投资:这一时期,资金主要用于外购整体网络服务(虚拟主机),产品采购,系统开发和维护,前期宣传,物流配送等方面上。预计需要人民币2万元左右。从网站建立到网站正常运作起来大约需要一个月的时间。

3.第二期投资:这一阶段我们的服务将辐射到各大高校和武汉市区。,服务的内容会有很大的扩展,服务的质量也将有进一步的提高。其资金来源主要是公司前期盈利的积累和外来资金的引入,如银行的信贷。

七、系统开发计划

1.系统开发计划

根据公司创建初期资金缺乏的情况和我们开发小组的实际情况,我们决定选择虚拟主机的方式来建立我们公司的网站。当然随着业务的扩大,资金的充裕,我们会考虑建立公司自己的网站。在系统初具雏形后,公司将根据预定的系统功能要求来逐步进行实时测试。系统的完备无疑是一个测试、完善、再测试、再完善的过程,直至系统功能达到公司预期的要求。

案例

2.系统逻辑方案

系统逻辑方案是实现电子商城的经营目标,策略和方式的总体框架。下面结合本公司实际情况做出图解说明五大模块:系统商务活动流程,系统总体逻辑结构,系统数据分布,信息处理模块和安全控制模块。

八、项目小结

1.主要工作完成情况调查

了解到广大大学生朋友的真实需求,而且公司从实现目标、运营机制、项目策略等方面都进行了总体规划。另外,在系统开发计划方面,公司也结合我国的实际情况,参阅了大量的关于网站服务方面的文献,也结合了课堂上所学的电子商务的知识,做出了适合公司的网站运作流程和设计流程,以及适合我们公司的系统逻辑方案。最重要的是,针对目前鲜花市场上适合大学生朋友特殊要求的情况,我们自行设计了一系列服务产品,如短信订购鲜花,附带祝福卡片,电话传情等并且制定了合理的价位。与此同时,我们还设立了论坛,不仅满足了广大青年学生等切实需要,也可以满足社会不同年龄层次消费者的需求!

2.不足与困难之处

由于我们企业刚刚开始计划,资金方面存在严重不足,同时由于时间紧迫,整个计划书难免有些欠缺,不过我们会尽量地去充实,完善之。在网站设计,制作方面,由于我们小组成员对与此相关的知识了解得不够多,致使我们在网站设计时有很大的困难,但是经过我们的共同努力和协作,青鸟花店网站已初具规模,送人玫瑰之手,终久留有余香。我们相信,在以后的努力中,本网站一定会得到进一步的完善!

(商业计划书案例摘自大学生创业网 http://www.jsmzw.com)

思考与讨论

1.大学生创业需要做好哪些准备?

2.如何选择创业项目?

附录 ★★★ 国家促进普通高等学校毕业生就业政策百问

一、鼓励和引导高校毕业生到城乡基层就业

1. 什么是基层就业？

基层就业就是到城乡基层工作。国家近几年出台了一系列优惠政策鼓励高校毕业生积极参加社会主义新农村建设、城市社区建设和应征入伍。一般来讲，"基层"既包括广大农村，也包括城市街道社区；既涵盖县级以下党政机关、企事业单位，也包括社会团体、非公有制组织和中小企业；既包含自主创业、自谋职业，也包括艰苦行业和艰苦岗位。

2. 国家鼓励毕业生到基层就业的主要优惠政策包括哪些？

（1）对到农村基层和城市社区从事社会管理和公共服务工作的高校毕业生，符合公益性岗位就业条件并在公益性岗位就业的，按照国家现行促进就业政策的规定，给予社会保险补贴和公益性岗位补贴。

（2）对到农村基层和城市社区其他社会管理和公共服务岗位就业的，给予薪酬或生活补贴，同时按规定参加有关社会保险。

（3）对到中西部地区和艰苦边远地区县以下农村基层单位就业、并履行一定服务期限的高校毕业生，以及应征入伍服义务兵役的高校毕业生，按规定实施相应的学费补偿和国家助学贷款代偿。

（4）对具有基层工作经历的高校毕业生，在研究生招录和事业单位选聘时实行优先，在地市级以上党政机关考录公务员时也要进一步扩大招考录用的比例。

3. 什么是基层社会管理和公共服务岗位？

所谓基层社会管理和公共服务岗位，包括村官、支教、支农、支医、乡村扶贫，以及城市社区的法律援助、就业援助、社会保障协理、文化科技服务、养老服务、残疾人居家服务、廉租房配套服务等岗位。

4. 什么是其他基层社会管理和公共服务岗位？

在街道社区、乡镇等基层开发或设立的相应的社会管理和公共服务岗位。部分由政府出资，或由相关组织和单位出资。所安排使用的人员按规定享受相关补贴。

5. 什么是公益性岗位？

由政府出资开发，以满足社区及居民公共利益为目的的管理和服务岗位。公益性岗位优先安排困难人员或特殊群体，并从就业专项资金中给予社会保险补贴和岗位补贴。

6. 什么是公益性岗位社会保险补贴？

符合公益性岗位条件的用人单位招用就业困难和零就业家庭的高校毕业生并

按规定为其缴纳社会保险费后,政府从当地财政再就业资金中给予用人单位的资金补助。

7.什么是公益性岗位补贴?

街道(社区)或其他经批准的劳务派遣组织安排就业困难和零就业家庭的高校毕业生从事公益性岗位工作,并对聘用人员实行统一管理、统一发放工资、统一缴纳社会保险费、签订半年以上劳动合同,由当地财政对用人单位给予补贴。

8.学费补偿和助学贷款代偿的政策内容主要是什么?

中央部门所属高校应届毕业生(全日制本专科、高职生、研究生、第二学士学位毕业生)到中西部地区和艰苦边远地区基层单位就业、服务期在3年以上(含3年)的,其学费由国家实行补偿。在校学习期间获得国家助学贷款(含高校国家助学贷款和生源地信用助学贷款,下同)的,补偿的学费优先用于偿还国家助学贷款本金及其全部偿还之前产生的利息。定向、委培以及在校期间已享受免除全部学费政策的学生除外。

9.国家实施补偿学费和代偿助学贷款的就业地域范围包括哪些?

国家对到中西部地区和艰苦边远地区基层单位就业、并履行一定服务期限的中央部门所属高校毕业生,按规定实施相应的学费补偿和助学贷款代偿。这里涉及的地域范围主要包括:

(1)西部地区:西藏、内蒙古、广西、重庆、四川、贵州、云南、陕西、甘肃、青海、宁夏、新疆等12个省(自治区、直辖市);

(2)中部地区:河北、山西、吉林、黑龙江、安徽、江西、河南、湖北、湖南、海南等10个省;

(3)艰苦边远地区:由国务院确定的经济水平、条件较差的一些州、县和少数民族地区。(详情可登陆中国政府网查询:http://www.gov.cn;或登陆北大法律信息网查询:http://www.chinalawinfo.com)

(4)基层单位:

① 中西部地区和艰苦边远地区县以下机关、企事业单位,包括乡(镇)政府机关、农村中小学、国有农(牧、林)场、农业技术推广站、畜牧兽医站、乡镇卫生院、计划生育服务站、乡镇文化站、乡镇劳动就业服务站等;

② 工作现场地处以上地区县以下的气象、地震、地质、水电施工、煤炭、石油、航海、核工业等中央单位艰苦行业生产第一线。

10.学费补偿和助学贷款代偿的标准和年限是多少?

每生每学年补偿学费和代偿国家助学贷款的金额最高不超过6 000元。在校学习期间每年实际缴纳的学费或获得的国家助学贷款低于6 000元的,按照实际缴纳的学费或获得的国家助学贷款金额实行补偿或代偿。每年实际缴纳的学费高于6 000元的,按照每年6 000元的金额实行补偿或者代偿。

本科、专科(高职)、研究生和第二学士学位毕业生补偿学费或代偿国家助学贷款的年限,分别按照国家规定的相应学制计算。在校学习的时间低于相应学制规定年限的,按照实际学习时间计算补偿学费或代偿助学贷款年限。在校学习时间高于相应学制年限的,按照学制规定年限计算。

每年代偿学费或国家助学贷款总额的三分之一,三年代偿完毕。

11. 中央部门所属高校毕业生如何申请学费补偿和助学贷款代偿?

(1)在办理离校手续时向学校递交《学费和国家助学贷款代偿申请表》和毕业生本人、就业单位与学校三方签署的到中西部地区和艰苦边远地区基层单位服务3年以上的就业协议;

(2)在校学习期间获得国家助学贷款的,在与国家助学贷款经办银行签订毕业后还款计划时,注明已申请国家助学贷款代偿,如获得国家助学贷款代偿资格,不需自行向银行还款;

(3)高校负责审查申请资格并上报全国学生资助管理中心。

12. 地方所属高校毕业生到基层就业如何获得学费补偿和助学贷款代偿?

财政部、教育部印发的《高等学校毕业生学费和国家助学贷款代偿暂行办法》要求,各地要抓紧研究制订本地所属高校毕业生面向本辖区艰苦边远地区基层单位就业的学费补偿和助学贷款代偿办法。地方所属高校毕业生到基层就业是否可以获得学费补偿或国家助学贷款代偿,以及如何申请办理补偿或代偿等,请向学校所在地政府有关部门查询。

13. 到基层就业如何办理户口、档案、党团关系等手续?

对到西部县以下基层单位和艰苦边远地区就业的高校毕业生,实行来去自由的政策,户口可留在原籍或根据本人意愿迁往就业地区;人事档案原则上统一转至服务单位所在地的县级政府人事部门,由政府主管部门所属的人才交流机构提供免费人事代理服务;党团组织关系转至服务单位,对服务期间积极要求入党的,由乡镇一级党组织按规定程序办理。

14. 中央有关部门实施了哪些基层就业项目?

近年来,中央各有关部门主要组织实施了4个引导高校毕业生到基层就业的专门项目,包括:团中央、教育部等四部门从2003年起组织实施的"大学生志愿服务西部计划";中组部、原人事部、教育部等八部门从2006年开始组织实施的"三支一扶"(支教、支农、支医和扶贫)计划;教育部等四部门从2006年开始组织实施的"农村义务教育阶段学校教师特设岗位计划";中组部、教育部等四部门从2008年起组织实施的"选聘高校毕业生到村任职工作"(见附件一)。

15. 什么是农村义务教育阶段学校教师特设岗位计划?

2006年,教育部、财政部、原人事部、中央编办下发《关于实施农村义务教育阶段学校教师特设岗位计划的通知》,联合启动实施"特岗计划",公开招聘高校毕业生到"两基"攻坚县农村义务教育阶段学校任教。特岗教师聘期3年。

16. 农村教师特岗计划实施的地区范围包括哪些?

2006～2008年"特岗计划"的实施范围以国家西部地区"两基"攻坚县为主(含新疆生产建设兵团的部分团场),包括纳入国家西部开发计划的部分中部省份的少数民族自治州,适当兼顾西部地区一些有特殊困难的边境县、少数民族自治县和少小民族县。2009 年,实施范围扩大到中西部地区国家扶贫开发工作重点县。

17. **农村教师特岗计划招聘对象和条件是什么?**

(1)以高等师范院校和其他全日制普通高校应届本科毕业生为主,可招少量应届师范类专业专科毕业生。

(2)取得教师资格,具有一定教育教学实践经验,年龄在 30 岁以下的全日制普通高校往届本科毕业生。

(3)参加过"大学生志愿服务西部计划"、有从教经历的志愿者和参加过半年以上实习支教的师范院校毕业生同等条件下优先。

(4)报名者应同时符合教师资格条件要求和招聘岗位要求。

18. **农村教师特岗计划的招聘程序有哪些?**

特岗教师实行公开招聘,合同管理。合同规定用人单位和应聘人员双方的权利和义务。招聘工作由省级教育、人力资源社会保障、财政、编办等相关部门共同负责,遵循"公开、公平、自愿、择优"和"三定"(定县、定校、定岗)原则,按下列程序进行:①公布需求,②自愿报名,③资格审查,④考试考核,⑤集中培训,⑥资格认定,⑦签订合同,⑧上岗任教。

19. **什么是选聘高校毕业生到村任职?**

2008 年,中组部、教育部、财政部、人力资源和社会保障部出台了《关于印发<关于选聘高校毕业生到村任职工作的意见(试行)>的通知》,用五年时间选聘 10 万名高校毕业生到农村担任村委会主任助理、村党支部书记助理或团支部书记、副书记等职务。选聘的高校毕业生在村工作期限一般为 2～3 年。

20. **选聘到村任职的对象是什么?　要满足哪些条件?**

选聘对象为 30 岁以下应届和往届毕业的全日制普通高校专科以上学历的毕业生,重点是应届毕业和毕业 1～2 年的本科生、研究生,原则上为中共党员(含预备党员),非中共党员的优秀团干部、优秀学生干部也可以选聘。

基本条件是:①思想政治素质好,作风踏实,吃苦耐劳,组织纪律观念强。②学习成绩良好,具备一定的组织协调能力。③自愿到农村基层工作。④身体健康。此外,参加人力资源社会保障部、团中央等部门组织的到农村基层服务的"三支一扶"、"志愿服务西部计划"等活动期满的高校毕业生,本人自愿且具备选聘条件的,经组织推荐可作为选聘对象。

21. **选聘到村任职的程序是什么?**

选聘工作一般通过个人报名、资格审查、组织考察、体检、公示、决定聘用、培训上岗等程序进行。

22. **什么是"三支一扶"计划?**

三支一扶是支教、支医、支农、扶贫的简称。2006 年,中组部、原人事部等八部门下发《关于组织开展高校毕业生到农村基层从事支教、支农、支医和扶贫工作的通知》,以公开招募、自愿报名、组织选拔、统一派遣的方式,从 2006 年开始连续 5

年，每年招募2万名高校毕业生，主要安排到乡镇从事支教、支农、支医和扶贫工作。服务期限一般为2—3年。招募对象主要为全国普通高校应届毕业生。

23. 什么是大学生志愿服务西部计划？

大学生志愿服务西部计划由共青团中央牵头，教育部、财政部、人力资源和社会保障部共同组织实施。从2003年开始，每年招募一定数量的普通高等学校应届毕业生，到西部贫困县的乡镇从事为期1~3年的教育、卫生、农技、扶贫以及青年中心建设和管理等方面的志愿服务工作。

24. 参加中央部门组织实施的基层就业项目，服务期满后享受哪些优惠政策？

"选聘高校毕业生到村任职"、"三支一扶"、"大学生志愿服务西部计划"、"农村义务教育阶段学校教师特设岗位计划"项目、服务期满的毕业生，享受以下优惠政策：

（1）公务员招录优惠：地（市）级以上党政机关录用公务员，要明确录用具有2年以上基层工作经历的人员比例；县及乡镇机关要拿出一定职位，专门招考到村任职等基层就业项目的大学生。

（2）事业单位招聘优惠：鼓励在项目结束后留在当地就业，参加各基层就业项目相对应的自然减员空岗，全部聘用服务期满的高校毕业生。从2009年起，到乡镇事业单位服务的高校毕业生服务满1年后，在现岗位空缺情况下，经考核合格，即可与所在单位签订不少于3年的聘用合同。同时，各省（区、市）县及县以上相关的事业单位公开招聘工作人员，应拿出不低于40%的比例，聘用各基层就业项目服务期满考核合格的毕业生。

（3）考学升学优惠：服务期满后三年内报考硕士研究生初试总分加10分；同等条件下优先录取；高职（高专）学生可免试入读成人本科。

（4）国家补偿学费和代偿助学贷款政策：参加各基层就业项目的毕业生，符合规定条件的，可享受相应的学费补偿和助学贷款代偿政策。

（5）服务期满自主创业的，可享受行政事业性收费减免、小额贷款担保和贴息等有关政策。

（6）其他：各基层就业项目服务年限计算工龄。服务期满到企业就业的，按照规定转接社会保险关系。

■■■二、鼓励高校毕业生应征入伍，报效祖国

25. 国家鼓励高校毕业生入伍，这里的"高校毕业生"如何界定？

指中央部门和地方所属全日制公办普通高等学校、民办普通高等学校和独立学院的全日制普通本专科（含高职）、研究生、第二学士学位应届毕业生。不包括往届毕业生及成人高等教育、高等教育自学考试类学生、各类非学历教育的学生。

26. 征兵工作由哪个部门负责？

《兵役法》规定：全国的兵役工作，在国务院、中央军委领导下，由国防部负责。各军区按照国防部赋予的任务，负责办理本区域的兵役工作。

省军区（卫戍区、警备区）、军分区（警备区）和县、自治县、市、市辖区的人民武装部，兼各该级人民政府的兵役机关，在上级军事机关和同级人民政府领导下，负责办理本区域的兵役工作。

27. 公民应征入伍需要满足哪些政治条件？

征兵政治审查的内容包括：应征公民的年龄、户籍、职业、政治面貌、宗教信仰、文化程度、现实表现以及家庭主要成员和主要社会关系成员的政治情况等。征集服现役的公民必须热爱中国共产党，热爱社会主义祖国，热爱人民军队，遵纪守法，品德优良，决心为抵抗侵略、保卫祖国、保卫人民的和平劳动而英勇奋斗等。

28. 公民应征入伍要满足哪些基本身体条件？

应征入伍的公民要身心健康、体魄强健。其中，有几项基本条件：

身高：男性 162cm 以上，女性 160cm 以上

体重：男性：不超过标准体重的＋20％、－10％

女性：不超过标准体重的±15％

标准体重＝（身高－110）kg

个别体格条件较为优秀的应征男青年，体重可放宽至不超过标准体重的 25％，不低于标准体重的 15％。

视力：路勤岗位视力标准，大学专科以上文化程度的青年入伍，右眼裸眼视力放宽至 4.6，左眼裸眼视力放宽至 4.5。

内科：乙型肝炎表面抗原呈阴性，等等。

29. 应征入伍高校毕业生的年龄条件是多少？

高职（专科）毕业生当年为 18～23 岁，本科以上学历的可以放宽到当年 24 岁。

30. 面向 2009 届高校毕业生的征兵预征工作何时开始？

全国征兵工作在每年冬季进行。从 2009 年起，对普通高等学校应届高校毕业生实行预征制度，5～6 月份，高校所在地兵役机关会同有关部门进入高校，开展预征工作。

31. 高校毕业生应征入伍要经过哪些程序？

（1）参加兵役登记和预征报名：高校所在地县级兵役机关会同有关部门到学校开展兵役登记，进行征兵普查工作，高校毕业生本人可向所在高校有关部门报名。

（2）在高校参加预征：5～6 月份，高校所在地县级兵役机关会同教育、公安、卫生等部门，到高校组织身体初检和政治初审，符合基本征集条件的确定为预征对象，并填写《应届高校毕业生预征对象登记表》。身体初检时对视力、肝功等项目进行重点检查。

（3）到户籍所在地报名应征：11～12 月份，确定为预征对象的高校毕业生，冬季征兵开始前持《应届高校毕业生预征对象登记表》到入学前户籍所在地县（市、

区)征兵办公室报名应征。通过体格检查、政治审查并符合其他征集条件的,由县(市、区)人民政府征兵办公室优先批准入伍。

32.毕业生预征工作在高校由哪个部门负责?

高校设有武装部的由武装部牵头负责,没有设立武装部的由学生管理部门负责。有意向参军入伍的毕业生可向所在学校武装部或学生处咨询。

33.毕业生应征入伍服义务兵役享受哪些优惠政策?

高校毕业生应征入伍服义务兵役,除享有优先报名应征、优先体检政审、优先审批定兵及其他优待安置政策外,还享受优先选拔使用、考学升学优惠、补偿学费或代偿国家助学贷款等优惠政策。

34.如何理解毕业生"优先报名应征"?

征兵报名前,县级兵役机关通知预征对象报名时间、地点、注意事项等。高校毕业生本人持《应届高校毕业生预征对象登记表》到户籍所在地县级兵役机关报名应征。

35.如何理解毕业生预征对象"优先体检、政审"?

高校毕业生预征对象体检由县级兵役机关直接办理。征兵前,县级兵役机关要通知预征对象体检时间、地点、注意事项,并全部安排其上站体检。除器质性或传染性疾病外,一般不得单科淘汰。

组织高校毕业生政审时,严格按照《征兵政治审查工作规定》进行。《应征公民政治审查表》中的"就读学校鉴定意见"栏的鉴定意见以《应届高校毕业生预征对象登记表》意见为准,不再填写鉴定意见。入伍前,《应届高校毕业生预征对象登记表》作为政审表的附件装入新兵档案。

36.如何理解对高校毕业生预征对象"优先审批定兵"?

县级兵役机关召开定兵会议审批定兵时,优先批准体检、政审合格的应届高校毕业生入伍。

37.如何理解对应征入伍的高校毕业生"优先选拔使用"?

同等条件下,高校毕业生士兵在选取士官、考军校、安排到技术岗位等方面优先;具有普通高等学校本科以上学历并取得相应学位的士兵,表现优秀、符合总政治部有关规定的可以直接选拔为军官。

38.什么是士官? 与义务兵有什么区别?

我军现役士兵按兵役性质分为义务兵役制士兵和志愿兵役制士兵。义务兵役制士兵称为义务兵,志愿兵役制士兵称为士官。士官属于士兵军衔序列,但不同于义务兵役制士兵,是士兵中的骨干。义务兵实行供给制,发给津贴;士官实行工资制和定期增资制度。

39.具有高等教育学历的士兵退役后,享受哪些升学考学优惠政策?

(1)参加政法院校为基层公检法定向岗位招生时,优先录取;

(2)退役后3年内参加硕士研究生考试初试总分加10分;

(3)立二等功及以上的,退役后免试推荐入读硕士研究生;

(4)具有高职(高专)学历的,退役后免试入读成人本科或经过一定考核入读普通本科。

40.什么是政法院校为基层公检法定向岗位招生?

2008年,政法院校开展招录培养体制改革试点工作,重点从军队退役士兵和普通高校毕业生中选拔人才,为西部和经济欠发达地区的基层公、检、法、司机关定向招录培养专科以上层次的各类人才。

41.应征入伍给予学费补偿和助学贷款代偿的内容是什么?

从2009年起,国家对应征入伍服义务兵役的高校毕业生在校期间缴纳的学费实行补偿。在校期间获得国家助学贷款的,学费补偿款首先用于偿还助学贷款本金及其全部偿还之前产生的利息。

42.高校毕业生应征入伍都可以享受学费补偿或助学贷款代偿政策吗?

在校期间已享受免除全部学费政策的学生,定向生,委培生,国防生,按部队生长干部条件招收的大学毕业生,从高校毕业生中直招的士官,不享受学费补偿和助学贷款代偿。

43.学费补偿和助学贷款代偿的标准是多少?

国家对服义务兵役的毕业生每学年补偿学费或代偿国家助学贷款本息的金额,最高不超过6 000元;毕业生在校期间每学年实际缴纳的学费或获得的国家助学贷款本息高于6 000元的,按照每年6 000元的金额实行补偿或者代偿;高校毕业生在校学习期间每年实际缴纳的学费或获得的国家助学贷款本息低于6 000元的,按照学费和国家助学贷款本息两者就高的原则,实行补偿或代偿。

44.实行学费补偿和助学贷款代偿的年限如何计算?

对本科、专科(高职)、研究生和第二学士学位毕业生补偿学费或代偿国家助学贷款本息的年限,不论服役时间长短,分别按照国家规定的相应学制计算一次性给予补偿。在校学习时间低于相应学制规定年限的,按照实际学习时间计算。在校学习时间高于相应学制规定年限的,按照学制规定年限计算。专升本、本硕连读、中职高职连读、第二学士学位毕业生补偿学费或代偿国家助学贷款本息的年限,分别按照完成本科、硕士、高职和第二学士学位阶段学习任务的实际时间计算(即按完成最终学历学习任务的实际时间计算)。

45.申请学费补偿或助学贷款代偿的程序是什么?

(1)填写有关表格:预征工作开始后至6月15日前,被确定为预征对象的高校毕业生填写《应届毕业生预征对象登记表》,并向就读高校递交《应征入伍高校毕业生补偿学费代偿国家助学贷款申请表》。在校学习期间获得国家助学贷款的,还需提供与经办银行签订的还款计划书复印件。其中,应注明已申请国家助学贷款代偿。

(2)高校初审盖章:6月30日前,高校对被确定为预征对象的毕业生补偿学费和代偿国家助学贷款本息的条件资格、具体金额及相关信息资料进行初审,确认无误后,在《补偿学费代偿国家助学贷款申请表》上加盖公章,连同《预征对象登记表》

一起交给学生本人。

(3)表格递交县征兵办:10月31日前,高校毕业生到入学前户籍所在地报名应征时将《预征对象登记表》及《补偿学费代偿国家助学贷款登记表》交县(市、区)人民政府征兵办公室。

(4)县征兵办审批入伍、复核材料并盖章:12月31日前,县(市、区)人民政府征兵办公室批准高校毕业生应征入伍后,向其发放《应征入伍通知书》,并会同同级教育行政部门对应征入伍的高校毕业生申请补偿学费和代偿国家助学贷款本息等情况进行复核。确认无误后,分别在《补偿学费代偿国家助学贷款申请表》上加盖公章。

(5)学生资助中心审核并确定最终名单:次年1月15日前,县(市、区)教育行政部门将户籍为本县(市、区)的应征高校毕业生的《应征入伍通知书》复印件及《补偿学费代偿国家助学贷款申请表》原件,寄送至应征入伍毕业生原就读高校学生资助管理机构。各高校按隶属关系,分别报各省(区、市)学生资助管理中心和全国学生资助管理中心审核。最终,汇总至全国学生资助管理中心复核、备案后,确定当年享受补偿学费和代偿国家助学贷款本息政策的最终名单及具体金额。

46.补偿、代偿的经费如何发放到符合条件的毕业生手中?

各中央部门所属高校和地方所属高校在收到国家拨付的补偿学费和代偿国家助学贷款本息资金的15个工作日内,向毕业生补偿学费,汇至毕业生指定的地址或账户;对于申请助学贷款代偿的毕业生,由学校代替毕业生按照还款协议,向银行偿还其在本校办理的国家助学贷款本息,并将银行开具的偿还国家助学贷款本息的凭据交寄毕业生本人或家长,将余下的资金汇至毕业生指定的地址或账户。

入学前在户籍所在县(市、区)办理了生源地信用助学贷款的毕业生,到户籍所在县(市、区)学生资助中心领取代偿资金,并于领取代偿资金1个月内,根据与银行签订的还款协议,由学生本人或家长(或其他法定监护人)一次性向银行偿还贷款本息。

47.因个人原因被部队退回,毕业生已获补偿、代偿的经费要被收回吗?

高校毕业生因本人思想原因、故意隐瞒病史或违法犯罪等行为被部队退回的,取消其补偿学费和代偿国家助学贷款的资格。已获补偿或代偿资金由毕业生户籍所在地县(市、区)教育行政部门会同同级征兵办公室收回,并逐级汇总上缴至全国学生资助管理中心。

48.高校毕业生应征入伍服义务兵役,其户口档案存放在哪里,如何迁转?

高校毕业生在5~6月份参加预征,身体初检和政治初审合格,填写《应届毕业生预征对象登记表》,将户口迁回入学前户籍所在地,档案可转到入学前户籍所在地人才交流中心存放。

49. 没有参加预征的高校毕业生是否还可以应征入伍并享受有关优惠政策？

应届毕业生所在高校没有开展预征工作或没有参加预征、仍有参军意愿的，可在离校后户籍所在地县(市、区)级兵役机关报名应征，并与毕业学校联系，补办《预征对象登记表》、《补偿学费代偿国家助学贷款申请表》及相关手续后，按第45条程序办理，仍可享受第33条所列之优惠政策。

三、积极聘用高校毕业生参与国家和地方重大科研项目

50. 国家和地方重大科研项目包括哪些？

由高校、科研机构和企业所承担的民口科技重大专项、973计划、863计划、科技支撑计划项目以及国家自然科学基金会的重大重点项目等。这些项目可以聘用高校毕业生作为研究助理或辅助人员参与研究工作，此外的其他项目，承担研究的单位也可聘用。

51. 哪些毕业生可以被聘为研究助理或辅助人员？

聘用对象主要以优秀的应届毕业生为主，包括高校以及有学位授予权的科研机构培养的博士研究生、硕士研究生和本科生。

52. 科研项目聘用的毕业生是否为在编职工？

不是项目承担单位的正式在编职工，被聘毕业生需与项目承担单位签订服务协议，明确双方的权利、责任和义务。

53. 科研项目承担单位与被聘毕业生签订的服务协议应包含哪些内容？

(1)项目承担单位的名称和地址；

(2)研究助理的姓名、居民身份证号码和住址；

(3)服务协议期限；

(4)工作内容；

(5)劳务性费用数额及支付方式；

(6)社会保险；

(7)双方协商约定的其他内容。

服务协议不得约定由毕业生承担违约金。

54. 服务协议的期限如何约定？

服务协议期限最多可签订三年，三年以下的服务协议期限已满而项目执行期未满的，根据工作需要可以协商续签至三年。三年期满后，毕业生有意继续在项目单位工作、项目承担单位同意接收的，则须按正式聘用手续办理。

55. 服务协议履行期间可以解除协议吗？

服务协议履行期间，毕业生可以提出解除服务协议，但应提前15天书面通知项目承担单位。项目承担单位提出解除服务协议的，应当提前30日书面通知毕业生本人。研究助理被解除服务协议或协议期满终止后，符合条件的毕业生可按规

定享受失业保险待遇。

56. 被聘毕业生如何获取报酬？

由项目承担单位向毕业生支付劳务性费用，具体数额由双方协商确定。被聘为研究助理时间计算为工龄。

57. 项目承担单位是否给被聘用的毕业生上保险？

项目承担单位应当为毕业生办理社会保险，具体包括基本养老保险、基本医疗保险、失业保险、工伤保险、生育保险，并按时足额缴费。参保、缴费、待遇支付等具体办法参照各项社会保险有关规定执行。

58. 被聘用的毕业生户档如何迁转？

毕业生参与项目研究期间，根据当地情况，其户口、档案可存放在项目承担单位所在地或入学前家庭所在地人才交流中心。项目承担单位所在地人才交流中心或入学前家庭所在地人才交流中心应当免费为其提供户口、档案托管服务。

59. 服务协议期满后如何就业？

协议期满，如果项目承担单位无意续聘，则毕业生到其他岗位就业。同时，国家鼓励项目承担单位正式聘用（招用）人员时，优先聘用担任过研究助理的人员。项目承担单位或其他用人单位正式聘用（招用）担任过研究助理的人员，应当分别依据《劳动合同法》、《国务院办公厅转发人事部关于在事业单位试行人员聘用制度意见的通知》（国办发[2002]35号）等规定执行。

60. 毕业生服务协议期满被用人单位正式录（聘）用后，如何办理落户手续？ 工龄如何接续？

担任过研究助理的人员被正式聘用（招用）后，按照《国务院办公厅转发教育部等部门关于进一步深化普通高等学校毕业生就业制度改革有关问题意见的通知》（国办发[2002]19号）有关规定，凭用人单位录（聘）用手续、劳动合同和《普通高等学校毕业证书》办理落户手续；工龄与参与项目研究期间的工作时间合并计算，社会保险缴费年限合并计算。

■■■■ 四、鼓励和支持高校毕业生到中小企业、服务外包企业就业和自主创业

61. 鼓励高校毕业生到中小企业就业有哪些政策措施？

各级政府要进一步清理影响高校毕业生就业的制度性障碍和限制，为到中小企业就业的高校毕业生提供户籍与档案管理、人事代理、社会保险办理和接续、职称评定以及权益保障等方面的服务。

62. 到中小企业就业可否在当地落户？

对各类企业招用非本地户籍的普通高校专科以上毕业生，各地城市应取消落户限制（直辖市按各自有关规定执行）。

63. 到中小企业就业档案如何管理？

目前我国对档案的管理主要有单位管理和社会管理两类：有档案管理权限的企事业单位可直接接收、管理档案；无档案管理权限的企事业单位，主要包括公有制和非公有制（个体、私营、外资）在内的中小企业，可以由各地的人才交流中心、政府批准的人才服务机构为高校毕业生提供档案管理、人事代理、社会保险办理和接续等方面的服务。档案不允许个人保存。

64. 什么是人事代理？

人事代理是指由政府批准的人事档案管理机构（各类人才服务机构），按照国家有关人事、劳动等政策法规要求，接受单位或个人委托，为多种所有制经济尤其是非公有制经济单位及各类人才办理：①人事档案管理；②因私出国政审；③在规定的范围内申报或组织评审专业技术职务任职资格；④转正定级和工龄核定；⑤大中专毕业生接收手续；⑥其他需经授权的人事代理事项。

65. 高校毕业生怎样办理人事代理？

人事代理方式可由单位集体委托代理，也可由个人委托代理；可多项委托代理，也可单项委托代理；可单位全员委托代理，也可部分人员委托代理。

对于离校时已落实工作单位的高校毕业生，其人事代理由毕业生的接收单位统一负责委托管理；对于离校时未就业、自主创业和灵活就业的高校毕业生，可以个人委托政府批准的人事代理机构办理委托管理。

66. 什么是社会保险？ 包括哪些险种？

社会保险是指国家通过立法强制实行的，对劳动者因年老、工伤、疾病、生育、残废、失业、死亡等原因丧失劳动能力或暂时失去工作时，给予劳动者本人或供养直系亲属物质帮助的一种社会保障制度。

社会保险包括：养老保险、失业保险、医疗保险、工伤保险和生育保险。

67. 高校毕业生怎样办理社会保险？

高校毕业生一定要关心自己社会保险关系的建立、转移和接续。大学生毕业后就业，有用人单位的，其所在用人单位应按规定为其办理参保缴费手续，建立社会保险关系；灵活就业的，本人应到当地社会保险经办机构办理参保缴费手续。用人单位和个人应按规定按时足额缴纳社会保险费。与单位解除劳动合同关系后，要按当地政府的规定，到社会保险经办机构办理社会保险关系的中断或转出等事宜。毕业生在与新单位重新确立劳动合同关系后，社会保险经办机构应为毕业生办理社会保险关系的转移和接续手续。

68. 什么是服务外包和服务外包企业？

服务外包是指企业将其非核心的业务外包出去，利用外部最优秀的专业化团队来承接该业务，从而使其专注核心业务，达到降低成本、提高效率、增强企业核心竞争力和对环境应变能力的一种管理模式。

服务外包企业系指其与服务外包发包商签订中长期服务合同，承接服务外包业务的企业。

69. 目前服务外包产业主要涉及哪些领域及地区?

服务外包产业主要涉及软件研发、产品技术研发、工业设计、信息技术研发、信息技术外包服务、技术性业务流程外包等领域。

我国目前有服务外包示范城市 20 个,分别是北京、天津、上海、重庆、大连、深圳、广州、武汉、哈尔滨、成都、南京、西安、济南、杭州、合肥、南昌、长沙、大庆、苏州、无锡。

70. 服务外包企业吸纳高校毕业生有哪些财政支持?

为了鼓励服务外包企业吸纳高校毕业生,对符合条件的技术先进型服务外包企业,每新录用 1 名大专以上毕业生从事服务外包工作并签订 1 年以上劳动合同的,中央财政给予企业每人 4 500 元的经费支持。

71. 高校毕业生怎样提升自主创业的能力?

有意愿自主创业的大学生,可以参加创业培训和实践,接受普遍的创业教育,以系统学习创办企业的知识、完善创业计划、提高企业盈利能力、降低风险、促进创业成功。

目前,许多高校已经开设了创业培训方面的课程和创业实践活动,在校大学生可以选择参加;另外,各地人力资源社会保障部门也开办了创业培训班,离校未就业的高校毕业生可向当地人力资源社会保障部门申请,参加有补贴的培训。如"GYB"(产生你的企业想法)、"SYB"(创办你的企业)、"IYB"(改善你的企业)。

72. 高校毕业生自主创业,可以享受哪些优惠政策?

(1)小额担保贷款和贴息支持

①登记失业的高校毕业生自主创业,自筹资金不足的,可向当地指定银行申请不超过 5 万元的小额担保贷款;对从事微利项目的,还可获得贴息支持。

②自愿到西部地区及县以下的基层创业的高校毕业生,自筹资金不足时,也可向当地经办银行申请小额担保贷款;对从事微利项目的,可获得 50% 的贴息支持。

(2)免收有关行政事业性收费

高校毕业生从事个体经营,且在工商部门注册登记日期在其毕业后 2 年内的,自其在工商部门首次注册登记之日起 3 年内免收管理类、登记类和证照类行政事业性收费。

(3)享受培训补贴

离校后登记失业的毕业生,参加人力资源和社会保障部门举办的创业培训,可享受职业培训补贴。

(4)免费创业服务

有创业意愿的高校毕业生,可免费获得公共就业服务部门提供的创业指导服务,包括项目开发、方案设计、风险评估、开业指导、融资服务、跟踪扶持等内容。

73. 什么是小额担保贷款？ 小额担保贷款的用途是什么？

小额担保贷款是指通过政府出资设立担保基金，委托担保机构提供贷款担保，由经办商业银行发放，以解决符合一定条件的待就业人员从事个体经营自筹资金不足的一项贷款业务。小额担保贷款主要用做自谋职业、自主创业或合伙经营和组织起来创业的开办经费和流动资金。

74. 申请小额担保贷款额度是多少？ 贷款期限有多长？

国家规定个人申请额度最高不超过 5 万元，各地区对申请小额担保贷款额度有不同规定，许多地区额度还高于 5 万元。合伙经营贷款额度更大。

小额担保贷款的期限一般不超过 2 年，可展期 1 年。

75. 怎样申请小额担保贷款？ 在哪些银行可以申请小额担保贷款？

小额担保贷款按照自愿申请、社区推荐、人力资源社会保障部门审查、贷款担保机构审核并承诺担保、商业银行核贷的程序，办理贷款手续。

各国有商业银行、股份制商业银行、城市商业银行和城乡信用社都可以开办小额担保贷款业务，各地区根据实际情况确定具体经办银行。在指定的具体经办银行可以办理小额担保贷款。

76. 哪些项目属于微利项目？

中国人民银行、财政部、原劳动和社会保障部等联合下发了《关于改进和完善小额担保贷款政策的通知》（银发［2006］5 号），明确由各省、自治区、直辖市、计划单列市人民政府结合实际确定微利项目的范围。主要包括：家庭手工业、修理修配、图书借阅、旅店服务、餐饮服务、洗染缝补、复印打字、理发、小饭桌、小卖部、搬家、钟点服务、家庭清洁卫生服务、初级卫生保健服务、婴幼儿看护和教育服务、残疾儿童教育训练和寄托服务、养老服务、病人看护、幼儿和学生接送服务等。

对于从事微利项目的，贷款利息由财政承担 50％（中央财政和地方财政各承担 25％，展期不贴息）。

五、就业指导服务与就业援助

77. 在校期间高校毕业生可以获得哪些就业指导和服务？

高校毕业生在校期间，可以到学校就业指导中心等部门获得就业咨询、用人单位招聘及实习实训信息、求职技巧及实用技能培训、职业生涯辅导、毕业生推荐、实习实践能力培训和就业手续办理等多项就业指导和服务。目前，高校已普遍建立了毕业生就业指导机构。

78. 从哪些机构可获取就业信息？

（1）学校就业主管部门

作为学校毕业生就业工作的核心部门，是毕业生获取就业信息、顺利实现就业的主渠道。

(2)公共就业服务机构

包括省(区、市)毕业生就业指导中心、市(区、县、镇、街道)人才交流服务中心、职业介绍服务中心或人力资源市场、街道社区劳动服务站所等。

(3)市场经营性服务机构

主要包括从事人力资源服务的经营性企业或机构,如国有企业、民营企业、中外合资企业和原人事、劳动系统所属服务机构自办或以股份形式合办的企业等。

79. 获取就业信息的主要渠道有哪些?

(1)浏览各类就业信息网站,包括中央有关部门主办的全国性就业信息网站、地方主管部门主办的就业信息网站、各高校就业信息网站及校内 bbs 求职版面、其他专业性就业网站等;

(2)参加各类招聘和双向选择活动,包括国家有关部门、各地、学校、用人单位等相关机构组织的各类现场或网络招聘活动;

(3)参与校企合作实习,包括社会实践、毕业实习等活动;

(4)查阅媒体广告,如报纸、刊物、电台、电视台、视频媒体等;

(5)他人推荐,如导师、校友、亲友等;

(6)主动到单位求职自荐等。

80. 在校期间高校毕业生可以通过哪些途径提升就业能力?

在学好专业知识技能的同时,根据学校要求或安排,毕业生可以通过选修或必修就业指导课程、参与学校组织的就业实习、技巧辅导、模拟招聘等活动,学习和了解职业资料和信息,充分借助社会实践平台,全面提升就业能力。

高职院校毕业生还可通过学校实施的毕业证与职业资格证书"双证书"制度、组织到企业顶岗实习等工作,切实增强自身的岗位适应能力与就业竞争力,促进职业素养的养成。

81. 困难家庭高校毕业生包括哪些毕业生?

困难家庭高校毕业生是指:来自城镇低保家庭、低保边缘户家庭、农村贫困家庭和残疾人家庭的普通高校毕业生。

82. 就业困难高校毕业生包括哪些毕业生?

一般认为,就业困难高校毕业生是指在心理、身体、学业、经济、综合素质等方面处于弱势的毕业生。

83. 什么是零就业家庭?

城镇"零就业家庭"是指本市非农业户籍家庭中,在法定劳动年龄内(在校学生、现役军人、内退人员、办理提前退休人员除外)有劳动能力的家庭成员,均进行了失业登记,且无一人就业的家庭。

农村"零就业家庭"是指本市农业户籍家庭中,男 16～59 周岁,女 16～49 周岁,有劳动能力的家庭成员,既未从事一产(农、林、牧、副、渔)经营项目,又均进行了转移就业登记,且无一人在二三产业就业的家庭。

非农业户籍人员与农业户籍人员组成的家庭,其非农业户籍成员符合城镇"零就业家庭"成员条件,其农业户籍成员符合农村"零就业家庭"成员条件的,计为城镇"零就业家庭"。

84. 机关、事业单位对招录(聘)困难家庭毕业生有何优惠?

各级机关考录公务员、事业单位招聘工作人员时,免收困难家庭高校毕业生的报名费和体检费。

85. 困难家庭高校毕业生如何向学校申请求职补贴?

为帮助困难家庭的高校毕业生求职就业,高校一般都会安排经费作为困难家庭毕业生的求职补助,或对已成功就业的困难家庭毕业生给予奖励。困难家庭的毕业生可向所在院系书面申请。学校也应根据平时掌握的情况,对困难家庭的毕业生给予主动帮助。

86. 面对求职困难,毕业生该如何应对?

(1)主动了解国家促进就业的相关政策,努力争取各方支持;

(2)主动联系学校就业指导老师和专业教师,并保持经常沟通;

(3)通过网络等各种渠道,广泛搜集社会需求信息;

(4)积极参加校园招聘会和各类人才洽谈会;

(5)充分利用亲友、校友、学校社团等资源,积极获取就业信息;

(6)了解社会发展动态,合理调整求职预期。

87. 离校后未就业高校毕业生如何获得相应的就业指导和服务?

回到原户籍所在地报到的未就业高校毕业生,能够享受当地政府部门所属的公共就业服务机构、人才交流服务机构和高校毕业生就业指导服务机构提供的就业指导和服务。

就业指导与服务内容包括:就业政策法规咨询、职业岗位供求信息、市场工资指导价位信息、职业培训信息、职业指导和职业介绍、办理求职登记、失业登记等。

88. 离校未就业高校毕业生在哪里可以办理求职登记和失业登记?

未就业的高校毕业生可以在户籍所在地县及县以上公共就业服务机构办理求职登记和失业登记,具体办理办法可咨询当地公共就业服务机构。

89. 离校未就业高校毕业生登记失业后,可以享受哪些服务和政策?

在就业服务方面,可免费享受职业介绍、职业指导、就业政策法规咨询;参加职业培训的,可以按规定申请职业培训补贴;通过职业技能鉴定的还可以按规定申请职业鉴定补贴。

在创业扶持方面,可以享受获得小额担保贷款和贴息支持、免收有关行政事业性收费、培训补贴和免费的创业服务(具体见第72问)。符合条件的还可以享受社会保险补贴政策和公益性岗位补贴政策。

90. 什么是社会保险补贴政策？

社会保险补贴政策是指，为鼓励就业困难人员灵活就业，减轻其以个人身份缴纳社会保险费用的压力，或为降低企业的用人成本，鼓励其吸纳就业困难人员就业，对上述个人或单位在缴纳社会保险费用后实行先缴后补，给予一定费用补贴。属于就业困难人员的高校毕业生，在灵活就业后申报就业并以个人身份缴纳社会保险费的，可以享受一定数额的社会保险补贴，补贴数额原则上不超过其实际缴费的 2/3。具体补贴标准由省级财政、人力资源社会保障部门确定。

就业困难人员实现灵活就业后，要向街道（社区）申报就业。灵活就业人员应按规定按时足额缴纳社会保险费。每季度终了后，按规定向当地人力资源社会保障部门申请对上季度已缴纳的社会保险费给予补贴。

社会保险补贴资金申请材料应附：由本人签字、人力资源社会保障部门盖章确认的、注明具体从事灵活就业的单位、岗位、地址等内容的相关证明材料，本人《居民身份证》复印件、登记证复印件、社会保险征缴机构出具的上季度社会保险费缴费单据等凭证材料，经人力资源社会保障部门审核、财政部门复核后，按规定将资金支付给申请者本人。

91. 什么是公益性岗位补贴政策？

公益性岗位补贴政策是指，由政府或其他用人单位开发的符合社会公共利益需要的服务性岗位或协助管理岗位，安置就业困难人员和属于就业困难人员的高校毕业生就业的，给予一定期限、一定额度的工资性补贴。该补贴拨付给在公益性岗位安排就业困难人员就业的单位，目的在于降低用人单位的成本，帮助就业困难人员尽快实现就业和稳定就业。

92. 什么是职业技能鉴定补贴政策？

职业技能鉴定补贴政策是指，对就业困难人员、务工劳动者通过初次技能鉴定（限国家规定实行就业准入制度的指定工种）、取得职业资格证书的，给予一定费用补贴。属于就业困难人员的高校毕业生参加职业技能鉴定可按此规定向职业技能鉴定所在地人力资源社会保障部门申请一次性补贴。

职业技能鉴定补贴资金申请材料应附：本人《居民身份证》复印件、登记证复印件、职业资格证书复印件、职业技能鉴定机构开具的行政事业性收费票据（或税务发票）等凭证材料，经人力资源社会保障部门审核、财政部门复核后，按规定将资金支付给申请者本人。

职业技能鉴定补贴的具体标准由省级财政、人力资源社会保障部门确定。

93. 什么是职业培训补贴政策？ 如何申请职业培训补贴？

职业培训补贴政策是指，对登记失业人员参加职业培训的，据其参加培训情况给予一定费用的补贴。登记失业的高校毕业生按此规定，可凭借职业培训补贴申请材料，向职业培训所在地人力资源社会保障部门申请补贴。

职业培训补贴资金申请材料应附:本人《居民身份证》、登记证等复印件、职业培训合格证书(职业技能资格证书)或劳动合同复印件等培训或就业证明等材料、职业培训机构开具的行政事业性收费票据(或税务发票)等。

对登记失业人员参加职业培训后,取得职业培训合格证书(职业技能资格证书),6个月内没有实现就业的,按最高不超过职业培训补贴标准的60%给予补贴;对6个月内实现就业的,按职业培训补贴标准的100%给予补贴。职业培训补贴具体办法和标准由省级财政、人力资源社会保障部门确定。

94. 离校后未就业高校毕业生如何申请参加职业培训?

职业培训由各地政府公共就业服务机构组织。离校后未就业回原籍的高校毕业生可到当地人力资源社会保障或相关部门咨询了解职业培训开展情况,选择适宜的培训项目参加。

培训工作主要由各类职业培训机构承担(职业培训由就业训练中心、技工学校、职业中等专业学校、职业技术学院、企业职工培训中心实施)。

95. 离校后未就业高校毕业生如何获取职业资格证书?

高校毕业生个人可向职业技能鉴定所(站)自主申请职业技能鉴定。职业技能鉴定要参加知识考试和操作技能考核。经鉴定合格者,由人力资源社会保障部门核发相应的职业资格证书。

96. 什么是就业见习? 哪些部门接受就业见习申请?

就业见习是指由各级政府有关部门组织对离校后未就业毕业生到企事业单位实践训练的就业扶持措施。

为促进高校毕业生就业,人力资源社会保障部、教育部、工业和信息化部、国资委、工商总局、全国工商联和共青团中央联合下发《关于印发三年百万高校毕业生就业见习计划的通知》(人社部发〔2009〕38号),决定自2009~2011年,拓展和规范一批用人单位作为高校毕业生见习基地,用3年时间组织100万离校未就业高校毕业生参加就业见习。2009年,全国将组织30万离校未就业高校毕业生参加就业见习(详情见附件二)。

未就业高校毕业生如参加就业见习可向当地人力资源和社会保障部门咨询,当地人力资源和社会保障部门是就业见习的组织单位。

97. 离校后未就业高校毕业生如何参加就业见习?

人力资源社会保障部门通过媒体以及公共就业服务机构、人才服务机构以及电视、网络、报纸等多种渠道,发布就业见习信息,公布见习单位名单、岗位数量、期限、人员要求等有关内容,或者组织开展见习单位和高校毕业生的双向选择活动,帮助离校未就业高校毕业生和见习单位对接。离校后未就业回到原籍的高校毕业生可与原籍所在地人力资源社会保障部门联系,主动参加就业见习。

98．就业见习期限有多长？

高校毕业生就业见习期限一般为六个月，最长不超过一年。

高校毕业生就业见习活动结束后，见习单位对高校毕业生进行考核鉴定，出具见习证明，作为用人单位招聘和选用见习高校毕业生的依据之一。在见习期间被见习单位正式录（聘）用的，在该单位的见习期可以作为工龄计算。

99．就业见习单位给毕业生上保险吗？

见习期间所在见习单位为毕业生办理人身意外伤害保险。

100．就业见习期间户口和档案如何迁转？

各级人力资源和社会保障部门所属人才服务机构在本辖区为就业见习的高校毕业生免费提供人事代理等服务。

未就业高校毕业生可将户口和档案迁转到见习地人才服务机构委托其代为管理。

101．离校未就业高校毕业生参加就业见习享受哪些政策和服务？

（1）获得基本生活补助；

（2）免费办理人事代理；

（3）办理人身意外伤害保险；

（4）见习期满未被录用可继续享受就业指导与服务。

102．公共就业服务免费提供哪些服务内容？

公共就业服务机构为离校后未就业回到原籍的毕业生免费提供下列服务：

（1）就业政策法规咨询；

（2）职业岗位供求信息；

（3）市场工资指导价位信息；

（4）职业培训信息；

（5）职业指导和职业介绍；

（6）对就业困难人员实施就业援助；

（7）办理就业登记、失业登记；

（8）其他公共就业服务。

103．国家职业技能鉴定的主要内容有哪些？

国家实施职业技能鉴定的主要内容包括：职业知识、操作技能和职业道德三个方面。这些内容是依据国家职业（技能）标准、职业技能鉴定规范和相应教材来确定的，并通过编制试卷来进行鉴定考核。知识要求考试一般采用笔试，技能要求考核一般采用现场操作加工典型工件、生产作业项目、模拟操作等方式进行。

附件一

中央部门组织实施的基层服务项目

项目名称 \ 细则	选聘高校毕业生到村任职工作	农村义务教育阶段学校教师特设岗位计划	高校毕业生"三支一扶"计划	大学生志愿服务西部计划
组织实施部门	中组部牵头,教育部、财政部、人力资源和社会保障部共同组织实施	教育部牵头,财政部、人力资源和社会保障部、中央编办共同组织实施	人力资源和社会保障部牵头,中组部、教育部、财政部、农业部、卫生部、扶贫办、共青团中央共同组织实施	共青团中央牵头,教育部、财政部、原人事部共同组织实施
招募对象与条件	30岁以下应届或往届的全日制普通高校专科以上学历的毕业生。重点是应届毕业生、毕业1～2年的本科生、研究生。原则上为中共党员。非党员的优秀团干部、优秀学生干部也可优先聘用。	1.以高等师范院校和其他全日制普通高校应届毕业生为主,可招少量应届师范类专业专科毕业生; 2.取得教师资格,具有一定教学实践经验,年龄在30岁以下的高校毕业生; 3.报名者应同时符合教师资格条件要求和招聘岗位要求。	主要为全国普通高校应届毕业生	普通高校应届毕业生
招募方式	程序为:个人报名、资格审查、组织考察、体检、公示、决定聘用、培训上岗。	公开招聘、合同管理。方式可有专场招聘会、网上招聘会、组织设岗所在地有关部门到高校招聘等多种方式。	公开招募、自愿报名、组织选拔、统一派遣。	全国公开招募、自愿报名。
数量规模	从2008年开始,每年选聘2万名,连续5年,共选10万名高校毕业生。	从2006年开始,用5年时间实施。2006年共安排2万～3万个特设岗位,以后每年根据实际情况另行确定招聘人数。2009年中央"特岗计划"项目计划安排5万～7.5万个特设岗位,鼓励各地启动实施地方项目。	从2006年开始,每年选派2万名高校毕业生,连续5年,共选聘10万名高校毕业生。目前已实施三年,共选派88104名。	从2003年开始。每年派遣7 000名左右的高校毕业生。目前已实施6年,共选派约4万名高校毕业生。平均每年保持约1万名学生在岗。

项目名称\细则	选聘高校毕业生到村任职工作	农村义务教育阶段学校教师特设岗位计划	高校毕业生"三支一扶"计划	大学生志愿服务西部计划
岗位	一般安排村党组织书记助理、村委会主任助理、村团组织书记、副书记、村党组织书记、副书记等职务。	特设岗位教师原则上安排在县以下农村初中，适当兼顾乡镇中心学校。	支农、支教、支医和扶贫。	到西部贫困县的乡镇从事教育、卫生、农技、扶贫以及青年中心建设和管理等。
服务期间身份	选聘的毕业生为"村组特设岗位"人员，系非公务员身份。	特设岗位教师	"三支一扶"志愿者	西部计划志愿者
户档管理	1.到西部和艰苦边远地区农村任职的，户口可留在现户籍所在地；2.档案由县委组织部门或县级人事部门所属人才服务机构免费代理；3.党团关系转到所在村。	1.聘任期间，特设岗位教师的户口和档案的管理，由省级政府根据当地实际情况确定；2.档案关系原则上统一转至工作学校所在地。	1.户口由省级"三支一扶"办公室指定的机构统一管理；也可根据本人意愿转回入学前户籍所在地；2.人事档案原则上统一转至服务单位所在地县级政府人事部门。党团关系转至服务单位。	1.户口可保留学校两年；也可转回户籍所在地；2.档案由户籍存放地的人才服务机构免费代理。
日常管理	1.选聘的毕业生工作管理及考核比照公务员有关规定进行，由乡镇党委、政府负责；2.乡镇党委、政府负责选聘生的住宿及日常生活管理和服务。	聘期内，由地方教育行政部门对其进行跟踪评估。	用人单位负责安排工作岗位，承担日常管理工作。县级人事部门负责年度和服务期满考核工作。服务期满考核合格，经省级办公室审核颁发证书。	县级成立领导小组和项目管理办公室，主要负责协调指导服务单位工作和对志愿者进行日常管理。

项目名称 / 细则	选聘高校毕业生到村任职工作	农村义务教育阶段学校教师特设岗位计划	高校毕业生"三支一扶"计划	大学生志愿服务西部计划
待遇* **(补贴和保险)**	1.项目经费由中央和地方财政共同承担；2.比照乡镇从高校毕业生中新录用公务员试用期满后工资水平确定工资、生活补贴，在艰苦边远地区的，按规定发放地区津贴。中央对到西部地区的毕业生每人每年1.5万元，中部地区1万元，东部地区0.5万元，不足的由地方财政补贴。同时，中央财政按人均2 000元的标准发放一次性安置费；3.参加养老社会保险；4.任职期间，办理医疗、人身意外伤害商业保险。	1.特设岗位教师聘任期间，执行国家统一的工资制度和标准。中央财政按人均年1.896万元的标准拨付。凡特设岗位教师工资年收入水平高于1.896万元的，高出部分由地方政府承担工资支出；2.其他津贴补贴由各地根据当地同等条件公办教师收入和中央补助水平综合确定。同时提供必要的交通补助、体检费，并按规定纳入当地社会保障体系，享受相应社会保障待遇，政府不安排商业保险。	1.所需经费由地方财政安排专项经费予以支付。中央财政通过转移支付予以支持；2.服务期间给予一定的生活、交通补贴，统一办理人身意外伤害保险和住院医疗保险。	1.所需经费由中央财政统一支付；2.服务期间享受一定的生活补贴(含交通补贴和人身意外伤害、住院医疗保险)，平均每人每月800元；3.服务期间计算工龄。
期满就业政策**	选聘工作期限一般为2～3年。工作期间县级组织人事部门与其签订聘任合同。工作期满后，经组织考核合格、本人自愿的，可继续聘任。不再续聘的，引导和鼓励其就业、创业等。	1.聘任期为3年，鼓励期满后继续扎根基层从事农村教育事业；2.聘期结束后可留在当地任教；3.重新择业的，各地要为其重新选择工作岗位提供方便条件和必要帮助；4.可推荐免试攻读教育硕士等。	总的原则是：志愿服务、期满自主择业。在派遣前均签订服务协议，服务期限为2～3年。相关的优惠政策主要有：1.原服务单位有空岗时聘用服务期满考核合格的"三支一扶"大学生；2.规定事业单位有职位空缺需补充人员时，应拿出一定职位专门吸纳等。	总的原则是：鼓励扎根基层，或者自主择业和流动就业，服务期限为1～3年。1.考中央国家机关和中东部公务员优先录取，考西部公务员加5分；2.服务期满颁发服务证书等。

*、**:本表所列之优惠政策均为除正文第2条所列优惠政策以外,各专门项目实施文件所规定的优惠政策。

附件二

"三年百万"高校毕业生就业见习计划 2009 年度目标任务安排

地区	高校毕业生见习人数	地方主管部门
北京市	5 000	北京市人力资源和社会保障局
天津市	10 000	天津市人力资源和社会保障局
河北省	10 000	河北省人力资源和社会保障厅
山西省	3 000	山西省人事厅、劳动和社会保障厅
内蒙古	8 000	内蒙古自治区人事厅、劳动和社会保障厅
辽宁省	12 000	辽宁省人力资源和社会保障厅
吉林省	10 000	吉林省人力资源和社会保障厅
黑龙江省	10 000	黑龙江省人力资源和社会保障厅
上海市	30 000	上海市人力资源和社会保障局
江苏省	15 000	江苏省人事厅、劳动和社会保障厅
浙江省	10 000	浙江省人力资源和社会保障厅
安徽省	10 000	安徽省人事厅、劳动保障厅
福建省	10 000	福建省人事厅、劳动保障厅
江西省	10 000	江西省人力资源和社会保障厅
山东省	20 000	山东省人事厅、劳动和社会保障厅
河南省	20 000	河南省人力资源和社会保障厅
湖北省	30 000	湖北省人事厅、劳动和社会保障厅
湖南省	10 000	湖南省人事厅、劳动和社会保障厅
广东省	8 000	广东省人事厅、劳动和社会保障厅
广西	4 000	广西自治区人事厅、劳动和社会保障厅
海南省	11 000	海南省人事劳动保障厅
重庆市	10 000	重庆市人力资源和社会保障局
四川省	8 000	四川省人事厅、劳动和社会保障厅
贵州省	3 200	贵州省人事厅、劳动和社会保障厅
云南省	5 000	云南省人事厅、劳动和社会保障厅
西藏	500	西藏自治区人事厅、劳动保障厅
陕西省	15 000	陕西省人力资源和社会保障厅
甘肃省	600	甘肃省人事厅、劳动和社会保障厅
青海省	500	青海省人力资源和社会保障厅
宁夏	3 500	宁夏自治区人事厅、劳动和社会保障厅
新疆	700	新疆自治区人事厅、劳动和社会保障厅
合计	303 000	

参考文献

1. 联合国教科文组织国际教育发展委员会编著．学会生存：教育世界的今天和明天．教育科学出版社,1996.

2.［法］埃米尔·涂尔干著,渠东译．社会分工论[M]．北京：三联书店,2005.

3. 张强．大学生择业与就业指导教程．世界知识出版社,2006.

4. 蒋德勤．大学生就业指导教程．清华大学出版社,2007.

5. 葛建新主编．创业学．清华大学出版社,2004.

6. 刘锋等编著．劳动就业法律课堂．中国法制出版社,2007.

7. 张海峡著．商法经济法知识产权法．法律出版社,2008.

8. 史广政主编．大学生就业指导教程．经济日报出版社,2005.

9. 刘小达总策划．求职必胜．北京大学音像出版社,2005.

10. 黎建飞主编．劳动合同法辅导读本．中国法制出版社,2007.

11. 肖克奇等主编．大学生就业与指导教程．江西科学技术出版社,2007.

12. 肖克奇主编．大学生就业与创业指导案例教程．北京交通大学出版社,2007.

13. 劳动和社会保障部组织编写．中华人民共和国就业促进法讲座．中国劳动社会保障部出版社,2007.

14. 张抗私．就业问题 理论与实际研究．社会科学文献出版社,2007.

15. 吴汉德．大学生就业指导．东南大学出版社,2006.

16. 王宝生,赵居礼主编．大学生就业与创业指导教程．机械工业出版社,2007.

17. 王兴权,大中小学生的生涯规划教育,http://blog.sina.com.cn/wangxingquan

18. 王兴权,中华英才网专栏,http://blog.chinahr.com/blog/wangxingquan

19. 周其洪、王兴权,起航——大学生就业指导[M]．北京：中国国际广播出版社,2008

20. 周其洪、王兴权,杨帆——大学生职业生涯与发展规划[M]．北京：中国国际广播出版社,2008

21. 中国大学生就业杂志的博客,http://blog.sina.com.cn/zgdxsjy

22. 天职网,http://www.51ideal.com/

23. 大学生职业生涯规划论坛,http://blog.sina.com.cn/career

24. 杨一波,战胜职场——大学生就业指导[M]．北京：清华大学出版社,2007

教材使用意见调查表

　　为更好地做好"人生启航"书系的教材服务工作,使任课教师和学生更好地使用本套教材,《大中专学生职业生涯与发展规划课题研究组》和《大中专毕业生就业与创业指导课题研究组》编制此调查表,请各位老师和同学在百忙之中协助提供以下信息。对你们的热情支持,我们将给您免费赠送一本"人生启航"书系的其中一本图书。请您完整地填写并发回(建议使用 E-mail),以便我们为您提供服务。

指标项目	指标体系	量化等级分数				得分
		一等(5分)	二等(4分)	三等(3分)	四等(2分)	
知识指标	理论性	理论性强	较强	一般	较差	
	实践性	联系实际恰当	较恰当	一般	不恰当	
	先进性	反映最新形势	较好	一般	不好	
	准确性	基本无错误	有个别错误	有少量错误	多处出错	
教学指标	内容规定性	适当	大部分适当	基本适当	当适当	
	容量规定性	取材广泛	较广泛适当	基本可以	范围太大/太小	
	知识发展联贯性	由浅入深,衔接性好	好	一般	不好	
	启发性	启发性强	较强	一般	较有效期	
逻辑指标	思想观点	正确、恰当	较正确恰当	一般	较差	
	思想方法	应用现代科学方法好	较好	一般	较差	
	逻辑结构	清楚、明晰	较清楚	一般	较差	
	思想性	符合学生心理发展过程	较符合	基本符合	不符合	
文图指标	文字水平	准确、精炼	较好	一般	较差	
	插图水平	恰当、形象、美观	较好	一般	较差	
	符号系统	统一使用国际通用符号系统	较好	一般	较差	
综合评定	评议人综合表述(从理论阐释、方法描述、与实践结合以等方面评述该教材的突出风格):					
对教材的建议						

联系我们:王兴权　010—88555056　13641069254

(此表可在"www.52mysky.com.cn"下载并通过 E-mail:xingkongruizhi@126.com;wxq8080@gmail.com 回复)

学校名称:　　　　　　通讯地址(送书地址):　　　　　　邮编:

部门	姓名	办公电话	手机	E-mail